Michel Meyer
François Desnoyers

MUR DE BERLIN

LE MONDE D'APRÈS

LAROUSSE

ISBN : 978-2-03-597567-6

Préambule

Si près, et pourtant si loin… Si les événements allemands de novembre 1989 nous paraissent proches et familiers, un autre constat s'impose : nous parlons d'un monde que les moins de trente-cinq ou même quarante ans ne peuvent pas connaître. Aucun étudiant, aujourd'hui, aucun jeune internaute, ou même aucun jeune enseignant en charge de transmettre un savoir historique n'a vécu ce « monde d'avant ». Cette si courte période que nous n'avons pas vu passer, c'est le temps d'une génération qui n'a entendu parler de guerre froide, d'équilibre de la terreur et de monde bipolaire que dans des livres d'histoire ou des documentaires télévisés. Une génération étrangère à l'univers d'avant, dominé par la théorisation d'une stratégie de dissuasion impliquant que l'agresseur, Américain ou Russe, qui aurait réussi à frapper son ennemi par un tir nucléaire visant sa capitale ou ses grandes villes, eut payé cet acte de guerre en y perdant, ainsi qu'on le disait élégamment au sein des États-majors, la « moitié de sa gueule ».

Cet univers terrifiant et instable de l'équilibre de la terreur, soudain, devint hier. Relégué dans ce « monde d'avant » bipolaire qui avait précédé la chute du Mur de Berlin.

Chaque heure, chaque seconde, pour une maladresse commise dans l'un ou l'autre camp antagoniste, il était possible qu'advienne l'apocalypse, comme cela a bien failli avoir lieu en ces jours de fin octobre 1962, à Cuba, lorsque le dirigeant soviétique d'alors, Nikita Khrouchtchev, promettait que si les États-Unis – situés à seulement 145 kilomètres – voulaient la guerre, alors « tout le monde se retrouverait en enfer ». Et puis soudain, en 1989, ce fusible qui fond : rien moins, en l'espèce, que l'un des régimes comptant parmi les plus raides de la planète, celui de ces Saxons et Prussiens rouges convertis à un marxisme-léninisme dont même leurs maîtres moscovites s'autorisaient à sourire. Avant que ne surgissent, dans une apesanteur inouïe, les images fortes, émouvantes, bouleversantes de ce Mur ouvert et, partout en Europe de l'Est, de cet effondrement – pacifique – de l'empire soviétique et de ses satellites.

La chute du Mur de Berlin ne signait pas la fin de la guerre froide. Mais elle marquait la déliquescence avancée, préalable indispensable, de l'Union soviétique en tant que puissance tutélaire, source de terreur pour les pays soviétisés de l'Europe de l'Est. « N'ayez plus peur », avait proclamé le pape Jean-Paul II. Son message, tout simplement, avait été entendu.

Ces séquences, que nous nous plaisons à remémorer avec un romantisme trompeur, sont gravées dans la mémoire collective comme celles d'un moment de paroxysme, un basculement politique, économique et idéologique d'une ampleur inouïe, que bien peu avaient réellement vu venir. Il est temps aujourd'hui, trente ans après, de revenir sur les divers épisodes et séquences de cette incroyable saga en terre européenne qui, dans le monde entier, hallucinèrent les contemporains de la dernière décennie du XXe siècle, dont nous étions.

L'événement, considéré à tort comme déclencheur de l'effondrement du bloc de l'Est, a été provoqué par un phénomène aussi fortuit que surréaliste : à vrai dire, et pour peu que l'on remonte au fond du fond de la cause de la chute du Mur de Berlin, par ce que nous résumons, et que nous décrirons par le menu, comme une « autodissolution par inadvertance de l'Allemagne de l'Est ». Avant que, presque comme par enchantement, ce dispositif de rétention barbare sans précédent ne se disloque sans que le moindre mort ne soit à déplorer parmi la foule de ceux qui, ce soir du 9 novembre 1989, le prirent d'assaut.

Surnommé « Mur de la honte » par évidence, le Mur de Berlin fut aussi, ce qui se sait peu, appelé « Mur des murs » par tous ceux qui voyaient dans cette étrange construction un symbole indépassable de barbarie. Son érection commença dans la nuit 12 au 13 août 1961. Présenté comme un « mur de protection antifasciste » par les autorités de la République démocratique allemande, le Mur avait pour objectif de couper les « camarades », en l'occurrence la population, des tentations que représentaient les sociétés de consommation du « miracle économique » occidental. Avec pour effet d'isoler, pendant une période de vingt-huit ans, la population de Berlin-Est et de la RDA, de celle de la partie ouest de la ville. La construction de cette frontière, formée de deux murs parallèles de 3,60 mètres de haut sur 155 kilomètres de long, stupéfia le monde libre. Et son ombre portée, au pivot des années 1960, représenta le symbole absolu de l'enfermement physique dont furent victimes les populations de tous les pays soviétisés du bloc de l'Est. Soit, au-delà du dispositif de Berlin, sur des dizaines de milliers de kilomètres, un alignement de « rideaux de fer » constitués de grillages coiffés de barbelés et électrifiés. Gardé par des militaires et des policiers, ce réseau concentrationnaire permit, pendant trois décennies, sous la forme d'une gigantesque prison à ciel ouvert, la « détention » de 400 millions d'Européens.

C'est donc cet ensemble carcéral qui, sous la pression d'une foule mobilisée par une *fake news* émise par un cacique trop distrait, ou trop optimiste, d'un régime finissant, depuis un simple point de passage d'une zone centrale de Berlin, finit par être transpercé de toutes parts, avant d'être détruit durant plusieurs années à grands coups de marteaux-piqueurs. « Plus jamais cela » fut aussi, pour le Mur de Berlin, comme pour les camps de la mort quarante-quatre ans plus tôt, une incantation pressante.

Que reste-t-il de ce « monde d'avant » ? Soixante-dix ans de socialisme et quarante-cinq ans de guerre froide n'auront-ils été, à l'échelle de l'histoire du monde, qu'une parenthèse ou un mirage ?

Cette chute du Mur et, dans son sillage, l'effondrement du bloc de l'Est, ont été beaucoup contés et racontés ; un peu moins décrits et rarement analysés avec le recul nécessaire, en les replaçant dans un contexte mondial. Procéder à cette remise au clair, trente ans après, dans ce « monde d'après » dont nous sommes les contemporains, nous semble la bonne distance pour dissiper les dernières zones d'ombre et de doutes. Et consulter les témoins, autant dire les survivants de cette époque épique : ceux qui étaient, au sens premier du terme, au pied du Mur. Mais aussi ceux, beaucoup plus nombreux, qui vibrèrent devant leur téléviseur ce 9 novembre 1989, livrés aux tensions de cette soirée, puis de la nuit, de ce qui s'avérèrent être les dernières heures de cette paix armée, bloc contre bloc, que l'on appela « guerre froide ».

Telle est l'ambition de cette démarche d'accessibilité et, pourquoi pas, de pédagogie active. Il se pourrait que les péripéties de la chute du Mur y apparaissent comme issues d'un plan né d'un esprit d'une rationalité exemplaire. Ce risque de théorisation existe mais nous éviterons l'écueil de la vision intellectuelle consistant à vouloir plaquer trop de rationalité, *a posteriori*, sur les causes de la chute des systèmes totalitaires communistes. Comme si un événement historique et géopolitique de cette ampleur avait pu être planifié et séquencé dans on ne sait quel Laboratoire de sciences politiques de Harvard ou Princeton. En réalité, tout semble avoir été dicté par ce hasard qui, pour Albert Einstein, n'est jamais que « Dieu qui se promène incognito ».

Partie I

LA FIN D'UN MONDE

9 NOVEMBRE 1989 : LA NUIT FATIDIQUE

Ab sofort, « tout de suite », puis *unverzüglich*, « sans délai » : il n'est pas faux de considérer que c'est bien la répétition malencontreuse de ces deux expressions, bredouillées par Günter Schabowski, un porte-parole qu'intimidait toute une brochette de correspondants aguerris en poste à Berlin, qui mit le feu aux poudres. Dans un contexte où, jamais auparavant, un apparatchik du régime totalitaire de Berlin-Est, s'essayant sans filet à un exercice de glasnost à la Gorbatchev, n'avait été soumis à un tel feu roulant de questions incisives. Avant de perdre pied, sans que personne, nulle part et à quelque niveau que ce soit de l'appareil d'État est-allemand, n'ait été en situation de réparer son incroyable bévue.

QUAND UNE BÉVUE FAIT L'HISTOIRE

Oui, dans l'après-midi de ce 9 novembre 1989, Egon Krenz, secrétaire général du PC est-allemand, avait imposé la création, au niveau de la ligne de démarcation séparant les deux Allemagnes, de nouveaux points de passage devant faciliter les contacts familiaux. Par cette annonce fondée sur des discussions préalables, mais non véritablement abouties, avec le gouvernement ouest-allemand, ses chefs escomptaient l'obtention de nouveaux crédits devant permettre à la banque d'État est-allemande d'échapper à une faillite inéluctable. Oui, il avait effectivement bien été prévu d'ouvrir de nouvelles portes dans le Rideau de fer. Mais sans pour autant provoquer la chute du Mur de Berlin. Pas plus que celle du Rideau de fer sur l'ensemble de son parcours allant de la Baltique à l'espace méditerranéen.

Michel Meyer, l'un des deux auteurs de cet ouvrage, a connu de près Günter Schabowski, le responsable de cette bévue magistrale, à la faveur de plusieurs confrontations télévisuelles. Porte-parole du pouvoir est-allemand, Schabowski n'a, à l'évidence, rien voulu manipuler consciemment et nous pouvons croire à ses explications de bonne foi. La vérité est qu'il avait été déstabilisé par le climat d'urgence et de fébrilité dans lequel son chef direct, Egon Krenz, lui avait glissé à la sauvette, dans un couloir et pour diffusion lors d'une conférence de presse imminente, une note répertoriant les facilités de transit interallemand auxquelles le régime entendait procéder.

Il tombe donc sous le sens que c'est bien la précipitation de Krenz qui a suscité la bévue de Schabowski et déclenché la pyrotechnie médiatique implacable qui s'en est ensuivie, caractérisée par l'emploi de superlatifs et des effets de ressacs interactifs – relevant de l'hystérie – entre agences de presse, radios et télévisions. En cette fin des années 1980, les outils et dispositifs de captation et de propagation des sons et des images étaient devenus puissants et sophistiqués, pour certains, partiellement numérisés. Et l'effet d'instantanéité nullement négligeable. Ce sont des phénomènes auxquels s'ajoutait, bien plus rigoureusement qu'aujourd'hui, le respect d'une hiérarchisation raisonnée des nouvelles. Recenser et dérouler strictement les différentes séquences qui précédèrent la chute du Mur reste encore la seule manière d'identifier les pannes et désordres qui en provoquèrent l'effondrement, ou plutôt l'ouverture irrémédiable.

« Tout de suite ! Sans délai ! » C'est peu dire qu'à l'issue de la conférence de presse surréaliste de Schabowski, dans le bar à *Mokka* du centre de presse de Berlin-Est, les journalistes qui viennent de quitter la salle sont décontenancés et même perdus. Serrés dans cet espace où, grâce aux relations fraternelles nouées avec certains partis-frères africains et sud-américains, évidemment marxistes, se dégustent les plus subtils et raffinés cafés que l'on puisse trouver à Berlin, les meilleurs *insiders* (« initiés ») médiatiques de la guerre froide ne savent vraiment pas quoi retenir du salmigondis contradictoire qu'ils viennent d'entendre. Ce ne sera qu'à 19 h 04, lorsque la nouvelle se répandra, juste après que les agences Associated Press et Deutsche Presse-Agentur aient annoncé, avant tout le monde comme c'est leur rôle, la « possibilité », pour chaque Allemand de l'Est, de franchir les points de passage d'Est en Ouest, que l'atmosphère s'électrise. Et que nos chers correspondants, sans la moindre exception, se prennent, en perdant tout sens critique, à subir les effets de ce que l'on appelle un « mouvement de panurgisme aigu ». Un phénomène bien connu que ne modérera nullement, à 19 h 05, la survenue d'une nouvelle dépêche qui relativise l'utilisation de l'expression « ouverture de la frontière », avant de préciser avec la prudence qui sied que « l'information de Schabowski incluait une marge d'interprétation qui motivait, afin de pouvoir être plus précis, des recherches additives de la rédaction ».

Peut-on rétrospectivement considérer qu'à eux seuls, les déclics de ces deux agences auraient suffi à déclencher ce qui suivit ? De fait, c'est la puissance de feu et la seule crédibilité de l'agence américaine Associated Press qui « alluma le feu », non seulement dans la quasi-totalité des médias américains, mais également parmi les permanenciers de 1 700 quotidiens et hebdomadaires et de 5 000 radios et télévisions, pressés d'annoncer au monde entier que la RDA venait « d'ouvrir ses frontières ». Ce qui, à ce moment précis, était encore loin d'être officiellement et physiquement le cas.

Relation de cause à effet ? À 19 h 17, la deuxième chaîne de télévision est-allemande ne placera cette information qu'en sixième place dans la hiérarchie de ses titres. L'éventualité de passer à l'Ouest à très court terme est cependant évoquée par le présentateur. Une hypothèse au sujet de laquelle, dans son journal de 19 h 30, le journal télévisé de la télévision de Berlin-Est ira jusqu'à préciser, en deuxième place dans sa hiérarchie, que « des voyages privés pourront, dans l'instant, être sollicités sans invoquer le moindre motif ». Il faudra dès lors attendre le journal de 20 heures de la première chaîne ouest-allemande pour qu'en tête de JT, l'annonce soit confirmée en termes comparables. Accompagné en outre, à la base des écrans, par un bandeau défilant indiquant « *DDR öffnet Grenze* », « la RDA ouvre la frontière ». La méprise est totale et l'effet toboggan de ces nouvelles fragiles, ambivalentes, mais qui deviennent bientôt probables, vraisemblables, puis réelles, bien que « non mûres », s'est imposé lors de cette succession de séquences imprécises. Quid de *ab sofort*, puis *unverzüglich* ?

Face au mur

Déjà, à l'est du Mur et dans un nuage d'épaisse fumée d'échappement, se forme un embouteillage monstre de plusieurs centaines de Trabant, ces voitures populaires est-allemandes assimilables à la Coccinelle de Volkswagen à la mode côté Ouest du Mur. Plusieurs conducteurs sont sortis des habitacles en hurlant : « *Tor auf, Tor auf* », « ouvrez la porte, ouvrez la porte ! ». Ce vacarme, s'amplifiant de minute en minute, deviendra très vite brouhaha, puis clameur audible de loin. À en gâcher le dîner de Wolfgang Schwanitz, alors numéro deux de la redoutable Stasi, la police politique d'Allemagne de l'Est : « C'est en ouvrant ma fenêtre, précisera-t-il, que je découvris toute une foule enfilant les rues, orientation ouest, vers les points de passage les plus proches. Par chance, je pus aussitôt joindre mon chef au téléphone, le ministre de l'Intérieur Erich Mielke. Mais lui aussi, retenu à la Volkskammer (la Chambre du peuple), ne comprenait rien à ce qui se passait. »

Dans un premier temps, les gardes-frontières réussirent, tant bien que mal, à contenir ce début d'assaut de la foule. Désemparés, leurs commandants, en mal d'instructions précises, ne cessaient de harceler au téléphone leurs hiérarchies, incertaines et débordées, pour disposer d'ordres clairs. À ce moment précis, le seul ordre intelligible qui parvenait des chefs consistait à conseiller à leurs troupiers de « faire attention pour ne pas se faire déposséder de leurs armes ». Ce n'est que vers 22 h 30, conscients des drames qu'auraient pu provoquer des piétinements et échauffourées au niveau des points de passage, que certains chefs de poste prirent sur eux d'alléger les entassements de foules les plus denses de leurs éléments les plus agités. Pour pouvoir, après avoir demandé leurs passeports à ces derniers et y avoir apposé un tampon couvrant les photos, ouvrir les vannes. Avec pour effet de « laisser couler » – expression choisie par les chefs de postes dans les messages qu'ils adressaient à leurs supérieurs. C'était cela ou l'embolie, avec tous les risques qui s'y attachaient. C'est grâce à ce comportement avisé que, durant la nuit fatidique du 9 novembre 1989, pas une seule goutte de sang n'a souillé le moindre pavé de Berlin.

La RDA à bout de souffle

En réalité, à ce moment précis de la soirée, nous assistions aux conséquences de la non-maîtrise d'un processus qui, bien avant cette échéance, minait les fondements du régime est-allemand de manière endémique. En 1983 déjà, la RDA accusait un niveau de dette extérieure colossal. Moscou, sollicité, ne sera d'aucune aide. À l'Ouest, plutôt qu'à un social-démocrate bon teint, c'est au Bavarois Franz-Josef Strauss, un « bouffeur de marxistes » patenté, qu'Erich Honecker, le numéro un est-allemand d'alors, fera appel. Avec succès, puisque deux crédits successifs de 1 milliard de DM (Deutsche Mark) seront secrètement accordés à la RDA par un consortium de banques régionales allemandes et cautionnés par la Banque fédérale de Francfort. La contre-partie consentie par la RDA étant la suppression du change obligatoire de devises pour les enfants mineurs visitant des proches à l'Est et le démontage des équipements meurtriers disposés sur la ligne de démarcation.

Ce que Schabowski ignore en cette soirée du 9 novembre 1989, c'est que, trois jours plus tôt, Krenz a dépêché en urgence Alexander Schalck-Golodkowski, déjà mobilisé à cette fin par Erich Honecker en 1983, pour solliciter auprès de Helmut Kohl une nouvelle aide financière de l'ordre du milliard et demi de DM. Une démarche qui se solde par une fin de non-recevoir de Wolfgang Schaüble, le bras droit du chancelier… À moins que la RDA, très rapidement, n'accepte, en y aménageant de nouveaux points de passage, une « humanisation » de la ligne de démarcation et du Mur de Berlin. Cette rebuffade stupéfiera Egon Krenz. Paniqué, le dos au mur, il demandera à Gerhard Lauter, fonctionnaire du ministère de l'Intérieur chargé de la gestion du transit aux frontières, de lui préparer une note allant dans le sens des exigences ouest-allemandes. Lauter s'exécutera, mais de façon limitée, à reculons, en spécifiant dans sa note que seuls les voyages privés, pour une durée spécifique et impliquant le retour en RDA, entreraient en ligne de compte. Y figure néanmoins, mais en pointillé, la possibilité « transitoire », pour les Allemands de l'Est, de se rendre à l'Ouest sans retour, avec perte dans ce cas de leur citoyenneté est-allemande. C'est à 12 h 30, le 9 novembre, que Krenz lira le *draft* de ce projet de réforme. Distrait, ou plus occupé à dévorer son repas, il n'en discerne pas toute l'explosivité. Et c'est l'âme en paix que, quatre heures plus tard, à 16 h, il évoquera, en termes vagues, ce sujet devant son Politburo. Personne n'osera et ne pourra le contredire. Pour la bonne raison que la note de Lauter a été tirée à un seul exemplaire. Celui que détient Krenz et qu'il transmettra seulement à Schabowski.

Nous sommes donc bien, en l'espèce, du côté des chefs communistes est-allemands aux abois, moins dans une perte du sens des réalités que, par extraordinaire, dans un abandon fataliste à une situation de cafouillage et de désordre irréfrénable. Avec pour autre effet, paradoxal, qu'en laissant ainsi chuter le « Mur de la honte », la RDA se préparait, avec l'assouplissement des transits à ses frontières, à livrer un « gage » (*Faustpfand*) parfaitement susceptible d'être monnayé avec Helmut Kohl.

Nous en eûmes la certitude en interrogeant Egon Krenz à propos de la tractation ayant consisté, en avril 1989, à ce que Miklós Németh, alors Premier ministre hongrois, accepte, au niveau de son segment austro-hongrois, d'ouvrir le Rideau de fer contre l'attribution d'un crédit substantiel puisé dans les caisses de l'État ouest-allemand. Le 2 mai 1989, les gardes-frontières hongrois coupaient à l'aide de tenailles les barbelés du « Rideau-frontière ». C'était la première entaille officielle dans ce Rideau qui isolait le bloc de l'Est et l'Europe occidentale depuis la fin de la guerre. Largement aussi symbolique mais beaucoup moins visible que l'ouverture, six mois plus tard, du « Mur des murs » qui isolait les Allemands de Berlin-Ouest au cœur de l'Allemagne de l'Est. « L'ouverture du Rideau de fer en Hongrie, se souvenait rétrospectivement Egon Krenz, n'a pas été immédiatement perçue comme une trahison, mais plutôt comme une modernisation non concertée de la frontière. Après coup, il s'est révélé que c'était une tromperie. [...] En réalité, le pouvoir hongrois abandonnait délibérément la communauté des États du pacte de Varsovie. C'était donc là une trahison. Pour de l'argent, naturellement, pour de l'argent. »

Comment ne pas douter que ce facteur transactionnel explique également l'absence étonnante d'une option militaire, pourtant un temps envisagée, dans le courant de la nuit du 9 au 10 novembre, par Heinz Kessler, ministre de la Défense de la RDA ? De même que, dans la matinée du 10 novembre, lorsque les membres du bureau politique du PC est-allemand se sont interrogés sur la pertinence, d'une reprise de contrôle de la situation par des voies militaires ? De fait, la décision aurait été vaine. Tant les caciques présents étaient fatigués de lutter. Mais surtout parce que le peuple de la partie orientale de l'Allemagne, telle une irrésistible marée, avait joué le fait accompli en passant la nuit, pour y faire la fête et retrouver le goût de la banane jusqu'alors inaccessible, dans les *Gasthaus* et autres magasins restés ouverts de Berlin-Ouest.

Une crainte subsistait. Les chars russes n'allaient-ils pas surgir d'une minute à l'autre ? Supputations absurdes ? En principe, non, mais infondées en la circonstance. Car tout le monde, où que ce soit en Allemagne et ailleurs, patauge alors dans le même cirage. Et les militaires presque plus que tout le monde. Au petit matin du 10, Noël Chazarain, commandant en chef des Forces françaises en Allemagne, reçoit un appel parfaitement extravagant de son homologue Snetkov, commandant de l'Armée rouge en RDA. Ce dernier, aussi désorienté que lui, vient aux nouvelles auprès de son homologue français. Ils se promettront, mis en confiance par un dialogue de moins d'une minute, de rester en contact. Au cas où.

Ainsi, un quart de siècle de proximité vécue avec la chose allemande, deux décennies d'observation de la sismicité géopolitique germanique n'avaient pas affûté l'un des auteurs de cet ouvrage, Michel Meyer, au point qu'il puisse anticiper *in vivo* l'imminence de ce cataclysme, miraculeusement pacifique. Un événement dont les effets, considérables, avaient signé *de facto* le proche effondrement de l'empire soviétique et de ses satellites. Faut-il se blâmer de n'avoir pas anticipé ces faits ? En réalité, aucun des experts patentés du domaine n'avait anticipé un tel calendrier. Pourtant, tous les signes avant-coureurs d'un collapsus étaient discernables car la déliquescence du bloc de l'Est était patente. Mais personne, à hauteur de Mur, ni à Berlin, ni à Bonn, n'avait rien vu venir à si court terme.

Dès le début du printemps de 1989, la situation économique, financière et politique de l'ex-RDA était pourtant devenue intenable et augurait de l'affaissement imminent de l'ensemble du système. Mais personne n'en imaginait sérieusement la forme. Oui, tout correspondant de presse présent en Allemagne à cette époque eût été pris pour un fantaisiste s'il s'était laissé aller à spéculer sur une chute imminente du Mur. Et même pour un fou, s'il avait alors prétendu que la chute du Mur de Berlin était pour novembre de cette année 1989. De la même manière, à un stade ultérieur, les mêmes correspondants auraient été assimilés à des quadruples déments s'ils avaient prétendu, lors de la mise en place de la négociation dite « quatre plus deux » (cette démarche incluait les quatre puissances garantes du statut quadripartite de Berlin, plus les deux États allemands de l'Est et de l'Ouest), que les deux Allemagnes seraient, *nolens volens*, réunifiées avant la fin de l'année 1990. *A fortiori*, d'Ouest en Est, et accompagnées d'un départ ordonné des troupes d'occupation soviétiques jusqu'alors incrustées massivement en RDA. Tout cela sans que le moindre coup de feu ne soit échangé.

Le soir de la chute du Mur, en tout cas, personne n'osait espérer une telle issue. Devant ses pairs du Politburo, Krenz, pour ainsi dire « le dos au Mur », vient de buter sur une phrase de la « note Lauter » évoquant les « dispositions transitoires en vigueur pour les voyageurs et les départs permanents de la RDA vers des pays étrangers ». Comment, à ce stade, traiter la récente « crise des ambassades », c'est-à-dire la situation de ces Allemands de l'Est, rétifs à tout retour en RDA et ayant déjà gagné l'Ouest, *via* la Pologne, la Tchécoslovaquie et la Hongrie où ils avaient, dès octobre, initialement occupé les ambassades d'Allemagne Fédérale dans ces pays ? Sa réaction, à ce moment précis, prouve qu'il comprend que la situation est pour lui totalement intenable. « Notre manière de faire n'est pas la bonne, lâche-t-il soudain, mais c'est la seule façon de nous épargner le problème consistant à traiter tout ce monde à travers des pays tiers, ce qui n'est pas en faveur de l'image de la RDA. Nos dispositions de transit doivent donc être impérativement rendues publiques le 10 novembre. Donc demain. »

Au sein du Politburo, aucun des caciques présents ne contredira Krenz qui, à ce moment, est sûrement le seul à avoir compris que son régime est dans la nasse. Tout au contraire, puisque son ministre de la Culture, dans un accès de générosité, invitera à encore plus de largesse en supprimant la formule « dispositions transitoires » (*Übergangsregelungen*) et en évoquant de simples « dispositions » (*Regelungen*), ce qui implique tacitement la distribution de visas permanents. Vers 17 h 30, Schabowski est en passe d'entrer dans la salle où s'est réuni le Politburo lorsque, dans le couloir qui y conduit, il croise Krenz qui en sort. Machinalement, Krenz lui glisse la liasse de papier que constitue la « note Lauter » où sont consignées ces nouvelles « dispositions » que devra vendre le porte-parole. Schabowski va-t-il les relire et s'en imprégner ? Nullement. Il ne fait qu'écouter ce que lui souffle Krenz : « Tu dois absolument évoquer les décisions prises à propos des voyages. C'est une nouvelle mondiale. Un super *hit.* » Fait lourd de conséquences, dans sa précipitation, Krenz a omis de joindre la page de garde où se trouve indiquée la date signalant un « embargo strict » jusqu'au lendemain 10 novembre, à 10 h 30. Une *deadline* au sujet de laquelle il ne dit pas un mot à son porte-parole. À compter de ce moment, le malentendu est total et le drame programmé.

Rétrospectivement, Egon Krenz, interrogé sur cet épisode fin 2009, fait porter toute la responsabilité de ce désastre à Schabowski. « Il s'était visiblement mal préparé, se souvient-il. À la fameuse question du "quand", il a stupidement répondu "tout de suite, immédiatement". Il aurait été plus pertinent qu'il dise : "c'est demain 10 novembre que la frontière doit être ouverte." C'est peu dire que cette faute a été lourde de conséquences. Et je me suis fait du souci en la découvrant sur le coup de 21 heures. »

Ce jugement est sévère. Mais plus âpre encore est celui de Hans Modrow, l'ancien Premier ministre transitoire d'une RDA en perdition, soucieux de régler rétrospectivement son compte à l'auteur du cafouillage du siècle : « Si, jugea-t-il lors d'une rencontre que Michel Meyer eut avec lui début 2010, les commandants responsables des points de passage n'avaient pas décidé d'eux-mêmes l'ouverture des barrières, s'ils avaient tout au contraire appliqué bêtement les consignes en gardant la frontière fermée, quitte à tirer sur la foule, car c'était bien là leur mission, eh bien Monsieur Schabowski aurait eu une tout autre place dans l'histoire. On se doit donc de remercier ceux qui ont effectivement ouvert la frontière, et surtout pas l'imbécile qui a pris une décision sans savoir le carnage planétaire que celle-ci pouvait déclencher. »

Jusqu'à son dernier souffle, Schabowski ne reconnaîtra qu'une seule erreur : avoir zappé, par simple ignorance, l'information essentielle portant sur la date d'entrée en vigueur fixée au 10 novembre, à 4 heures du matin, des mesures qu'il avait eu pour mission d'annoncer. « Personne, avance-t-il pour se défendre, ne sera jamais en mesure de me dire comment se serait comportée la population si, comme planifié, l'ouverture des frontières avait eu lieu le matin du 10 novembre 1989. Des ordres clairs auraient été donnés et transmis en toute logique. Et les gardes-frontières et autres unités policières auraient su quoi faire. » Ajoutant, acerbe :

« Au demeurant, lorsqu'un système finit par s'effondrer pour la simple raison que ses habitants veulent être en situation de circuler librement, eh bien, il n'a tout simplement pas mérité mieux ! »

Reconverti en tant que journaliste de base d'un petit journal local qu'il créa avec un confrère compatissant d'Allemagne de l'Ouest, diabétique, cardiaque ayant survécu à force infarctus et AVC, Günter Schabowski décédera en 2015 dans une maison de retraite médicalisée de Berlin. Annotés de sa plume et ayant valeur de pièces historiques, les feuillets qu'il avait fébrilement consultés lors de la conférence fatidique du 9 novembre 1989 ont été acquis pour 25 000 euros par la Maison de l'histoire de Bonn, non point des mains d'Irina, son épouse d'origine russe, mais par de faux amis, de médiocres trafiquants qui, s'étant fait prêter ces reliques par l'ex-porte-parole déjà affaibli, ne les lui avaient jamais rendus. Il fallut donc que la famille de Schabowski les menace d'un procès pour qu'ils obtempèrent et cèdent ces pages documentant l'un des plus heureux cafouillages du XXe siècle.

UNE GUERRE HERTZIENNE : L'INFLUENCE NÉGLIGÉE DES MÉDIAS

En novembre 2019, le monde fêtera, à juste titre, le trentième anniversaire de la chute du Mur de Berlin comme une heure mémorable de l'histoire de l'Europe et du monde. L'historiographie de cet événement, à bien des égards surréaliste, insiste comme de juste sur les facteurs économiques, idéologiques et sociétaux de cette césure. Le déclic de celle-ci étant le point d'orgue d'un processus de dissolution qui débuta en Pologne, finit par se propager aux autres pays d'Europe centrale, touchant la RDA que l'on croyait à tort inébranlable, avant de faire basculer l'Empire soviétique dans le néant. En rester à cette vision, ou cette analyse, serait pourtant faire peu de cas d'un phénomène bien plus profond et déterminant, mais étrangement ignoré par les contributions floues et chaotiques, comme souvent pour ne pas dire toujours, des médias de l'époque. Plus que dans la presse écrite, c'est dans l'éther interallemand, par-delà la ligne de démarcation de l'Elbe et du Mur de Berlin, que se déploya une guerre des ondes hertziennes sans précédent dans l'histoire humaine. Façonnés dans l'immédiat après-guerre par des officiers d'occupation anglo-saxons biberonnés à l'éthique du *news analysis* et du *fact checking*, les médias de la jeune démocratie de l'Allemagne occidentale jouèrent, à tous égards, un rôle essentiel dans cette guerre médiatique, alors même que, détail important, pas la moindre chaîne « tout info » européenne n'avait encore vu le jour. Jamais le monde n'avait connu telle constellation. D'un côté, à l'Est, un système totalitaire sur la défensive, au sein duquel la règle voulait que la propagande télévisuelle soit inspirée par le Comité central communiste. De l'autre, à l'Ouest, une machine télévisuelle publique et démocratique crédible jouissant, depuis la construction du Mur et du Rideau de fer, de la confiance de 90 % des Allemands de l'Est qui, bien qu'interdits de promenades occidentales, partageaient avec l'Ouest une même langue et étaient forts d'une histoire et d'une culture communes et séculaires. Ceci pour vivre, grâce aux journaux télévisés des deux chaînes de l'Ouest qu'étaient l'ARD et la ZDF, l'ensemble des péripéties à épisodes de l'agonie idéologique des maîtres marxistes de Berlin-Est.

À l'époque, les Allemands de l'Est avaient accès à quatre principaux journaux télévisés occidentaux, nourris par les interventions de nombreux correspondants, présents même en RDA et dans les pays d'Europe centrale : à 19 h, *Heute*, le JT de la deuxième chaîne ouest-allemande ; à 20 h, *Tagesschau*, de la première chaîne publique ouest-allemande (ARD) ; vers 21 h 45, *Heute journal* (format long avec commentaires, ZDF) ; vers 22 h 30, *Tagesthemen* (format long avec commentaire, de l'ARD). Pour, au-delà du Mur, seulement deux éditions de journaux télévisés est-allemands : à 19 h 30, *Aktuelle Kamera 1*, et à 22 heures, *Aktuelle Kamera 2*. Tout cela alimentait depuis des années une bataille des ondes finalement très inégale : en termes de fond, de forme, d'exhaustivité et de crédibilité. Et de résultats d'écoute en *prime time*, lesquels indiquaient clairement que, lorsque huit ou neuf téléspectateurs est-allemands étaient branchés sur les télévisions de l'Ouest, pas plus d'un ou deux étaient fidèles à celles de Berlin-Est.

Les ondes hertziennes ne s'arrêtant pas aux frontières, rien ne pouvait empêcher que les Allemands de l'Est ne soient pas, ainsi que le déploraient les dirigeants de Berlin-Est, « contaminés » par les ennemis de classe occidentaux. Plus ou moins discrètement, au fil du temps, des antennes râteaux étaient apparues sur les toits ou dans les greniers des dits « contaminés » pour pouvoir capter, sans payer de redevance, les télévisions de l'Ouest – mais seulement en noir et blanc car, la sœur ennemie occidentale ayant choisi le standard de télédiffusion couleur PAL, de technologie allemande, la RDA avait, quant à elle, fait le choix du SECAM de technologie française. Un temps, le régime de Berlin-Est imaginera sanctionner les téléspectateurs est-allemands coupables de réorienter leurs antennes râteaux plein ouest. En vain.

De guerre lasse, cette bataille perdue d'avance sera abandonnée à l'Est. Livrant ainsi les téléspectateurs de la RDA à une schizophrénie paradoxale dans la mesure où cette tension médiatique, effectivement caractérisée par un écartèlement entre l'Est et l'Ouest, plutôt que de développer en eux une perte du contact avec la réalité, eut pour conséquence d'augmenter leur acuité et leur sens critique. Ce « luxe » télévisuel, idéologiquement irréductible, n'était pourtant pas, loin de là, le lot commun. Car il existait, dans l'espace Nord, aux confins de Dresde et de la mer Baltique, des régions où les signaux hertziens séditieux venus de l'Ouest ne pouvaient atteindre les foyers résidant dans nombre de vallées encaissées. Ce qui valait aux infortunés qui y résidaient d'être qualifiés ironiquement par les privilégiés des zones irriguées d'âmes perdues des « *Täler der Ahnungslosen* », comprendre les « vallées des innocents ».

Janvier-novembre 1989 :
le compte à rebours

Plus que jamais, le récit des manœuvres qui, le désordre s'ajoutant à l'improvisation, provoquèrent la chute du Mur de Berlin entre janvier et octobre 1989 nous apparaît relever d'un véritable drame shakespearien. S'y retrouve une progression dramatique annonçant l'imminence orageuse d'une fin de partie. Mais en nul endroit du monde, personne n'aurait pu imaginer que ce « Mur de la honte », élevé en août 1961 par un régime d'ores et déjà aux abois (puisque ses habitants votaient avec leurs pieds en fuyant la RDA !), aurait pu disparaître en aussi peu de temps. Un type de « première » sensationnelle inédit dans l'histoire humaine ? Peut-être pas. Mais bien plus un épisode à la *Marx Brothers* dont, insistons-y, l'un des moindres mérites fut aussi de trahir l'insondable bureaucratie des pays de l'Est de l'époque. S'impose dès lors, à ce stade, un retour sur image précis sur les chocs événementiels successifs qui expliquent la chute du Mur et l'effondrement du système soviétique, dans ce que nous avons déjà assimilé à une « autodissolution par inadvertance de l'Allemagne de l'Est » qui, de par sa position essentielle sur le damier géopolitique européen, finira par plus encore favoriser l'effondrement final de l'Empire soviétique.

Le mirage de l'effet domino

Un juste retour des choses. Pour peu que l'on se souvienne du fait que, durant les trois décennies qui précédèrent la chute du Mur de Berlin, il fut très à la mode de prétendre que les avancées du marxisme-léninisme étaient sur le point de faire basculer le libéralisme occidental vers le néant. Pour illustrer ce processus, on ne sait qui, on ne sait où, avait inventé une théorie appelée « effet domino », en référence à ce jeu consistant à entraîner la chute d'un alignement de dominos en faisant basculer le premier d'entre eux sur le deuxième, lequel précipite la chute des suivants de manière irréversible. De fait, cette idée planait déjà en avril 1954, à Genève et en pleine guerre froide, dans les esprits des membres d'une conférence sur le sort de l'Indochine et de la Corée, lorsque le nouveau président américain, le prestigieux général Dwight D. Eisenhower, exprima sa crainte que le Viêt Nam, en tombant aux mains des communistes, puisse entraîner dans sa chute des voisins tels que la Malaisie, l'Indonésie, la Thaïlande. Commentant la dramatique bataille de Diên Biên Phu qui faisait alors rage, il exprima en ces termes son inquiétude quant à la progression du communisme en Asie du Sud-Est : « Vous avez une rangée de dominos dressés et si vous faites tomber le premier, il y a une certitude que le dernier sera renversé aussi. Ainsi on parviendra au début d'une désintégration qui aura de très profondes conséquences. » C'est donc sur la foi de cette inquiétude que les Américains, remisant leurs principes anticolonialistes, s'engageront à soutenir les Français et à financer leur guerre en Indochine. Avant de les remplacer, lorsque ces derniers se verront débordés par les Vietnamiens du Nord, avec le souci de prévenir le basculement de tout le Sud-Est asiatique dans le camp ennemi. Et les résultats désastreux que l'on sait : le Viêt Nam tout entier deviendra communiste, ainsi que le Laos et le Cambodge voisins, sans pour autant entraîner les autres États de la région…

Tout autre fut l'« effet domino » au niveau du mur de Berlin : il se propagea, non point depuis les espaces communistes vers le monde capitaliste mais, divine surprise, dans l'autre sens ; et ceci à un degré stupéfiant tant il fut rapide. Avec la fameuse « autodissolution par inadvertance » du régime est-allemand communiste, le basculement de ce « domino » comptant alors 17 millions d'âmes finit par entraîner dans son affaissement l'ensemble de ses voisins orientaux. Ouvrant ainsi une béance dans le flanc de la Russie soviétique…

La RDA lâche du lest… contre de l'argent

Il y eut d'abord à Berlin-Est, au début de l'année 1989, provenant autant d'une extrême gauche se référant à l'icône posthume Rosa Luxembourg que des rangs des activistes des droits de l'homme de l'Église luthérienne, le réveil d'une contestation véhémente du régime. Une péripétie, toutefois, en regard de la disette financière d'un régime à bout de souffle obligeant les fonctionnaires de sa Banque centrale à trouver, une fois encore, de discrets bailleurs de fonds. Une fois de plus, l'endettement du pays s'était accentué, en dépit des aides secrètes obtenues antérieurement par Berlin-Est grâce à l'entremise de Franz Josef Strauss, chef de l'aile chrétienne-démocrate. En juin 1983, Erich Honecker avait en effet déjà rencontré le leader bavarois, en grand secret, dans le cadre féerique de sa maison de chasse de Hubertusstock dans le Brandebourg, afin de pouvoir, par l'entremise de ce dernier, renflouer ses caisses. La RDA était alors à quelques millimètres de la rupture de paiement et, faute de liens avec les milieux bancaires occidentaux, en était réduite à solliciter le plus fervent anticommuniste d'Allemagne de l'Ouest. Grâce à ses réseaux, Strauss réunira le milliard de DM nécessaire, obtenant en contrepartie une sensible réduction de l'« inhumanité » des frontières allemandes au niveau du Mur de Berlin et du Rideau de fer.

D'une manière plus globale, la RDA vit alors dans cette situation, parfaitement décrite par le philosophe italien Antonio Gramsci, où « le vieux monde se meurt, alors que le nouveau monde tarde à apparaître, et dans ce clair-obscur surgissent les monstres ». Ces monstres, ou plutôt cette monstruosité étant, en l'espèce et en RDA, une aspiration profonde à jouir de libertés occidentales consuméristes et politiques que 90 % des Allemands de l'Est observent désormais sur leurs écrans de télévision, mais encore en noir et blanc, grâce à leurs antennes braquées vers l'Ouest. Les élites politiques, économiques et financières ouest-allemandes ne peuvent pas l'ignorer. Opération de fragilisation, déstabilisation, ou simple compassion ? À chacun de choisir ! Nous ne jugerons pas plus les motivations des actions de *realpolitik* financière mises en œuvre par Helmut Kohl avec ses conseillers et amis. Il reste que, début avril 1989, Alfred Herrhausen, président de la Deutsche Bank et cerveau stratégique occulte de Helmut Kohl, accompagné de Horst Teltschik, conseiller à l'international du chancelier, se déplaceront à Budapest pour rencontrer le Premier ministre hongrois Miklós Németh. Sur la sellette, l'attribution d'un crédit de 1,5 milliard de DM en contrepartie d'une suppression progressive, à compter de mai 1989, du Rideau de fer, là où il séparait la Hongrie de l'Autriche. Cet acte signale en tout cas clairement que Bonn est désormais prêt à faciliter le processus gorbatchévien de réformes, tout en marginalisant une RDA dirigée par des faucons rétrogrades. Désormais, c'est la vision du banquier Alfred Herrhausen qui détermine la relation germano-soviétique : celle d'une convergence fructueuse entre le génie industriel et financier de l'aigle allemand et l'exploitation des réserves énergétiques et minières de l'ours russe. Déjà, le Russe Gorbatchev a commencé à évoquer son concept de « maison commune européenne ». Une vision à laquelle le banquier et conseiller occulte de Helmut Kohl Herrhausen adhère foncièrement. Dans ce jeu, comment imaginer que la RDA ait pu jouer un autre rôle que celui de cousin de province désargenté ?

Trois moments clefs illustreront, avant l'été 1989, le sérieux des propos de Krenz, lorsqu'il évoque implicitement la faillite de la RDA et la « rapacité » financière de son homologue hongrois. Soit, dans un ordre chronologique : aux premiers jours de mai 1989, l'élimination symbolique, à la cisaille, d'un segment du Rideau de fer entre la Hongrie et l'Autriche par des gardes-frontières hongrois ; puis, le même mois, la dénonciation de manipulations de résultats électoraux communaux qui, coutumières en temps ordinaire, ne l'étaient plus dans le climat pré-insurrectionnel du pays. Enfin, une semaine plus tard, en pleine session plénière du pacte de Varsovie, une scène on ne peut plus éloquente, illustrant la dérive des tenants du pacte de Varsovie : déjà stressé par la lecture d'une dépêche datée de Bonn évoquant le bouche-à-bouche diplomatique auquel se livrent désormais Helmut Kohl et Mikhaïl Gorbatchev, le numéro un est-allemand Erich Honecker est soudainement foudroyé par une crise néphrétique. C'est le paroxysme d'un chemin de croix psychologique puisque, durant plus de deux heures, il a dû supporter les clins d'œil complices qu'échangeait Gorbatchev, sa bête noire depuis de longs mois, avec le Premier ministre hongrois.

« Votre prix sera le mien »

Déjà, le 14 juin, à Bonn, s'est tenue une rencontre entre Helmut Kohl et Mikhaïl Gorbatchev, marquée par une promenade rituelle sur les bords du Rhin. Le chancelier allemand, pour la première fois depuis qu'il a rencontré son homologue russe, a la certitude qu'il se trouve en présence d'un dirigeant soviétique pour qui, au prix d'un honnête marchandage, l'éventuelle disparition du Mur de Berlin n'est plus un tabou. Entre les deux hommes, la conversation porte autant sur l'approfondissement de leurs échanges économiques, avec notamment la formation accélérée de managers russes en Allemagne, que sur les désagréments d'une partition allemande très pénible pour les citoyens des deux Allemagnes. « La réunification, lâchera un moment Helmut Kohl, est le rêve de ma vie. Mais je ne suis pas certain de le voir se réaliser de mon vivant. » Le Soviétique ne réagit pas tout de suite à ce cri du cœur. Ce n'est que lorsqu'ils butent sur le muret qui les sépare de la rive du fleuve que Gorbatchev se lâche : « Je vous ai bien entendu, Monsieur le chancelier. Et je tiens à ce que vous sachiez que je ne vous reprocherai jamais d'être un authentique patriote. » Kohl, soudainement pensif, poursuit alors : « Oui, on ne peut arrêter le cours d'un fleuve. De même que le Rhin va vers la mer, le cours de l'Histoire nous conduit vers la réunification. Mon espoir est que nous puissions, en confiance, avec nos voisins, favoriser ce processus. Et cela n'a évidemment pas de prix. » Gorbatchev va-t-il sourire de ce pathos sentimental ? Concentré, il attend que l'interprète Kurpakow ait traduit le propos de son vis-à-vis, pour enchaîner en souriant : « Pas de prix ? Encore faudrait-il s'entendre sur le montant de la transaction ! » C'est alors que Helmut Kohl s'était exclamé : « Mais votre prix sera le mien. » Avant qu'ils n'éclatent de rire.

Prémices secrets

Y eut-il, dès cette époque, une forme de connivence entre le gouvernement hongrois, l'équipe de Helmut Kohl à la chancellerie d'Allemagne de l'Ouest et le gouvernement autrichien ? Sans le moindre doute. Et d'autant plus clairement que cette constellation militante très déterminée bénéficia du concours de l'Union paneuropéenne présidée par Otto von Habsbourg-Lorraine, prétendant au trône d'Autriche. Déjà, acte révélateur très significatif, cet héritier légitime des Habsbourg est redevenu citoyen Hongrois dès le début de l'année 1989. Un geste hautement symbolique de la part des dirigeants de Budapest, ville où ses thuriféraires locaux lui proposent de se présenter comme candidat à la présidence de la République. Un honneur qu'il refusera avec lucidité, car point trop n'en fallait, sans pourtant renoncer, le 3 avril 1989, à présider une messe de requiem célébrée à la mémoire de sa mère, l'impératrice Zita, par le cardinal primat de Hongrie.

Le 19 août 1989, c'est une tout autre manifestation qu'il présidera, en pleine campagne, au niveau du Rideau de fer, à proximité de la petite ville hongroise de Sopron. Il s'agira d'un vaste pique-nique à l'occasion duquel plus de cinq cents Allemands de l'Est, en jogging, forcent la frontière austro-hongroise pour se réfugier à l'Ouest. En ce même lieu où, dès juin, Alois Mock, ministre des Affaires étrangères autrichien, et Gyula Horn, son homologue hongrois, avaient solennellement cisaillé des barbelés. Mais cette fois-ci, à la faveur de ce rassemblement, c'est en buvant de la bière et en mangeant des saucisses que ces centaines de ressortissants de la RDA purent choisirent solennellement la liberté. Une illustration explicite de la volonté affichée par les dirigeants de la Hongrie, pays réputé être « la baraque la plus gaie du camp socialiste », de démanteler le Rideau de fer. Ce pique-nique était aussi cautionné par la présence d'Imre Pozsgay, ministre d'État hongrois dont l'une des filles avait distribué des tracts vantant ce *happening* sur les bords du lac Balaton, l'un des sites préférés des Allemands de l'Est pour canoter ou s'adonner à la pêche.

Le 6 octobre 1989, il y aura aussi ce « baiser de la mort », faussement fraternel, de Mikhaïl Gorbatchev à Erich Honecker. Alors que, durant toute cette visite, des foules de jeunes appelaient à l'aide le leader russe avec des « *Gorby Hilft uns* », « Gorby aide-nous », éloquents. Cette image du « baiser fraternel » entre deux hommes qui n'imaginent pas, qu'à peine un mois plus tard, le Mur de Berlin s'effondrera a fait le tour du monde. La célébration en grande pompe du quarantième anniversaire de la RDA aura lieu le lendemain, ainsi que l'inauguration du Palais de la République construit à Berlin à la gloire du nouveau régime. Un ancien apparatchik se souvient : « C'était fantomatique. Une atmosphère morose régnait. Crépusculaire. » Aussitôt l'avion de Mikhaïl Gorbatchev avait-il décollé pour Moscou, que le chef de la Stasi, Ulrich Mielke, ordonnera que les avenues de Berlin soient libérées des manifestants qui les envahissent. Au prix d'arrestations massives.

Début novembre, Egon Krenz, tentera d'expliquer son projet de renouveau lors d'une dernière et vaine visite à Gorbatchev, qui lui refusera son soutien. *De facto*, une autre équipe de relève œuvre déjà dans l'ombre. Mobilisée sous l'égide du KGB, elle comprend Markus Wolf, chef de l'espionnage extérieur de la RDA et Hans Modrow, le chef réformiste du parti de Dresde. Un duo investi trop tard et trop faiblement, qui se fait griller la politesse par l'équipe que Krenz a mobilisée de son côté, dont l'un des membres, son porte-parole Günter Schabowski, n'est autre que celui qui, au soir du 9 novembre, commettra la bévue médiatique qui lui fera alléguer, à tort et dans une confusion coupable, que la circulation au niveau du Mur de Berlin et de la frontière interallemande est désormais ouverte. Tétanisés par l'ampleur et l'accroissement des désordres, les Russes en poste à Bonn et à Berlin tentent l'impossible pour joindre les conseillers de Gorbatchev au Kremlin. Ils attendent des ordres. Pour éventuellement mobiliser les chefs militaires de l'Armée rouge du front Ouest. Cette nuit-là, pourtant, les affidés du pouvoir moscovite ne pipent mot. Seul, au ministère des Affaires étrangères, logé dans un gratte-ciel stalinien du quartier de l'Arbat, le dénommé Kovalev est habilité à répondre aux marées de questions qui l'assaillent. « Ce qui survient à Berlin, répète-t-il invariablement, ne nous concerne pas. En l'espèce, il s'agit là d'une affaire strictement interallemande. Et il appartient à l'État souverain qu'est la RDA de gérer ses frontières comme elle l'entend. » On ne sait que depuis peu qu'avant de s'endormir du sommeil du juste et après avoir confié à Edouard Chevardnadze, son ministre des Affaires étrangères, les clefs de la maison URSS, Gorbatchev s'était fendu d'un appel direct à cet obscur Kovalev pour lui donner clairement l'ordre de strictement respecter les éléments de langage précités. On ne peut faire abandon plus clair du régime finissant de la RDA.

Novembre-décembre 1989 : le plan Kohl suscite l'effroi

Neuf jours après que le Mur ait craqué, Helmut Kohl, quasiment d'instinct et par réflexe, s'est lancé dans une course en faveur de l'unité allemande. Avec, rédigé dans le plus grand secret, un « plan en dix points » de réunification implicite des deux Allemagnes. Ce plan, né dans son esprit comme un devoir impératif, exprime en réalité la nature profonde du patriote allemand qu'il se veut être. Allemand certes, mais aussi Européen, puisque né à la frontière entre la Rhénanie-Palatinat côté allemand, la Lorraine et le nord des Vosges côté français. Singulier, cet activisme juvénile pro-européen l'avait porté, durant son adolescence et au titre d'une Europe unie rêvée, à arracher les bornes frontières entre la France et l'Allemagne.

Une réunification déjà planifiée ?

Le chancelier de la RFA consultera-t-il quelqu'un pour s'engager dans cette aventure ? Oui, mais il ne prendra conseil qu'auprès d'une seule personne, son grand ami Alfred Herrhausen, le président de la puissante Deutsche Bank. Ce dirigeant informé et avisé dont nous savons déjà qu'il est très engagé dans le champ des échanges économiques avec l'URSS et donc partisan prudent d'une entente, plus que cordiale, avec le bloc de l'Est. Déjà, les deux amis avaient échangé sur le sujet dans la nuit du 9 novembre 1989. Et, déjà, Alfred Herrhausen n'avait pas confondu la chute de Mur avec une perspective de rapprochement interallemand immédiat. Herrhausen comptait, en effet, parmi les responsables allemands qui accompagnaient le chancelier dans le cadre d'une visite d'État en Pologne, à titre amical autant qu'en tant que mentor d'une doctrine économique et politique, déjà formulée à l'usage de Helmut Kohl, envers la RDA, les pays d'Europe centrale et l'URSS. Considérant que cette attitude ne serait, à plus ou moins long terme, que porteuse de bénéfices pour les industriels allemands, jamais il n'a critiqué la politique à l'Est de Willy Brandt. Tout au contraire, il n'a cessé depuis le milieu des années 1970 d'ouvrir l'esprit du petit prince provincial, puis « géant noir » méprisé d'un modeste Land allemand, qu'est toujours, en 1989, Helmut Kohl. Thématiques privilégiées : les données géopolitiques qu'il estimait « en devenir » ou « porteuses d'avenir ».

Tôt, le lendemain matin, dans l'avion de la Luftwaffe qui a repris en urgence le chemin de Bonn, Luc Rosenzweig, alors correspondant à Bonn du *Monde*, se retrouve placé aux côtés d'Alfred Herrhausen. Entre le banquier et le journaliste, l'échange sera très vite intense. Le banquier allemand entend visiblement utiliser cette occasion pour sensibiliser Rosenzweig à sa propre vision géopolitique. C'est la coopération de l'Allemagne avec la Pologne qui semble sa priorité, mais pas seulement : « Il nous faudra, lance-t-il, instaurer avec les Polonais le même type de relation qu'avec la France. Oui, c'est ça, le modèle franco-allemand est une très bonne référence. » Avant de faire l'apologie de Gorbatchev : « L'avènement de cet homme providentiel est une chance immense pour l'Europe. Un champ de coopération incroyable s'ouvre à nous en termes économiques et technologiques. » Ce qu'ignorait alors Luc Rosenzweig, c'est que Helmut Kohl, depuis au moins deux lustres, lorsqu'il se retrouvait au niveau de la bretelle indiquant la sortie d'autoroute de Bad Hombourg, ville d'eau située au nord de Francfort, ne manquait jamais de faire halte au domicile de Herrhausen. Immanquablement pour partager un bock de *Löwenbrau* et échanger sur les perspectives d'avenir.

Pas une des séquences marquant le déclin des pays de l'Est et de l'URSS ne manquera, en aucun moment, d'être observée par les deux amis. Les ères Brejnev, Andropov ou Tchernenko, seront analysées avec acribie par l'équipe d'experts de Herrhausen. L'avènement de Gorbatchev sera immédiatement perçu comme une opportunité exceptionnelle de refondation stratégique. La Russie et ses satellites d'Europe centrale sont alors exsangues, en attente de ces milliards de DM susceptibles d'accompagner un tant soit peu le processus de réformes du dirigeant soviétique. Un rêve fou à court terme. Mais rien ne presse. Il importe seulement que s'impose avec davantage d'évidence la vision du banquier stratège qu'est, plus que jamais, Alfred Herrhausen : celle d'une convergence fructueuse de type gagnant-gagnant entre, d'un côté, le déploiement du génie industriel, scientifique et financier de l'aigle allemand et, de l'autre, l'exploitation, en commun inévitablement, des réserves énergétiques et minières de la Russie.

Stupeur à l'Ouest

Présenté comme une réflexion sur « la structure confédérative entre les deux États d'Allemagne », le plan en dix points de Kohl sera, en date du 28 novembre 1989, dix-neuf jours seulement après la chute du Mur de Berlin, débité par le chancelier, mot après mot, devant le Bundestag de Bonn. La sidération est à son comble. Ceci d'autant plus que Kohl n'a même pas daigné informer les caciques de son Parti chrétien-démocrate de son initiative. Certes, il ne s'agit pas d'un échéancier fixant, sur la durée, les étapes de la réunification. Le chancelier se contente juste de proposer, assez vaguement, la création de « structures confédérales entre les deux États d'Allemagne » en vue de la « constitution d'une fédération », une réunification n'étant implicitement prévue qu'à l'issue de ce processus. Le choc n'en est pas moindre ! Aussi bien pour les dirigeants des pays occidentaux que pour ceux des pays de l'Est. Aucun doute à cela : les sentiments que provoque la réapparition de l'Allemagne au cœur de l'Europe, relèvent d'un effroi plus ou moins contenu par les leaders des grands peuples du vieux continent.

Giulio Andreotti, le Premier ministre italien de l'époque, dirige son sixième et avant-dernier gouvernement. C'est, de prime abord, un cri du cœur qu'il poussera devant ses proches conseillers en osant : « Les nazis reviennent. Mais quelle histoire ! » Avant de se rattraper avec zèle, jouant même un rôle politique d'autant plus important que l'Italie détenait la présidence semestrielle de la Communauté européenne. Andreotti qui, dans les années précédentes, avait été de ceux qui n'encourageaient pas l'unification, avait dès lors changé de position. « Je n'ai jamais été *a priori* contre l'unification allemande, expliqua-t-il, car ce qui s'est passé, c'est que ce qui aurait été une aventure traumatisante peu de temps auparavant, était tout simplement devenu une solution praticable. Certains passages dérivent de facteurs qui semblent secondaires au début, mais qui, considérés dans leur ensemble, finissent par conditionner fortement la situation. » Élégante pirouette.

Pour sa part, le président Mitterrand, même s'il admet que Kohl ait pu être sensible aux cris de « *Wir sind ein Volk !* » (« Nous sommes un peuple ! ») des Allemands de l'Est, est froissé de ne pas avoir été préalablement informé par un chancelier qu'il croyait son ami. Selon lui, la réunification ne pourra se faire qu'en bon ordre, dans le cadre d'une Europe forte, en tenant compte de l'évolution des pays de l'Est et en lien avec les États-Unis. Le tout, pacifiquement. Il comprend donc aussi que Gorbatchev, furieux de cette accélération de l'Histoire, souhaite prendre tout son temps pour aviser. Car, estime-t-il, toute précipitation entraînerait la chute du chef soviétique. Ce n'est donc que plus tard, le 4 janvier 1990, qu'il invitera Kohl dans sa bergerie de Latché pour l'en convaincre. Fermement. Mais avec le style qu'on lui connaît : « Nous sommes, dit-il, pris dans des bourrasques heureuses. Nous ne sommes plus dans l'ordre tranquille, insupportable, des quarante dernières années. »

De son côté, Gorbatchev, désorienté, est furieux. Pour lui, la déclaration précipitée du chancelier est une erreur politique face à laquelle il n'a pas de réponse stratégiquement valide. Et il n'a d'autre choix que de manifester sa désapprobation, alors même que, en réaliste, il n'excluait pas qu'un jour viendrait où la réunification serait d'actualité.

À Londres, la surprise est la même : en accord avec le principe d'une réunification pacifique des deux Allemagnes, mais le plus tard possible, Margaret Thatcher enrage. Elle exige que les Occidentaux stoppent cette initiative. Bien plus lucide, François Mitterrand l'en dissuadera car il a compris, lors de l'entrevue qu'il a eu avec Gorbatchev le 6 décembre 1989 à Kiev, que celui-ci est aux prises avec l'effondrement économique de son empire. Et qu'il importe surtout de le sauver des satrapes armés et des faucons qui, à Moscou, peuvent à tout moment mettre fin à la Perestroïka. Ce ne sera qu'au sommet de Strasbourg que le président français trouvera une parade, en mettant Kohl au pied du mur avec une idée-force imparable : ce sera oui à l'unité allemande, mais en contrepartie de l'engagement allemand à construire l'Europe de manière irréversible, en liant indissociablement l'unification allemande et l'unification européenne, ce qu'en raison de ses convictions européennes de toujours, Helmut Kohl ne pouvait guère, par principe, refuser. Le piège étant que François Mitterrand y incluait la création d'une monnaie commune, ce à quoi le chancelier, pris de court, consentira sans excès d'enthousiasme, sacrifiant ainsi le Deutsche Mark en faveur d'un hypothétique « écu », que l'on nommera bientôt « euro ». Ce fut là un processus issu d'une créativité rare, mais aussi d'un indéniable réalisme. À cet égard, même Helmut Kohl a évoqué devant son conseiller Horst Teltschik le retour objectif d'un « *unverdaulicher Klotz im Herzen Europas* », comprendre un « bloc informe et indigeste au cœur de l'Europe ». Ce que l'Allemagne représente effectivement bien de nos jours, pour nombre de ses détracteurs voisins. Quoiqu'ils fassent, les Allemands éveilleront, pour longtemps encore, un fond de crainte parce que leurs invasions ont laissé des traces profondes dans les mémoires. Ce dont ils oublient souvent de se souvenir.

En regard d'un tel tableau, l'ambassadeur américain à Bonn, Vernon Walters, avait prédit une réunification dans les cinq ans. Une projection dont Bush et Mitterrand doutaient fort, considérant qu'il faudrait dix ans pour en arriver là. Dédaignant ces projections fumeuses, Margaret Thatcher ne décolère pas. Elle reste vent debout contre la restauration d'une Allemagne réunifiée, bien trop forte pour être supportable. Devant chacun de ses visiteurs, sortant une carte de géographie de l'immense sac à main dont elle ne se sépare jamais, elle éructe : « Voyez ! J'ai surligné les frontières allemandes de 1937. Ce qui met en évidence les territoires devenus polonais après 1945. Si l'Allemagne renaît, Gorbatchev est fini. Le pacte de Varsovie devient intenable. Car une Allemagne réunifiée, c'est une nation qui additionne les excédents commerciaux et qui totalise 80 millions d'habitants au cœur de l'Europe. Bien sûr, s'ils veulent vraiment la réunification, nous ne pourrons pas l'empêcher. » La Dame de Fer sait surtout, et c'est ce qui l'indigne, qu'une grande partie des Britanniques (près de 61 %) est favorable à la réunification, mais que près de 50 % d'entre eux, surtout les aînés, craignent un renforcement de la puissance économique germanique et partagent donc son point de vue. Et qu'il en est tout autant d'une majorité de Français. Il ne peut donc être question, écrit-elle dans le magazine *10 Downing Street*, « d'ouvrir la boîte de Pandore des revendications territoriales à travers toute l'Europe centrale ».

Une réunification qui effraie

À Kiev, le 6 décembre 1989, le sommet qui réunit François Mitterrand et Mikhaïl Gorbatchev se résume à une partie de cache-cache entre aveugles. Fort heureusement, il restait aux deux hommes l'ouïe et la parole pour s'induire mutuellement en erreur. Leurs échanges porteront principalement sur la chute du Mur de Berlin et sur le comportement offensif du chancelier allemand. « Bien entendu, dira très vite François Mitterrand à Gorbatchev, tout cela ne peut déboucher sur une réunification précipitée des deux Allemagnes.

Et je pense que nos deux nations devraient y veiller. » Le Russe comprend ainsi, d'entrée de jeu, que ses conseillers Tcherniaev et Zagladin n'avaient pas manqué de perspicacité. Le Français, comme lui, voulait freiner des quatre fers la portée du plan en dix points concocté par le chancelier allemand. Gorbatchev est sur la même ligne, mais son propos reste analytique et factuel : « Je partage votre souci, admet-il. Et je souhaite que cesse toute forme de précipitation nuisible. Car je ne vous cache pas qu'au sein de l'Armée rouge et de mes services le sens de la mesure que nous manifestons à Berlin est critiqué comme de l'inertie. Pour le reste, et notamment l'issue de ce processus, je préfère rester prudent. » Le président français se fait plus insistant. S'il est venu ici, impromptu, c'est pour émettre un signal fort envers Kohl. Et marquer un coup d'arrêt. « La communauté internationale, insiste Mitterrand, attend de nous un signal fort. Je me rends d'ici une quinzaine de jours en RDA. Une visite prévue de longue date. Et je ne souhaite pas l'annuler. Mais elle aurait une tout autre signification si nous nous retrouvions à Berlin-Est. » Ajoutant, pour mieux dissiper la gêne qui s'est inscrite sur le visage de son vis-à-vis : « Ce geste tomberait sous le sens. L'Union soviétique autant que la France comptent parmi les puissances victorieuses de 1945 et Berlin reste, que je sache, régie par un accord quadripartite très clair. » Un silence, pesant et interminable, s'installe. Le chef du Kremlin pouvait-il dévoiler à François Mitterrand que sa stratégie, alarmiste et offensive puisque impliquant fermeture et fermeté envers Helmut Kohl, n'était plus tout à fait celle qui résultait de son entrevue maltaise avec le président des États-Unis ? Soviétiques et Américains ne convergeaient-ils pas tacitement sur le constat que les Allemands de l'Est, pressés de vivre une société de consommation à l'occidentale, qui plus est sous l'influence subversive des pasteurs écolo-pacifistes incontrôlables, étaient irrémédiablement irrécupérables par l'un et l'autre camp ?

Pugnace, le président français, lors de la pause qui suivit, soufflera à son conseiller Jacques Attali une mission de la dernière chance. « Il faut convaincre notre hôte de m'accompagner à Berlin. Faites en sorte que l'entourage appuie cette idée d'ici notre départ. » Attali s'exécuta. Et c'est au cours d'une promenade digestive, dans le parc de la résidence où se tenait la rencontre, qu'il ira à l'offensive : « Nous trouvons étrange la décision soviétique de ne pas aborder clairement la question allemande. » Géant aussi débonnaire que rubicond, parfaitement francophone, Vadim Zagladin, le conseiller de Mikhaïl Gorbatchev pour les Affaires européennes, ne saura qu'approuver : « Ne vous inquiétez pas. Je comprends parfaitement que cette attitude réservée vous surprenne. » Avant d'esquiver avec humour, appelant un char un char : « Mais que n'auriez-vous pas dit si nous avions fait donner les chars comme en 1953 ou rehausser le Mur de deux mètres selon le mode opératoire de 1961 ! » Il tombe sous le sens que la conférence de presse qui suivit se limita à l'évocation de quelques lieux communs. Gorbatchev signalant sa totale convergence, effective, avec le président Bush, qu'il vient de rencontrer en mer près de l'île de Malte au « sommet des tempêtes » – « sommet du mal de mer » selon les Américains.

Le « sommet des tempêtes » ou la fin de la guerre froide

Ce « sommet des tempêtes » évoqué par Gorbatchev a été un moment d'une extrême sensibilité, aux extraordinaires conséquences. Positives, car cet épisode de Malte signait la fin effective de la guerre froide. Pour la simple raison que, débordés par leurs vassaux, les deux puissances maîtresses de la guerre froide, incarnées par leurs chefs Bush père et Gorbatchev, ne pouvaient laisser la chienlit internationale s'installer. Ce faisant Gorbatchev s'était mis sur la corde raide en pariant sur la fiabilité de ce condominium. Depuis l'initiative tonitruante de relance de la question allemande prise par le chancelier Kohl, le feu couvait en effet au sein de la garde rapprochée stratégique à Moscou. En ce sens qu'une querelle de compétence opposait Anatoli Tcherniaev, son âme sœur stratégique et géopolitique, aux excellents germanistes du département international du Comité central soviétique. Vite devenu venimeux, ce différend portait sur la question de savoir quelle était la meilleure façon de neutraliser les deux Allemagnes dans le cadre d'une confédération germanique. Rien de moins que de définir les fondations de la fameuse « maison commune européenne » théorisée par Gorbatchev. Une fenêtre d'opportunité qui, dûment validée par les gorbatchéviens Markus Wolf, ancien maître espion de la RDA, et Hans Modrow, l'homme fort de la ville de Dresde qui vient d'être investi Premier ministre de la RDA, resta plausible jusqu'au sommet de Malte, les 1er et 2 décembre 1989, dans la zone sud-est de l'île, entre Mikhaïl Gorbatchev et George Bush père.

Ce samedi 2 décembre, un méchant vent de tempête drossait le destroyer soviétique Slava et le porte-pavillon de la 6e flotte américaine Belknap vers la côte d'un petit village de pêcheurs. Malmenés dans des creux de six mètres, ces impressionnants bâtiments de guerre n'étaient visiblement plus en situation d'abriter le sommet Gorbatchev-Bush. Une solution de repli s'impose alors. Ce sera donc le *Maxim*

Gorki, bateau de croisière russe au mouillage dans le port de Marsaxlokk, qui abritera cette rencontre cruciale. À une *Pax americana* s'oppose une *Pax sovietica*, mais la raison primera. Entre le Russe et l'Américain, le climat est presque au beau fixe. N'ont-ils pas, dans la continuité d'âpres négociations sur le désarmement stratégique, prévu de calmer le jeu ? L'un comme l'autre s'inquiètent de l'emballement qui marque le processus d'émancipation interne de la RDA. Et l'un comme l'autre entendent que la « question allemande » ne se pose pas à nouveau comme une pomme de discorde. Consultant sans cesse le petit carnet à couverture orange qui ne l'a pas quitté durant toute la durée du sommet de Malte, Gorbatchev a réponse à tout. Ce qu'il doit à une très rigoureuse préparation de son dossier, seul avec Tcherniaev, dans les jours qui ont précédé le sommet. Outre les questions de désarmement nucléaire et chimique, l'émergence d'un monde multipolaire, où l'Asie se manifeste comme un continent en devenir, est également au menu des deux chefs d'État. Toutefois, la question allemande reste un point central de cet échange et Bush autant que Gorbatchev ne mâcheront pas leurs mots. Physiquement absent, Helmut Kohl, à travers l'annonce spectaculaire de son plan en dix points, ne s'est pas moins invité à la table des négociations. « Toute remise en cause unilatérale d'une réalité voulant qu'il existe bien deux États allemands, rappellera Gorbatchev, comporterait un risque majeur pour la stabilité en Europe. Monsieur Kohl est trop pressé. Ce n'est pas bon ! » Sans aller jusqu'à acquiescer, le président américain éludera : « Il y a beaucoup d'émotion chez notre ami Helmut Kohl. Mais je vous rejoins. Il faut considérer l'unité allemande, certes hypothétique, comme l'aboutissement d'un processus qu'il n'est pas nécessaire de forcer maladroitement. »

Une attitude approuvée par son vis-à-vis : « Vous et moi, lança le Russe en direction de son homologue américain, ne sommes pas responsables de la partition de l'Allemagne. Laissons l'histoire décider de la suite des événements. Et mettons-nous au moins d'accord en admettant qu'il nous faut faire preuve d'une grande prudence. » La messe était dite. Sagement, car elle signait la fin de l'ordre de Yalta. Par ceux-là mêmes qui, omnipotents, venaient, paradoxalement coupés du monde par la tempête, de décider qu'une nouvelle ère devait s'ouvrir entre l'Est et l'Ouest. George Bush senior aura toutes les peines du monde à rejoindre sa cabine du *Belknap*. Et son conseiller mormon Brend Scowcroft, incapable de joindre Washington par radio, s'astreindra, ainsi qu'il le confiera dans ses mémoires, à une courte prière afin que Dieu fasse qu'aucune crise mondiale n'éclate dans la nuit. Une prière exaucée.

Les préméditations de François Mitterrand

Les 22 et 23 décembre 1989, François Mitterrand est à Leipzig, puis à Berlin, pour imprimer sa marque sur le cours des événements. À l'Université de Leipzig, face à un parterre d'étudiants assis à même le sol, il choisit de répéter, sans autre précaution, ce qu'est la position de la France : « Pour ce qui est de l'unité allemande ou de toute forme structurelle que l'on peut imaginer, depuis la proposition de Monsieur Modrow jusqu'aux propositions d'unité immédiate, il importe que les Allemands se prononcent démocratiquement ! La France n'y fera pas obstacle. » Une déclaration réaliste, lucide et courageuse, qui contredit les assertions hâtives des omniscients donneurs de leçon de la *nomenklatura*. Et habile aussi, vu le contexte. « Réunification » : ce mot, ouvertement tabou, hante tous les esprits. Et assurer, sans se déjuger, le rang de la France dans un tel contexte relève de l'exploit. Comment, en effet, alors que l'on se retrouve dans l'œil d'un cyclone, faire face à la turbulence sans égale qu'est une euphorie populaire généralisée ? François Mitterrand se sait en décalage avec le cours de l'Histoire. Ainsi qu'avec la symbolique mobilisée la veille par Helmut Kohl à Dresde où, accompagné de Hans Modrow, tout nouveau Premier ministre de la RDA, il a visité les ruines de la célèbre *Frauenkirche*, détruite par les bombardements de février 1945. Ainsi qu'il l'avait rappelé fin juin 1989 à Bonn, en contemplant avec Gorbatchev le cours du Rhin depuis le parc de sa chancellerie, le chancelier trace son chemin, ce qui est son métier. S'inspirant de la célèbre citation de Bismarck, il s'exerce, explique-t-il, à « agripper les pans du manteau de l'Histoire qui lui fait la grâce de passer à portée de main ». Rien de comparable chez le président français qui saluera seulement le courage des Allemands qui ont engagé la révolte contre le communisme et la Stasi. Non sans oublier de jeter une pierre dans le jardin de Kohl, en encourageant Varsovie à réclamer une reconnaissance solennelle par l'Allemagne de la frontière délimitée par les rivières Oder et Neisse. « J'étais rouge de colère, dira alors le chancelier, quand François a soulevé cette question devant moi. Il ne voulait pas comprendre mon problème », se souviendra Kohl qui misait beaucoup, une fois l'Allemagne à nouveau réunifiée, sur le soutien et les suffrages des millions d'Allemands irrédentistes chassés des territoires polonais en 1945. Brûlant sa dernière cartouche, François Mitterrand, pour ainsi dire à destination de la galerie, proposera une « confédération européenne » de l'Atlantique à l'Oural. Ce dont ne voudront ni Kohl, ni Modrow. Ce dernier souhaitant désormais, au plus vite, ouvrir ses bras à l'OTAN et l'Union européenne. Ce qui portera le président français à finalement regretter que, dans cette affaire, on ne se soit pas assez astreint à « laisser de temps au temps ». Les archives en témoignent, François Mitterrand fixait pour le tournant du siècle le retour de l'Allemagne dans ses frontières anciennes. Il l'avait prédit dès 1983 à Helmut Schmidt et à Henry Kissinger. Instinctif et intuitif, il pressent que l'Histoire s'accélère. Déjà, à l'été 1989, lorsque le Rideau de fer craque à la frontière austro-hongroise, s'il appelle de ses vœux la chute des régimes communistes, c'est à condition que ce processus se déroule de manière « pacifique et démocratique ».

L'effondrement de l'URSS était-il pour autant évitable ? Hubert Védrine, alors porte-parole de l'Élysée, n'y croit pas une seconde : « Évitable ! Oui, mais quand ? Le rôle de Gorbatchev dans la réunification allemande fut fondamental mais, une fois le processus permis par lui, il comprend qu'il a joué à l'apprenti sorcier. Il demande à Bush, Kohl et Mitterrand de ne pas aller trop vite, arguant du risque qu'il soit renversé par des conservateurs nationalistes durs. Il sollicite des aides économiques pour tenir et c'est pour cela, qu'à l'initiative de Mitterrand et de Kohl, est instauré le G8, un G7 élargi, à Moscou. Mais Georges Bush père et John Major restèrent intransigeants dans leur refus d'aider le vaincu de la guerre froide. L'effondrement de l'URSS, qui était en survie depuis la stagnation brejnévienne, était dès lors inévitable, car le communisme soviétique fut un fiasco économique, éthique, politique. C'est la fin de l'URSS, en 1991, qui marque le vrai changement d'époque, plus que la "chute" du Mur. » (interview de 2013 à *Libération*)

Helmut Kohl, naissance d'une nouvelle Europe

Avec le recul de trois décennies, les contours de ce qui s'est joué à Berlin il y a trente ans sont devenus bien plus lisibles. D'abord, concernant l'enchaînement et les interactions des faits historiques. Il y eut d'un côté la réactivité, gauche et malhabile, des élites d'État occidentales autant que soviétiques, mais aussi, tout au contraire, l'action déterminée, offensive et opportuniste du chancelier Helmut Kohl. Cette disparition du Mur étant d'évidence elle-même consécutive à la déliquescence globale du bloc de l'Est, déjà déclenchée à travers les révolutions initiées par Lech Walesa en Pologne et par les gouvernants de Hongrie et de Tchécoslovaquie débordés par l'invasion de villégiateurs est-allemands ayant pris d'assaut les ambassades d'Allemagne occidentale dans leurs capitales respectives.

La prémonition du chancelier

En regard de la stupéfaction généralisée qui s'observait dans la plupart des chancelleries, surtout à l'Ouest, seul, ou presque, Helmut Kohl sentit s'ouvrir une opportunité extraordinaire de retrouvailles pour l'Allemagne dans son ensemble, et donc pour tout le peuple allemand. Non sans savoir, avec réalisme et lucidité, que le peu d'estime dans lequel ses alliés et ses adversaires, domestiques ou internationaux, le tenaient, allait être l'un de ses plus exploitables atouts. « L'Histoire est le processus par lequel l'esprit se découvre lui-même » : dans les jours qui suivirent la prise d'assaut pacifique, vers l'Ouest, des points de transit du Mur de Berlin, aucun diplomate en poste à Bonn n'aurait imaginé que Helmut Kohl soit hégélien au point de transformer cette maxime hautement philosophique en action opérative. À vrai dire, le chancelier allemand reste alors perçu par ses homologues comme un rustre, friand de plats roboratifs et de vins de Moselle. Grave méprise ! Derrière l'ogre, systématiquement caricaturé comme une « poire » dans les colonnes de la presse allemande, sommeille un érudit bien plus subtil qu'il n'y paraît. Sur le plan historique, ce serait faire injure à ce fort en thème diplômé de la prestigieuse Université de Heidelberg que d'imaginer qu'il eut pu, en l'espèce, manquer de discernement. Mieux que personne, il savait que lorsque la Russie redeviendrait friable, et elle l'était à nouveau, ce ne serait jamais qu'au profit de ses grands voisins japonais, chinois, éventuellement caucasiens ou turcs, mais avant tout allemands. D'instinct, il pressent qu'une opportunité de réunification des sœurs ennemies allemandes, que sont la RDA et la RFA, va bientôt s'offrir.

Ce chancelier lettré et cultivé voit en effet, étape après étape, se déclencher des troubles et séismes susceptibles d'augmenter d'un nouveau chapitre le récit historique de Hegel. Celui de ces libertés humaines qui furent publiques sous la République romaine, individuelles avec la Réforme luthérienne, civiques avec les États modernes. Ce processus, à vrai dire civilisationnel, étant paradoxalement le fruit, dans cette région frontalière qu'est la Rhénanie-Palatinat où est né le chancelier allemand, de l'impérialisme révolutionnaire napoléonien duquel naquit la Confédération du Rhin en tant que nouvelle étape vers la construction de l'État rationnel bureaucratique. Kohl n'ignore évidemment rien de ce processus éminemment géopolitique. En hégélien pragmatique, il y a vu, avant que le Congrès de Vienne n'y mette fin en 1815, une prodigieuse opportunité de modernisation des espaces méridionaux du sud-ouest de l'Allemagne. Et une structuration nullement contradictoire avec le déploiement d'un tel système dans le cadre du Saint Empire Romain Germanique. Pour lui, Hegel a raison de prétendre, dans sa préface des *Principes de la philosophie du Droit* que ce n'est qu'au « début du crépuscule que la chouette de Minerve ne prend son envol ». Une métaphore explicite signifiant que la philosophie, personnifiée par Minerve, la déesse de la sagesse dont le symbole est la chouette dans la mythologie romaine, est toujours en décalage avec l'histoire qui est en train de s'écrire. Et que, depuis la nuit des temps, la sagesse vient après l'action. Ainsi, pour Kohl, l'homme d'État qui fait l'histoire ignore l'histoire qu'il fait. Il accepte cet aveuglement. Pour considérer, seul face à lui-même, que le temps était venu de quitter cet espace, pour ne pas dire cette impasse, où les menées impérialistes wilhelminiennes, puis hitlériennes, avaient précipité l'Allemagne. Insistons-y : pour lui, l'action devait l'emporter sur la réflexion, la spéculation, la prospective, l'intellectualisme latin et le maniement des process anglo-saxons. Cela étant, Helmut Kohl était aussi, d'instinct, nietzschéen. En ce sens qu'alors pris pour un lourdaud par ses pairs, il sut fort bien depuis son adolescence que, tel que l'énonçait Nietzsche, « les pensées qui mènent le monde arrivent sur des pattes de colombe ». Sans bruit, sans fracas, juste de façon opportune.

La question nucléaire

Comme celle de la chouette, cette allégorie n'a rien d'un poncif ! Elle relève d'une maturation historique longuement intériorisée. Et les premiers pas de cette colombe auraient pu être entendus, dès le 8 juin 1987, à Venise, lors d'un dîner du G7 où, pour la première fois dans l'après-guerre, les plus grands chefs d'État du monde occidental s'exprimèrent, à mots à peine voilés, sur l'engagement nucléaire des puissances de l'époque. Ce que rapportera fidèlement Jacques Attali, qui était ce jour-là, comme dans bien d'autres circonstances, dans les plus secrètes coulisses de la guerre froide. Margaret Thatcher, faussement naïve, ouvrit le feu avec une question de laitière à l'adresse de François Mitterrand : « Si une guerre éclatait et si les Soviétiques assiégeaient Bonn, est-ce que vous utiliseriez la bombe atomique française ? » François Mitterrand : « Mais, Madame, certainement pas ! » La Dame de Fer, qui attendait cette réponse, répliqua par une pique : « Comment pouvez-vous, dès lors, attendre des États-Unis qu'ils viennent un jour au secours de Paris ? » François Mitterrand éluda : « Madame, je pense que vous mélangez sciemment deux problèmes distincts. C'est un débat de stratégie, et nous n'avons pas la même. » Puis, se tournant vers Ronald Reagan, il poursuivit : « J'ai compris que vous dites : je laisserai les Soviétiques s'avancer pour pouvoir les sommer : "Jusqu'ici, et pas plus loin !" Or, si vous acceptez de ne pas agir ici, vous n'accepterez pas non plus d'agir là. […] Votre riposte graduée, élastique, n'est faite que pour vous permettre, à vous Américains, de ne pas intervenir en Europe. » Le président américain ne sut que s'échapper par une vague promesse : « Je peux vous garantir que les États-Unis seront solidaires. » Accablé par la pauvreté de cette remarque, François Mitterrand crut bon de clarifier : « Comprenons-nous bien. Si l'adversaire a le moindre doute sur notre détermination et notre capacité à intervenir massivement et très vite en cas d'agression, il peut y avoir la guerre. Par contre, avec la menace d'une riposte massive, les Soviétiques ne prendront pas le risque d'une guerre atomique. » Seul à ne rien dire, Helmut Kohl se contenta d'écouter l'ensemble de ces échanges. Sans la moindre illusion sur les chances prochaines d'échapper à son statut d'otage entre les blocs. Avait-il pourtant déjà senti que la déliquescence du bloc de l'Est, patente, allait lui ouvrir le champs en terme de rapprochement inter-allemand ? Dès cette époque, il nous l'avait confié à deux reprises. Bien avant tout le monde, il a en tout cas flairé l'odeur du sang que répandent les animaux blessés, mêlée à celle de la poudre des batailles perdues par le Kremlin à Varsovie, à Prague ou à Budapest où les foules ont débordé les potentats communistes. Pour lui, en dépit du talent d'enchanteur de Gorbatchev qui le maintient en laisse, l'ours soviétique est un animal diminué. Cette certitude, il la partage avec Ronald Reagan, l'autre « instinctif » du camp occidental, pourtant à l'époque si dénigré. Son plan en dix points est une œuvre d'art étonnante, produite par un être de pur instinct. Revenir sur sa genèse est donc très éloquent.

L'action secrète de Kohl : réunir l'Allemagne

C'est sur le coup de 10 h, le 28 novembre 1989, que ses homologues du monde entier comprirent que celui qu'ils assimilaient à un bon « géant noir » de Mayence entendait se hisser au niveau d'un Otto von Bismarck. Devant le Bundestag, le chancelier prend de vitesse tous ceux qui, à l'Est autant qu'à l'Ouest, n'attendaient de lui que passivité stratégique et discipline atlantique. Les grands stratèges de la planète, déjà sous le choc de la chute du Mur, découvrent alors que le chancelier allemand les prend de vitesse. Sa toute nouvelle sobriété étonne. À tort. Car, s'il a renoncé aux effets de fanfare, ce n'est que pour mieux orchestrer l'impensable. L'avenir de l'Allemagne relevant de cet essentiel, Helmut Kohl évite donc soigneusement de consulter ses partenaires et amis politiques, et encore moins ses alliés occidentaux. C'est donc avec la seule contribution de ses amis fraternels, bien sûr le banquier Alfred Herrhausen, le confident inspirant, mais également, depuis son enfance dans le Palatinat, les théologiens catholiques Fritz et Erich Ramstetter, qu'il a mis la dernière main à son plan. Et c'est à Ludwigshafen, dans le huis clos de son pavillon blanc logé dans une triste banlieue de ce haut lieu de la chimie, qu'il s'est astreint à cette tâche. Stylo-feutre vert en embuscade, il traquera chaque imperfection d'un document dont les grandes lignes ont été tracées, dans le secret le plus total, par une équipe d'experts réunie autour de son conseiller diplomatique Horst Teltschik. Aussitôt formulées, ces corrections étaient révisées par les frères Ramstetter, puis transcrites par Hannelore, l'épouse du chancelier, sur une minuscule machine à écrire de voyage. Tout au long de ces ultimes ajustements, Helmut Kohl ne cessera de consulter par téléphone Rupert Scholz, un député chrétien-démocrate berlinois qui compte alors parmi les plus brillants constitutionnalistes allemands. L'exercice, ardu, consiste à prôner l'unité allemande sans jamais employer le mot « réunification ». Pas un mot, évidemment, ne sera lâché quant à l'éventuelle appartenance de la future Allemagne à l'une ou l'autre alliance militaire.

Ne cabrer personne, ni à Moscou ni à Washington, tout en se préservant une marge de manœuvre maximale, tel était le défi d'un exercice diplomatique et rhétorique qui, rétrospectivement, apparaît comme un modèle du genre. Ostensiblement, Kohl a tenu à offrir l'exclusivité de son plan aux députés du Bundestag. Mais, dès 3 heures, le texte de son intervention, soigneusement traduit en anglais et intitulé « Restauration de l'unité d'État de l'Allemagne », est arrivé sur le bureau de George Bush senior grâce au « télex-téléphone rouge » qui relie la chancellerie de Bonn à la Maison Blanche. L'esprit de cette démarche est explicite : en plus de susciter un effet de choc politique et médiatique, elle doit livrer au président américain, seul interlocuteur qui vaille, la « doctrine allemande » dont il pourra s'inspirer lors de ses prochains entretiens de Malte avec Gorbatchev. *Herr Präsident* appréciera ce geste de confiance. Et s'il lui arrivera par la suite de tempérer les ardeurs de *dear Helmut*, jamais l'Américain ne remettra en cause la profonde cohérence de son dessein. Il n'est pas anodin de mentionner, en outre, que ce n'est qu'à 12 heures, deux heures après son intervention devant le *Bundestag*, que Helmut Kohl fera recevoir les ambassadeurs français, américain et anglais par Horst Teltschik. La curiosité de ces derniers ne portera que sur une possible réaction des Soviétiques. Une forme de malaise plane dans la pièce. Affable, le Français Serge Boidevaix n'en est pas moins très réservé dans ses questions : Helmut Kohl ne précipite-t-il pas dangereusement les échéances ? Les Soviétiques vont-ils se cabrer ? Cette précipitation allemande désoriente Londres et Paris. La réunification doit rester une chimère. Et l'urgence consiste à consolider l'existence de deux Allemagnes bien distinctes. Des vœux pieux qui réduisent à néant des conjectures qui, à peine six mois plus tôt, le 21 mai 1989 à Kennebunkport, avaient rapproché François Mitterrand et le nouveau président américain George Bush.

L'Allemagne, souligne alors le président français, n'est pas en situation de pousser à la réunification car cette décision, comme l'acquisition d'armes nucléaires, constituerait un *casus belli*. Conscient de la place qu'avaient prise les pacifistes allemands dans ce débat, mais convaincu que rien ne bougerait à Berlin avant au moins quinze ans, il avait également stigmatisé ces mouvements avec fermeté : « Ces idéalistes en sont venus à évoquer un accord germano-soviétique pouvant mener à la réunification allemande. C'est un rêve, car les Européens comme les Soviétiques ont toujours eu à redouter l'expansionnisme allemand. Dans l'esprit des Russes, celui-ci remonte au XIIe siècle et aux chevaliers Teutoniques. Et ils en ont gardé une profonde méfiance. »

À son retour d'une mission en Hongrie, le 19 décembre 1989, Helmut Kohl trouve sur son bureau une courte missive de Mikhaïl Gorbatchev. Le chef du Kremlin n'y mâche pas ses mots. D'évidence, il a ressenti le « plan en dix points » du chancelier comme une mauvaise manière ultimative, une « charge de sanglier », ainsi que le formule alors le germaniste soviétique Nikolaï Portugalov. Certaines phrases sonnent comme autant de coups de semonce : « Au même titre que la RDA, l'URSS considère que cette façon de faire est inacceptable. » Il est donc « très dangereux », insiste Gorbatchev, « de fouetter artificiellement les événements et de jeter des explosifs politiques sur des braises encore brûlantes ». Gorbatchev a-t-il été tenu informé de la *mokrie vela*, de l'« affaire humide », ainsi qu'est qualifié un assassinat au sein du KGB, ciblant Alfred Herrhausen ? Ou, pire encore, fut-il sollicité en amont pour donner son feu vert à ce crime d'État ? Jusqu'à la fin de sa vie, Helmut Kohl le croira dur comme fer.

À Strasbourg, le 8 décembre 1989, lors d'un sommet entre Européens, le président français sait, en pénétrant dans l'enceinte dédiée à cette rencontre, qu'il ne pourra pas compter sur Gorbatchev, qu'il vient de rencontrer la veille à Kiev, pour calmer les fièvres réunificatrices allemandes. Et il a compris à cette occasion que le Russe, d'ores et déjà, est en zone rouge dans son propre pays. « Il est des bonheurs dangereux », lui a dit Gorbatchev, suggérant ainsi qu'un maréchal rouge peut prendre le pouvoir au Kremlin. Tout en s'inquiétant profondément de la fébrilité patriotique « Grande Allemagne » qu'il identifie chez Helmut Kohl. En revendiquant le droit à l'autodétermination de son peuple reconnue par l'OTAN, ce dernier vise-t-il à forcer l'unification de l'Allemagne plutôt que l'intégration de l'Europe ? Dans une atmosphère glaciale, le chancelier tentera bien de ménager son public. « Les problèmes allemands, avance-t-il, ne pourront être résolus que sous un toit européen. » Margaret Thatcher, inquisitrice, évoquera la nécessité de veiller à « l'inviolabilité des frontières » et à l'intangibilité de la frontière Oder-Neisse en tant que limite orientale de l'Allemagne. Emprunté, Kohl élude. Puis il renvoie cette décision aux dirigeants d'une future Allemagne souveraine et réunifiée. Sur ces sujets, un terrible bras de fer s'est engagé entre Helmut Kohl et François Mitterrand qui veut obtenir des engagements fermes avant la réunification de l'Allemagne. À l'Ouest, la Communauté Économique ; à l'Est, une évolution dans la durée. Pour Mitterrand, le discours de Kohl a bouleversé à tort la hiérarchie des urgences. Ce qu'il fit comprendre au chancelier lors d'un tête-à-tête tendu. « Gorbatchev, commença le président français, est inquiet des conséquences militaires de la réunification, pas de ses conséquences politiques. Le maintien du pacte de Varsovie est son dernier rempart. Il accepte tout le reste. » La réponse de Helmut Kohl fut financière : « Si la croissance économique s'améliore en URSS, Gorbatchev pourra plus librement coopérer avec nous. Son acquiescement doit être obtenu en échange d'une pluie de marks. » Ce qui fut effectivement le cas à maintes reprises jusqu'à la réunification allemande d'octobre 1990. L'autre phrase clef prononcée à cette occasion porte sur un échange qui vient d'avoir lieu la nuit précédente entre Kohl et Hans Modrow, le Premier ministre transitoire de la RDA. Dialogue au cours duquel Modrow lui avait demandé « d'annoncer une évolution paisible vers la réunification ». « Réunification » : ce mot, pour la première fois, était lâché dans l'un de leurs conciliabules. Un choc pour le président français auquel l'Allemand, soudain empressé, répondit au fil des mois en confirmant son ralliement au processus d'Union économique et monétaire à douze, donc à l'euro. Une promesse dont il rappellera loyalement les termes, à Paris, en avril 1990, lors de ce sommet franco-allemand où il considérera que « l'unité allemande et la construction européenne étaient les deux faces de la même médaille ». Déjà, il avait mis ses ministres à contribution pour qu'il en soit ainsi en déclenchant, au profit de la Russie, la « pluie de marks » qu'il avait évoquée, cinq mois plus tôt, lors de la rencontre de Strasbourg.

La question économique, cœur du débat

Question : aurait-il pu en être autrement ? L'absorption pure est simple de la mangouste collectiviste en faillite qu'était la RDA par le boa ouest-allemand était-elle la seule hypothèse viable pour refaire un espace européen en tant soit peu cohérent ? Déjà, la proposition de la fameuse « maison commune européenne » était une alternative gorbatchévienne visant à concilier, dans une zone à délimiter, une forme de coopération européenne intelligente, sur une base associant le *know-how* occidental et le recours aux immenses réserves minières et énergétiques de l'espace russe. Ce qui équivalait, peu ou prou, à remettre au goût du jour le tout aussi fameux concept d'une Europe « de l'Atlantique à l'Oural », selon la formule gaullienne. La précipitation de Helmut Kohl sonna d'évidence le glas de cette vision. Au profit d'un plan ressemblant, de près comme de loin, à un rachat négocié de l'Allemagne de l'Est par sa très riche sœur occidentale. Douter de la bonne foi de Gorbatchev n'avait, dans ce contexte d'urgence, plus aucun sens. Nous en étions, le concernant, à un point où ni arrière-pensées, ni illusions ne pouvaient être de mise. Les Occidentaux avaient tout simplement en face d'eux un chef de parti néostalinien, qui craignait l'imminence d'une réaction putschiste de ses maréchaux et généraux de l'Armée rouge.

Gorbatchev croyait-il encore possible, face aux Européens et tel qu'il l'avait déjà tenté lors de ses rencontres antérieures avec ses homologues Kohl et Mitterrand, d'évoquer cette mirifique « maison commune européenne » destinée à conjuguer dans l'harmonie une alliance pacifique entre, d'un côté, une Russie débordante d'énergie et de précieux minerais d'importance stratégique et, de l'autre, cette Europe occidentale que les Russes admiraient pour ses savoir-faire techniques, scientifiques et entrepreneuriaux ?

Un proverbe russe célèbre argue que les Allemands, présumés astucieux et inventifs, auraient « inventé le singe ». Mais pouvaient-ils aussi être sournois ? D'évidence, Gorbatchev s'en était convaincu. Tant le climat général avait changé en sa défaveur. Pour l'occasion, il oubliait ses propres errances. Et comment aurait-il encore pu, à ce stade, croire au succès d'une stratégie de reniement et de découplage des États européens envers une Amérique qui, passé la gestion exaltée propre à Ronald Reagan, était désormais bien plus sagement magnanime et prévisible, sous la conduite de Georges Bush père ? Ce risque, très vite assimilé à un leurre soviétique, avait pu un temps, lors des premières années offensives de pouvoir de Gorbatchev superstar, avoir une once de crédibilité. Mais en ce début décembre 1989, à quelques heures du « sommet des tempêtes » de Malte où Georges Bush et Gorbatchev allaient signer *de facto* la fin de la guerre froide, il eut fallu être dément pour penser que les États européens puissent imaginer, un tant soit peu, trahir cette Amérique qui, dans le fil du XXe siècle, les avait à deux reprises sauvé d'une mainmise germanique.

L'un de nos grands témoins, patriote français hors de tout soupçon, ose évoquer rétrospectivement une vision radicalement différente. Ancien officier au sein des commandos parachutistes du service Action du SDECE, ancêtre de la DGSE, il prendra en 2002 la direction du Renseignement au sein de cette DGSE dont il a assuré la réorganisation. Avant que lui soit confiée la mise en place de l'intelligence économique au sein du Secrétariat général de la défense nationale, et qu'il occupe, auprès du Premier ministre, une fonction de haut responsable chargé de l'Intelligence économique. « Cette chute du Mur de Berlin, insiste Alain Juillet, a fait de l'Allemagne la première puissance européenne. Et cela, François Mitterrand l'avait compris. Il avait compris que si l'Allemagne se réunifiait, on allait se trouver devant une Allemagne surpuissante et que ça allait nous tuer. C'est le premier constat, prolongé, par la suite, en tant que facteur supplémentaire de puissance, par un hara-kiri personnel, mais un courage politique fantastique, du chancelier Schröder. Il a eu le courage qu'aucun de nos politiques n'a eu. Pour relancer l'Allemagne, il a fait une réforme radicale en sachant qu'il serait vomi par tout le monde : l'Allemagne, à cette époque-là, était en déficit budgétaire, supérieur à la France, on voit le résultat aujourd'hui. Schröder a été un grand personnage, une personnalité essentielle. L'imposition de l'euro, qui sembla initialement un cadeau, a fortement favorisé l'Allemagne. Pourquoi ? Parce que nous avons toujours eu deux types d'économies entre l'Europe du Nord et l'Europe du Sud. L'Europe du Nord est une Europe de tradition de monnaie forte et stable. L'Europe du Sud est une Europe inflationniste, dans laquelle on joue sur l'inflation et la dévaluation, qualifiée alors de "compétitive". Lorsqu'on a dit, "on prend l'euro sur les règles allemandes", on s'est littéralement assassinés car on ne sait pas gérer une économie compétitive sous la contrainte vertueuse d'une monnaie stable. Ce n'est pas dans notre mentalité latine. On dépense et on se rattrape sur l'inflation. Notre économie et notre culture sont basées là-dessus. Dans un tel jeu, la chute du Mur de Berlin, c'est la création d'une Allemagne surpuissante en Europe. »

L'impossible « Europe de l'Atlantique à l'Oural »

Ce disant, Alain Juillet fait allusion à la position très courageuse, et en réalité patriotique, du chancelier Gerhard Schröder reconduit à la tête de l'Allemagne suite aux élections générales de fin septembre 2002. Sa première grande décision sera, à total contre-emploi pour cet ancien jeune socialiste gauchisant et afin de mettre en œuvre son *Agenda 2010*, de fusionner les ministères de l'Économie et du Travail en un « super-ministère ». Objectif : lutter contre la morosité économique et relancer la compétitivité du *made in Germany* dans un contexte où l'Allemagne réunifiée, avec ses quatre millions de chômeurs, est alors clairement à la remorque des autres économies européennes. Exit l'État providence avec la fusion, au titre des réformes et sous l'égide de Peter Hartz, ancien directeur du personnel du constructeur automobile Volkswagen, des aides sociales avec celles du chômage. Les allocations versées aux chômeurs sont ainsi amputées et conditionnées à un régime de contrôle comptant parmi les plus coercitifs d'Europe. Un traitement de cheval qui, bien que se soldant par une profonde crise existentielle au sein de la social-démocratie, permettra à la *Deutschland AG*, c'est-à-dire à « l'entreprise Allemagne », assainie et redevenue surpuissante, de renouer avec une prospérité impressionnante et des performances de commerce extérieur.

Dans cette logique, il tombe sous le sens de constater rétrospectivement que la création de l'euro fut un atout clef pour cette économie exportatrice, *leader* dans la conception de machines-outils – qui ont permis à ses voisins européens autant qu'aux pays émergents des autres continents de fabriquer les biens de consommations qui, tous domaines confondus, ont depuis inondé les économies développées –, de voitures et de biens d'équipements haut de gamme, à forte valeur ajoutée. À l'inverse, les pays latins, disqualifiés par la piteuse réputation de n'être que des « Clubs Med », s'endetteront de manière chronique en renouant avec cette faiblesse inhérente à leur incapacité, elle aussi chronique, à gérer une monnaie un tant soit peu stable.

Depuis, balayant âprement les logiques monétaires, économiques et industrielles, elles-mêmes source de disparités inconciliables, le temps a coulé sous les ponts de la Seine, du Tibre latin, de l'Elbe germain et du Rhin franco-allemand, portant Helmut Kohl, qui a mené à marche forcée, sur le mode bulldozer, cette bataille d'unification par l'euro, à dévoiler ce qu'avait été sa stratégie de long terme, à compter de 1990. Dans une interview réalisée en 2002 par le journaliste allemand Jens-Peter Paul, Helmut Kohl livre, en confiance et pour les livres d'histoire, ce qu'avait été son cheminement entre novembre 1989 et octobre 1990. Une séquence décrite par Paul et qui ne sera subséquemment publiée par le *Daily Mail* qu'en 2013 dans *Zwangsumtausch*, un livre de révélations consacré à cette équipée sauvage. « Je savais, confie-t-il à Paul, que je ne pourrai jamais gagner un référendum global en Allemagne. Car nous l'aurions perdu sur la question d'une introduction de l'euro. C'est assez clair. J'aurais perdu à 3 contre 7. »

« Nous aurions pu faire quelque chose d'extraordinaire »

Plus encore, Kohl admet s'être « comporté en dictateur » pour introduire l'euro en Allemagne et remplacer le bien-aimé Deutsche Mark. En s'en justifiant : « Si un chancelier tente de faire adopter quelque chose, il doit être un homme de pouvoir. Et s'il est malin, il sait que le moment est venu. Dans un cas – l'euro –, j'étais comme un dictateur… L'euro est synonyme d'Europe et l'Europe, pour la première fois, n'a plus de guerre. » Clairement, il avait ainsi « totémisé » l'euro comme l'emblème d'un projet européen qui, selon lui, « allait permettre d'éviter une nouvelle guerre sur le continent ».

À cette fin, force est de constater que le chancelier de la réunification n'avait pas hésité à tordre de nombreux bras, amis ou ennemis, tel celui de Wolfgang Schäuble, son rival, qui ne voulait à aucun prix d'un tel geste et qui lui expliquait que passer du mark à l'euro serait donner l'impression que l'Allemagne offrait une deuxième contrition à ses vainqueurs de 1945. Celui aussi d'un président français qui exploitait la situation en le pressant de considérer, ce que le chancelier admettra, que l'unité monétaire solidaire, représentée par l'euro, et l'approfondissement de l'engagement européen de l'Allemagne étaient les deux faces d'une même médaille. Et, enfin, les bras des parlementaires à qui il avait demandé de ne pas l'« exciter » à ce propos.

Constat offensif du *Daily mail* en 2013, dans une Angleterre d'ores et déjà en « pré-rumination » de son Brexit : « Ce que Monsieur Kohl n'a pas abordé dans son entretien, ce sont les mensonges dont lui et ses ministres ont usé pour mettre en place la monnaie commune dans toute l'Europe – une décision qui a maintenant des conséquences fatales alors que le continent se débat dans une crise financière sans fin depuis six ans. [...] Des centaines de pages de documents du gouvernement allemand datant de 1994 à 1998 et publiées l'année dernière indiquaient clairement que l'Italie – qui fait désormais partie des pays de l'euro en difficulté du sud de l'Europe – n'aurait pas dû être autorisée à adhérer à l'euro-club. Les dossiers évoquent également un autre pays où la situation est sur le point de devenir catastrophique : la Grèce. » Et le journaliste du quotidien de préciser : « Kohl qui, avec les Français, a conduit sans relâche le projet européen savait que les mesures d'austérité prises par l'Italie à l'époque étaient simplement de la "façade". Ne serait-ce que parce que les médias allemands ont surnommé les informations contenues dans les fichiers sous le nom *Opération Self Deception*. La classe dirigeante allemande savait apparemment qu'elle conduisait le continent dans un cul-de-sac en matière de finances… mais elle a néanmoins poursuivi. » Les dossiers indiquent en outre que, le 3 février 1997, le ministère allemand des Finances a noté qu'à Rome « d'importantes mesures structurelles de réduction des coûts ont presque entièrement été omises, par souci du consensus social ». Le coup de grâce étant donné par *Der Spiegel* lorsque le magazine de Hambourg signale et démontre que « des documents qui ont été rendus publics suggèrent que l'administration Kohl avait induit en erreur le public allemand autant que la Cour constitutionnelle fédérale allemande ».

Alain Juillet, en gaulliste blanchi sous le harnais, enrage aujourd'hui au spectacle d'une évolution en contradiction avec la seule vision susceptible d'éviter pareille conséquence, et effets connexes, de la chute du Mur de Berlin. Jusqu'alors silencieux, il compte parmi ceux qui considèrent que la seule solution géopolitique eut été, à l'époque, d'oser se risquer à remettre sur la table l'idée gaullienne d'une Europe « de l'Atlantique à l'Oural ». « C'est bien cette idée, renchérit-il, qui est morte avec la chute du Mur de Berlin. Simplement parce que cet événement systémique cardinal a donné aux Américains, en permanence, la possibilité de casser l'Europe de l'intérieur. Sans laisser la moindre chance, effectivement, à cette “maison commune européenne” que Gorbatchev appelait de ses vœux. » Un projet alternatif, rappelons-le, qui évoquait une coopération gagnant-gagnant entre ce que Paul Valéry avait jadis appelé « l'isthme germano-latin » qu'est l'Europe occidentale et le corps de continent slave qu'était l'URSS et l'Europe centrale.

« Au début des années 2000, dans la foulée de la gestion caricaturale que fut l'ère "elstinienne", même Vladimir Poutine, argue Alain Juillet, souhaitait s'associer à l'Europe. Angela Merkel s'y est opposée à la fois en tant qu'Allemande du Nord, mais aussi parce qu'elle pensait que si les Russes se rapprochaient, le pilotage économique de l'Europe serait partagé à trois. Soit entre Français, Allemands et Russes. Avec, pensait-elle, le risque que les Français se mettent parfois d'accord avec les Russes contre les intérêts allemands. Madame Merkel a donc cassé cette possibilité extraordinaire qu'a eu, le temps que s'est ouvert cette opportunité, l'Europe de redevenir, sinon maître du monde, du moins une zone de rayonnement civilisationnel régénérée. » Puis, conjuguant dépit et projection géopolitique, ce grand maître du renseignement ajoute : « Je prétends que si on avait fait une alliance au sein d'une Europe qui allait de la Russie au Portugal, la puissance de cette Europe, qui avait à la fois ses propres ressources en énergie et une capacité extraordinaire d'innovation que traduisait jusqu'à ces dernières années notre record du monde de dépôts de brevets, nous permettait de tenir la dragée haute aux Américains qui n'avaient plus de raison de maintenir en Europe des forces militaires, car l'OTAN n'avait plus de raison d'être dès lors que nous étions tous d'accord. Nous étions à un moment où nous aurions pu faire quelque chose d'extraordinaire. Angela Merkel a dit non. Mais elle avait une formidable caisse de résonance avec les Américains, qui avaient parfaitement compris le danger et qui ont utilisé les Britanniques et les pays du nord et de l'est de l'Europe. Tout particulièrement les Polonais, qui sont en Europe les meilleurs alliés des États-Unis. Et forment aux États-Unis, ainsi en a voulu l'histoire des migrations, la communauté étrangère la plus nombreuse d'une ville comme Chicago. »

De leur côté, pour les populations russes, la fin d'un communisme qui ne pouvait plus résister à tant d'usure politique, et surtout économique, a été une catastrophe du point de vue économique et social car elles y ont perdu 50 % de leur pouvoir d'achat. Jeffrey Sachs, économiste américain chantre de la « thérapie de choc », pilotait alors depuis le Kremlin, où il avait élu domicile, la privatisation du complexe militaro-industriel soviétique.

Cette période a été pour le peuple russe celle d'une humiliation terrible, mais aussi une souffrance sociale considérable, sauf pour les oligarques voyous qui surent faire fortune très vite sous la présidence de Boris Eltsine en préemptant des pans entiers de l'économie en pleine privatisation. Les Russes, quant à eux, même encore en 2000, n'étaient pas économiquement remontés très haut. *De facto*, ils n'ont retrouvé le niveau de vie qu'ils avaient atteint sous Gorbatchev qu'en 2015. Désormais plus libres, ils ne s'en sont pas moins retrouvés à terre, humiliés, impuissants et inopérants, spectateurs passifs d'une histoire qui leur échappait. Négocier avec eux, dans un esprit de respect mutuel, mais en position d'avantage systémique sur les registres économiques et techniques, eut été, selon Alain Juillet, une opportunité extraordinaire pour les Européens de l'Ouest.

Pour les Américains, en revanche, l'idée d'une alliance entre Européens et Russes relevait du cauchemar. Les États-Unis ont donc réactivé l'OTAN et essayé par tous les moyens de positionner leurs outils de surveillance militaire au plus près des frontières russes. En faisant cela, il est clair que les États-Unis empêchaient tout rapprochement entre des Russes et des Européens qui, s'ils avaient joué la carte d'une coopération équilibrée avec la nouvelle

Fédération de Russie, auraient immanquablement pu être taxés de traîtrise et d'ingratitude, en raison du prix du sang payé par les jeunes GI's américains lors des deux grandes guerres mondiales du xxe siècle.

Janvier-octobre 1990 :
De la guerre froide à une « paix miraculeuse »

Début 1990, un calme étrange règne au sein des chancelleries d'Europe. Dans les deux camps, soviétique et occidental, les leaders américains et soviétiques, ainsi que leurs alliés, inventorient leurs atouts et affutent leurs argumentaires stratégiques. Ils poussent leurs pions. Non sans sacrifier, dans un climat d'apesanteur inédit à ce niveau, à une procédure, inédite elle aussi, et pour tout dire géniale. Osons évoquer la réalisation d'un miracle diplomatique, très insuffisamment valorisé depuis : la mise en place, afin de transcender Yalta et tourner le dos à la guerre froide, d'une négociation « deux plus quatre », réversible dans une formule « quatre plus deux » pour ménager les susceptibilités entre les maîtres du jeu, à savoir les Alliés américains, russes, anglais et français, et leurs vassaux qu'étaient de fait les Allemands de l'Ouest autant que de l'Est. Cette négociation inédite a permis d'asseoir autour d'une même table les représentants des deux États allemands et ceux des quatre puissances victorieuses de 1945 qui, trente-cinq ans après la fin du conflit mondial, avaient encore conservé, de façon solidaire, des droits et responsabilités envers les deux Allemagnes. Cette formule, lancée au sommet d'Ottawa du 13 février 1990, sera d'abord systématiquement freinée par les Soviétiques qui n'entendaient pas accorder à une future Allemagne réunifiée le droit de déterminer librement ses alliances. Le principe en sera finalement accepté par les Russes lors de la rencontre conclusive, au cœur du Caucase en juillet 1990, entre Mikhaïl Gorbatchev et Helmut Kohl : moyennant la promesse russe de retirer progressivement ses troupes d'Allemagne de l'Est avant 1994, l'Allemagne unie qui allait naître s'engagera à apporter une aide financière substantielle à l'URSS.

Un parcours semé d'embûches

Au départ, au sein du Politburo à Moscou, les exigences soviétiques à l'adresse de l'Allemagne sont extravagantes : Mikhaïl Andreïevitch Souslov, l'idéologue du Kremlin, table sur une « indemnité » de 500 milliards de DM. Somme que justifierait l'ampleur des tutelles, assistances et aides énergétiques, scientifiques et industrielles apportées à la RDA entre 1949 et 1990. Cette somme forfaitaire, visiblement calculée à la louche, fut ensuite réduite à 100 milliards de DM par l'ambassadeur Valentin Faline, grand germaniste du Kremlin. Avant d'arriver à une évaluation finale de 32 milliards de DM, alors même que Helmut Kohl n'avait budgété que 6 milliards de DM au titre des frais de rapatriement de l'Armée rouge en Russie. Au final, les Allemands concédèrent un versement de 18 milliards de DM, augmenté d'un prêt sans intérêts, jamais versé, de 3 autres milliards de DM. Au total, les comptables de la Bundesbank établiront ultérieurement que, s'agissant des cadeaux financiers consentis par l'Allemagne à la Russie soviétique, le montant des sommes déboursées ou des dettes antérieures non apurées, équivalurent, en 1990, à 55 milliards de DM, soit la valeur de la production de huit jours travaillés en Allemagne de l'Ouest. Huit jours seulement serait-on tenté de dire... Résumé de la sorte, tout concourt à donner l'impression que la maîtrise de ces différentes séquences et épreuves a été une sorte de promenade de santé allant de soi. C'est une erreur absolue d'évaluation. Tout au contraire, ce parcours fut sans arrêt semé de traquenards. Jusqu'à ce que, à chaque fois, des solutions quasi miraculeuses ne finissent par avoir raison du mauvais sort. Un véritable parcours d'obstacles.

Voyons ce qu'il en était, justement, en janvier 1990. La RDA est sous l'autorité du nouveau Premier ministre Hans Modrow. « Sous l'autorité » est d'ailleurs un grand mot et même une grande illusion. Car en coulisse tout s'effrite à grande vitesse. Depuis le début du mois, l'impuissance du régime à endiguer l'hémorragie qui gagne le pays est patente. Amorcé dès fin 1989, puisque la frontière interallemande est *de facto* ouverte à qui veut la transgresser, le flux des migrants qui franchissent les points de passage du Mur, d'Est en Ouest, dépasse les 80 000. Le 20 janvier 1990, Margaret Thatcher est à l'Élysée. En réponse à son interrogation sur la suite des événements, François Mitterrand lui confie son point de vue : « Ces événements sont troublants. Mais je ne dis pas non à la réunification, ce serait stupide et irréaliste. » Ajoutant : « Le problème de la réunification a provoqué un choc psychologique chez les Allemands, qui leur restitue certains caractères qu'on avait oubliés, une certaine brutalité. » De son côté, Helmut Kohl, force ses airs de grand placide. Mais il est fébrile et très actif en sous-main. Fort de son instinct d'animal politique né, mais dont l'intelligence stratégique a été étrangement sous-évaluée par ses pairs, il sait systématiquement prendre de vitesse le Kremlin, autant que nombre de ses chers alliés occidentaux. Le premier visé sera Gorbatchev, qu'il roulera pour ainsi dire « dans la farine » en faisant de lui un obligé. Il sait que la Russie, profondément désorganisée, ne dispose plus de la logistique qui lui permettrait d'acheminer des réserves alimentaires bloquées dans des campagnes éloignées. Une aide alimentaire d'urgence s'impose car une disette de grande ampleur menace. Implication de son ministre de l'Agriculture, mobilisation d'une noria de camions : Helmut Kohl fera tout pour éviter cette famine en permettant à la Russie, grâce à des livraisons allemandes, massives et gratuites, de protéines végétales et animales, de franchir le cap de l'hiver 1990. Et il saura tout autant exploiter, au profit de son dessein réunificateur, les élections du 18 mars 1990 portant, à travers des élections libres, sur renouvellement de la Volkskammer, la Chambre du peuple de la RDA.

Nous n'en sommes pas encore là, de très loin, en janvier 1990. Mais, déjà, ce geste de soutien vital, soit une livraison massive de denrées alimentaires achetées bon marché par l'Allemagne dans les surplus agricoles de l'Union européenne, ne contribuera pas peu à porter Gorbatchev à opérer un tournant à 360 degrés dans sa politique allemande. C'est par la bouche de Modrow, qui venait d'être reçu par le chef du Kremlin le 30 janvier 1990, que Kohl apprit cette bonne nouvelle : Gorbatchev ne s'opposerait pas à un rapprochement entre les deux Allemagnes. La voie était donc ouverte pour des relations d'un nouvel ordre. Autre bonne nouvelle, concomitante : c'est le jour de son départ pour le Kremlin que le chancelier reçut le câble de Bush père l'informant également de son soutien. Pour peu, évidemment, que l'Allemagne reste dans l'OTAN et que la RDA soit assignée à un statut militaire spécifique. Kohl devrait être aux anges.

Mais il doit s'assurer que le leader russe ne perde pas la face. Et surtout qu'il ne puisse pas lui être reproché par ses faucons de dilapider les acquis de la Seconde Guerre mondiale. Mais ce n'est pas le cas, car son souci est que le leader russe ne se voit pas reprocher par ses faucons la dilapidation de ce qui avait été conquis durant la Seconde Guerre mondiale. Cependant, il est par ailleurs convaincu que les préoccupations économiques et financières, cruciales pour Gorbatchev, primeraient, pour peu qu'une copieuse « rançon » soit versée à Moscou, sur l'inconvénient que représenterait le retrait de l'Allemagne de l'Est du giron soviétique. Valable pour Gorbatchev, cette option sera également celle utilisée par le chancelier allemand envers Boris Eltsine. Figure à qui il fera crédit d'être le seul capable de poursuivre l'œuvre de Gorbatchev, ce frère ennemi que ce nouveau tsar rugissant limogera vilainement en direct sur les télévisions du monde entier lors d'une session marquante du Parlement russe. Autre conséquence évidente de la chute du Mur de Berlin, Eltsine décidera, dans les jours qui suivront, de donner leur liberté à la plupart des États de l'URSS.

Mais qu'importe, face à Gorbatchev, Kohl avance sans complexe que la marche vers une réunification est désormais irrésistible. « Un grand moment d'autodétermination », évaluera le chancelier, en se moquant un peu du monde. Dans la mesure où la pétrification étant l'attitude la plus courante face à sa fougue unificatrice, on ne voit pas quelle consultation populaire ou démocratique validerait explicitement cette intuition. Un autre grand pas sera franchi en février 1990, à Ottawa, lorsque le mode de négociation de la situation, plus qu'épineuse, consistera en une formule dite « quatre plus deux » avec, juxtaposées aux quatre puissances victorieuses de 1945, les États ouest- et est-allemand. Sur la sellette, la restitution d'une nouvelle souveraineté, fusionnée ou conjointe, des deux États allemands, avant que celle-ci ne soit bénie par les quatre puissances de tutelle. Avec pour effet, l'extinction de fait des accords de Potsdam. Et plusieurs conditions formulées conjointement par le Kremlin et la Maison Blanche : que la menace d'une guerre ne puisse plus partir du sol allemand ; que les frontières d'après-guerre (ligne Oder-Neisse) soient inviolables ; et que le territoire de l'Allemagne ne soit pas utilisé par des forces extérieures (OTAN et pacte de Varsovie).

Une union monétaire ?

Le grand saut sera, le 18 mars 1990, celui des premières élections libres dans une Allemagne de l'Est peu prévisible. *A priori*, sur le papier, c'est une majorité cumulant les pulsions politiques des gauches socio-démocrates occidentales à celles des néo-marxistes est-allemands qui aurait dû l'emporter, aux dépens des libéraux et autres chrétiens-démocrates représentant une droite modérée pusillanime. Miraculeusement, il n'en fut rien. Dans ce contexte, le vote des Allemands de l'Est, dans le cadre des premières élections libres autorisées depuis 1949, fut des plus clairs : la droite chrétienne-démocrate capitalisera 48 % des voix face à une gauche sociale-démocrate ne recueillant que 22 % des suffrages, en juxtaposition avec une gauche est-allemande pur sucre devant se contenter d'un modeste 16 %. Comme de juste, c'est à Lothar de Maizière, président de la CDU et vice-président du synode de l'Église évangélique, qu'il appartiendra de former le gouvernement de coalition qui s'imposait, au titre d'une unité voulant qu'après avoir hurlé « Nous sommes le peuple » un an plus tôt dans les rues de Leipzig, les Allemands de l'Est osaient enfin crier

« Nous sommes un peuple ! » dans les mêmes rues et avenues. En conformité avec ses promesses électorales, mais surtout face à la dégradation de la situation économique, Helmut Kohl décidera d'une véritable mise sous perfusion salvatrice de la RDA. Le remède miracle, tombant sous le sens, consistera donc à remplacer, au prix d'une monnaie unique, l'Ost Mark est-allemand, totalement déprécié, par le Deutsche Mark occidental en pleine santé. À cette fin, un traité d'État est élaboré, dans l'urgence, et signé le 18 mai 1990.

La mise en œuvre de ce dispositif suscite-t-elle des réticences et des réserves de la part des fonctionnaires de la puissante Bundesbank ? Helmut Kohl passera outre, pour littéralement imposer cette union monétaire, économique et sociale à ceux qu'il appelle les « gnomes de Francfort ». Souvent comparé à un sanglier au sein de son propre parti, le chancelier entend visiblement ne pas déroger à ce cliché animalier qui ne l'a jamais vexé. Ce faisant, il joue sur un effet cliquet de non-retour. Avec pour effet de permettre, à compter du 1er juillet 1990, une transformation de fond de l'économie du pays. Tout cela dans un vide juridique total, et sans que la moindre consultation se soit déclenchée entre les deux États allemands et les quatre puissances signataires des accords de Potsdam. Seule Margaret Thatcher, toujours vent debout contre la réunification, s'en offusque. Ses diplomates du Foreign Office auront néanmoins raison de ses arguments : « Le processus enclenché, estiment-ils, est inéluctable. » Ce que la Dame de Fer finira par admettre. Ces négociations « quatre plus deux » tirent-elles en longueur ? Helmut Kohl ne s'en étonne pas, et même il s'en moque. À son gré, il croit à la réalisation de son plan en dix points, dans une perspective à huit ou dix ans. Tout en espérant continuer à pouvoir abuser son monde.

OTAN, point d'achoppement ?

La première rencontre officielle du « groupe des Six » avait eu lieu le 5 mai 1990 à Bonn. L'ordre du jour abordait des questions cruciales : celle des frontières de l'Allemagne unifiée ; celle du statut militaro-politique de Berlin ; et celle du transfert à l'Allemagne nouvelle des droits et devoirs des vainqueurs de l'Allemagne nazie. Autant de points qui se réglèrent assez vite. Ce qui était loin d'être le cas du problème que représentait l'appartenance de la RFA à l'OTAN, une difficulté à laquelle s'ajoutait la présence des troupes de l'OTAN et du pacte de Varsovie sur le sol allemand. Américains, Britanniques et Français, bienveillants, n'y voient transitoirement pas d'inconvénient. Seuls, les Soviétiques, en pleine déconfiture politique, financière et militaire, craignent l'incrustation d'une Allemagne réunifiée au sein de l'OTAN. Espéraient-ils que la riche nouvelle Allemagne potentielle les renfloue ? Côté soviétique, une demande de crédit de 20 milliards de DM auprès de plusieurs banques ouest-allemandes, dont le Deutsche Bank et la Kommerzbank, est en cours de formulation. C'est un secret de polichinelle comparable à un ballon d'essai lâché depuis la place Rouge. L'espoir d'accéder à ces subsides fera-t-il que les Russes pourraient, à court terme, se montrer plus accommodants sur le registre stratégique ? Tout l'indique déjà.

À Paris, le 25 avril 1990, François Mitterrand et Helmut Kohl prendront le temps de sceller oralement une forme d'armistice. L'avant-veille, à Bonn, le chancelier a longuement reçu l'ambassadeur soviétique Youri Kwizinski, qui a convaincu son interlocuteur de la bonne volonté de Gorbatchev. Helmut Kohl confiera à son « ami François » : « Un traité bilatéral est en cours d'élaboration entre l'Allemagne et la Russie. » Et il précisera qu'à l'avenir aucune « guerre ne devra partir du sol allemand ou russe ». « Plus encore, il s'instaurera, rapporte le chancelier, une coopération confiante entre la Russie et une Allemagne fortement ancrée à l'Ouest, et plus se réduira le danger que l'Allemagne se pose comme un "bloc indigeste" au cœur même de l'Europe. » Cette profession de foi ne peut que répondre aux aspirations de la France. Est-ce pour autant l'euphorie ? Les dissensions des derniers mois semblent oubliées. Mais, pour plus de sécurité, Helmut Kohl croit utile de donner d'autres gages de sa bonne foi à son hôte élyséen. « L'unité allemande et l'unité européenne, s'enflamme-t-il, ne sont jamais que les deux faces de la même médaille. » Une belle formule, mais aussi un postulat qui, scellé sur la création concomitante de l'euro, continue aujourd'hui encore de fonder l'ordre européen. Préserver le « couple franco-allemand » équivaut-il pour François Mitterrand à maintenir une forme de prédominance française sur l'Union européenne ? Plus pessimiste, Margareth Thatcher estime à l'inverse que finalement la réunification « n'avait pas eu pour effet d'arrimer l'Allemagne à l'Europe, mais plutôt l'Europe à l'Allemagne… »

Un trait d'esprit. En désespoir de cause. Tant la réunification semblait inéluctable. « Elle était inéluctable, dira aussi rétrospectivement et pertinemment Hubert Védrine, mais aurait pu se produire plus tard. Réformée plus tôt, la RDA aurait pu survivre un certain temps. […] En novembre, Kohl lui-même parlait d'étapes : coopération, confédération, fédération, unification. Puis, tout s'est précipité début 1990 sous la pression populaire en Allemagne de l'Est. Quant aux Alliés, les vainqueurs de 1945, les Britanniques étaient contre la réunification et contre une relance européenne. François Mitterrand avait compris déjà quelques années auparavant que c'était une tendance historique irréversible, mais il voulait que cela se passe dans de bonnes conditions pour la France et l'Europe. Les Américains, eux, étaient à fond contre, à condition que cela ne remette pas en cause l'OTAN. Gorbatchev, lui, l'avait rendue possible, mais la redoutait. » Ajoutant à propos de la chute du Mur de Berlin proprement dite : « Celle-ci, bien sûr, aurait pu arriver après la fin de la RDA, et pas forcément avant. Le Mur a été ouvert par des autorités est-allemandes exsangues. Dès l'été 1989, des Allemands de l'Est quittaient par milliers leur pays en passant par la Tchécoslovaquie et par la Hongrie où le Rideau de Fer avait été retiré. Ce mouvement de fond traversait toutes les “démocraties populaires” [...]. S'il y avait encore en 1989 quelque 300 000 soldats de l'Armée rouge en RDA, ils étaient déjà des zombies. »

Début mai 1990, certains signes donnent à penser qu'alléchés par l'ampleur des compensations financières d'ores et déjà envisagées, les stratèges du Kremlin semblent de moins en moins révulsés à l'idée d'une réunification dans le cadre de l'OTAN. Anatoli Tcherniaev, le cerveau géostratégique de Gorbatchev, continue certes de vivre l'épisode allemand comme une « tragédie historique ». Mais c'est sans excès de précautions oratoires que cet oiseau de malheur persiste à asséner des vérités très désagréables à son chef. « Mikhaïl Sergueïevitch !, attaque-t-il dans une note qu'il lui adresse le 4 mai 1990, il est désormais impensable que nous empêchions l'Allemagne de devenir membre de l'OTAN. Nous n'avons aucune monnaie d'échange pour empêcher cette issue. Il nous faut donc admettre que nous avons omis de sauter à temps sur la locomotive. Il est donc vain de courir après un train qui vient de quitter le quai. Quant au fond des choses, je souligne ici que le fait que des chars et des canons allemands s'installent bientôt au niveau de l'Oder-Neisse ou de l'Elbe n'affectera en rien la sécurité de l'Union soviétique. Mikhaïl Sergueïevitch, vous nous avez dit que si l'Allemagne rejoignait l'OTAN de force, il faudrait suspendre les négociations de Vienne à propos des armes nucléaires. Je veux bien. Mais ce serait là nous tirer une balle dans le pied et porter un coup mortel à notre propre pensée politique. » C'est longuement dit et, pour autant, irréfutable. Il est devenu impossible de freiner le train de l'histoire qu'évoque Anatoli Tcherniaev. Jusqu'alors, Gorbatchev refusait de se laisser convaincre. Avant, comme souvent, pour ne pas dire toujours, d'entendre raison. En l'espèce, c'est Anatoly Dobrynine, ambassadeur de l'Union soviétique à Washington depuis 1962 et donc très fin connaisseur de la mentalité américaine, qui avait réussi à lui démontrer l'innocuité stratégique d'une éventuelle appartenance de l'Allemagne réunifiée à l'Alliance atlantique. « La géographie, avait argumenté l'un des diplomates soviétiques les plus expérimentés, presque dans les mêmes termes que son élève admiratif Tcherniaev, est nettement favorable à la Russie. Car en cas de "coup dur", nous mettrions, à douze contre un, moins de temps pour détruire l'Allemagne que l'Amérique à la sauver en nous vitrifiant ! » Imparable !

Tout se joua en fait, à la mi-juillet 1990, lors des rencontres, d'abord à Moscou, puis à Arkhiz, dans le Caucase du Nord, entre Gorbatchev et Kohl. En échange de concessions soviétiques, le chancelier accepta de signer un accord de bon voisinage entre l'Allemagne unifiée et l'URSS. Profitant du contexte politique et de la crise économique régnant en URSS et en RDA, les Occidentaux voyaient ainsi leur point de vue pris en compte. De son côté, Gorbatchev ne voulut surtout pas relancer de nouvelles tensions et discréditer la politique de détente qu'il menait depuis quatre ans. L'essentiel étant aussi son besoin urgent d'une énorme aide économique et financière allemande pour poursuivre ses réformes intérieures.

Cette rencontre entre Kohl et Gorbatchev sera décisive. Le chancelier allemand décrira à son interlocuteur la situation dramatique de l'économie de la RDA : elle doit des milliards à l'Occident. La Russie étant aussi en situation de crise financière, Gorbatchev admet ne pas être en situation d'aider. Les deux hommes évoquent également l'avenir des unités soviétiques stationnées en RDA, ainsi que le maintien dans le cadre de l'OTAN de l'Allemagne unifiée. Helmut Kohl promet tout ce qu'il peut : renoncer aux armements atomiques, biologiques et chimiques (ABC) en échange de la suppression du statut quadripartite de Berlin et d'une souveraineté de la future Allemagne dans la capitale. Offre à laquelle le Russe répondra positivement le 16 juillet 1990. En retour, Kohl lui promettra de ne faire stationner aucune troupe de l'OTAN sur le territoire de l'ex-RDA avant le départ définitif des troupes soviétiques qui s'y trouvent encore. Un accord est signé, spécifiant le retrait, « avant trois ou quatre ans » des troupes soviétiques de la RDA. Au-delà, le chancelier s'engage à réduire les effectifs de la Bundeswehr, la Force de défense fédérale, à 370 000 hommes. Inespérées, ces convergences sont fortement motivées par la situation d'acculement dans laquelle se trouvaient les protagonistes d'une extraordinaire séquence diplomatique.

Dès son arrivée à Uliza Kossyguina, la résidence moscovite des monts de Lénine où séjourne Helmut Kohl, Edouard Chevardnadze l'a tenu informé des difficultés de Gorbatchev. Le congrès du Parti communiste soviétique a été très agité, notamment sur la question allemande. Ces journées ont été éprouvantes pour le chef du Kremlin, mais tout se terminait mieux que prévu. Un an a passé depuis la visite de Gorbatchev à Bonn. Mais que d'avancées dans ce laps de temps : de l'alignement allemand sur la position française à propos de la frontière germano-polonaise à l'acheminement de plus de cent mille tonnes de viande et de produits laitiers pour nourrir la Russie menacée de famine ; de l'instauration d'une parité Ost Mark-Deutsche Mark – ruineuse mais symboliquement efficace – à l'arrimage européen de la nouvelle Allemagne – au prix d'un sacrifice implicite du mark sur l'autel de l'Union monétaire européenne.

Le Soviétique a perdu de sa superbe et Kohl a gagné en aisance. « La terre est ronde », sera l'étrange formule avec laquelle Gorbatchev accueille son invité. « Et nous ne cessons de voler autour. À la longue, n'est-ce pas, c'est très fatigant. » Kohl réplique, au hasard : « C'est vrai, Monsieur le Secrétaire général, et me concernant, j'ai fait mon plein de voyages en avion. Mais je me réjouis d'être avec vous ce matin. Le sujet qui nous occupe est en effet historique. Et comme Bismarck l'a dit un jour, il faut savoir agripper les pans du manteau de l'Histoire lorsque celui-ci nous fait la grâce de passer à portée de main. »

Très vite, on en arrive cependant à l'essentiel : « J'ai préparé un document », dit Gorbatchev, en glissant au chancelier une liasse d'une dizaine de feuillets bleutés posée sur un guéridon. Les textes, rédigés par l'ambassadeur russe à Bonn, Kwizinski, sont en allemand. Sur la page de garde, on peut lire le titre générique du document : « Considérations sur la substance d'un traité de coopération et de partenariat entre l'Union soviétique et l'Allemagne ». « C'est le titre que m'a proposé Chevardnadze. Il dit ce qu'il veut dire. Et cela me convient. » Ajoutant : « Dans le cadre de cette nouvelle construction de nos liens, nous proposons que l'Allemagne renonce aux armes nucléaires, chimiques et bactériologiques. Dans le nouveau contexte envisagé, il sera bien sûr impensable que des structures militaires de l'OTAN s'installent sur le territoire de l'Allemagne de l'Est. Une période de transition devra également être fixée à propos du départ des troupes soviétiques. » Cette issue est, à ce stade, véritablement inespérée pour le chancelier de Bonn. Va-t-il oser s'interroger sur la faisabilité politique de telles avancées ?

Kohl : carton plein !

Comme s'il devinait la pensée de son vis-à-vis, Gorbatchev le précède : « Il n'est pas question pour moi de ralentir le mouvement. J'annoncerai la semaine prochaine notre passage à l'économie de marché. C'est inéluctable ! Mais autant vous le dire, j'aurai besoin que l'on m'aide. Une garantie fiable sur nos récents emprunts nous serait très utile. » D'évidence, une caution allemande sur un crédit de cinq milliards de DM viendrait à point nommé. Kohl est prêt à y consentir. Le restant du séjour soviétique de Helmut Kohl ne sera dès lors qu'une longue, mais agréable, partie de campagne. Le chef du Kremlin a décidé de lui faire découvrir l'idylle caucasienne de Tschaapajew. Dès leur arrivée, le Soviétique se plaira à vanter à l'Allemand la pureté de l'air qu'ils respirent. Niché dans une clairière, un relais de chasse de pierre et de bois y attend le chancelier. Sa chambre surplombe la vallée de la rivière Selemtschuck qui, sur fond de sommets hauts de trois mille mètres coiffés de neiges éternelles, se perd à l'horizon. Les négociations se poursuivront bientôt en plein air. Kohl et Gorbatchev s'interpellent en confiance. Il s'agit à présent, tant que le calme persiste, de rentrer foins et moissons avant de possibles orages.

Côté allemand, il n'est pas anodin de noter la présence du ministre des Finances Theo Waigel. Pourtant rarement effrayé, ce Bavarois un peu rustique ne cesse de pratiquer mentalement des additions à six ou neuf zéros que les négociateurs alignent. En mal de confidence, au moment des toasts, Gorbatchev confiera qu'enfant, il avait adoré chanter *O Tannenbaum* (« Mon beau sapin ») dans la langue de Goethe. Quant à la vodka qu'il dégustait, le chef du Kremlin ira jusqu'à confier qu'il avait, dès son arrivée au pouvoir, commis une belle erreur en limitant l'accès à ce breuvage pour ses compatriotes. Le dîner se terminera peu avant minuit dans un climat de félicité réciproque. Incorrigibles, les membres de la délégation allemande, Helmut Kohl en tête, ne pourront toutefois s'empêcher, avant de rejoindre leurs quartiers, de former une ultime ronde autour de leur chef. Mais ce fut moins pour faire le bilan d'une journée rêvée que pour savourer en silence quelques bières en boîte, de la Löwenbrau bavaroise, gardée au frais dans la glacière personnelle du chancelier. Pour Horst Teltschik, conseiller diplomatique de Helmut Kohl, la nuit sera brève. Il lui incomba en effet de rédiger le canevas de l'intervention du chancelier prévue le lendemain devant la presse. Dans sa chambre, en l'absence de machine à écrire et de table de travail, c'est à même le matelas de son lit qu'il couchera, en lettres d'imprimerie majuscules et sur du papier cartonné, l'essentiel des conclusions d'une journée historique. Sur les douze points qu'a notés le Kissinger du chancelier, trois au moins feront sensation : celui proclamant que « l'unification allemande » englobera bientôt la RFA, la RDA et Berlin ; le point 2 qui scelle une « souveraineté totale et illimitée » de cette entité ; et le point 3 soulignant la liberté de l'Allemagne réunifiée de choisir le système d'alliance qui lui convenait. Réunification, plus maintien du nouvel ensemble dans l'OTAN : « carton plein », comme on le dit dans les salles de rédaction du monde entier. La presse des jours suivants se perdra en louanges : « Kohl le chanceux », « Gros succès de Kohl », « Une visite historique », les félicitations pleuvent du monde entier. Mais, détendu comme jamais, l'éternel crispé qu'est Helmut Kohl s'en moque. La « poire » si décriée s'est-elle métamorphosée en aigle ? Même pas. Il s'était tout simplement transformé, après avoir tutoyé l'Histoire, en homme d'État qu'assaillait une gravité nouvelle.

Cette gravité était également déjà apparue, un mois plus tôt, en décembre 1989, à l'occasion de ces troubles balkaniques, cousus de massacres interethniques, dans une séquence inaugurée par la chute puis l'exécution, filmée quasiment en direct sur une télévision, du Conducator (« Guide ») roumain Nicolae Ceaușescu. Un épisode à grand et lugubre spectacle, émaillé de prouesses en matière de désinformation, aujourd'hui relégué dans les tréfonds de nos mémoires. Nous avions là, cruelles et sans quartier, les prémices d'une contamination guerrière qui allait bientôt provoquer l'explosion de la Yougoslavie voisine et non-alignée de Josip Tito. Celle-ci aura lieu en 1992, deux ans plus tard. Cet autre dictateur, communiste mais non-aligné qui avait suscité l'ire de Staline, est à la tête d'une fédération multiethnique qui ne franchira pas le cap des années 1980. Trop de tensions, au titre d'une autogestion expérimentale confuse, auront raison d'un régime écartelé entre les diktats d'un Parti communiste centralisateur et des espaces ethniques qui tels la Serbie, la Croatie, la Macédoine ou le Monténégro, allaient à hue et à dia. Dans l'indifférence du reste du monde et de voisins stupéfiés par les atrocités d'une guerre qui, en comptant 150 000 morts, dont deux tiers de civils, fut le conflit le plus sanglant depuis la Seconde Guerre mondiale.

Requiem pour un monde ancien

L'acte final de la chute du Mur interviendra dans le courant de l'été 1990 avec l'autodissolution de la Volkskammer est-allemande. En se sabordant dans la nuit du 23 au 24 août, la Chambre du peuple de Berlin-Est permit la « confusion » de l'ex-RDA et de la RFA dans un ensemble « grand allemand » qui, alors chiffré à 78,4 millions d'âmes, dépasse aujourd'hui les 82 millions d'habitants. Il devenait ainsi possible que le 3 octobre suivant, les ex-sœurs ennemies ouest et est-allemandes se rejoignent dans le même lit du Reichstag. Depuis, il se murmure un peu honteusement que c'est bien grâce aux œuvres et cautions de la Bundesbank ouest-allemande qu'interviendra l'extravagante formule d'une réunification sous l'égide de l'OTAN, à l'issue d'un revirement à 360 degrés de Mikhaïl Gorbatchev et de ses stratèges.

La chute du Mur de Berlin signait la fin du XXe siècle et d'un monde bipolaire, en même temps que la mort du soviétisme, mais pas pour autant cette *Fin de l'histoire* (1992), fantasmée comme « l'universalisation de la démocratie libérale occidentale comme forme finale de tout gouvernement humain » par l'économiste Francis Fukuyama, dans une forme de délire rationnel. Une thématique envisagée de manière bien plus crédible dans ce *Choc de civilisations* discerné, en 1996, par son confrère Huntington prolixe en truismes lorsque, par exemple, il nous confirme que « les civilisations sont mortelles mais connaissent aussi une extrême longévité ». Ajoutant : « Elles évoluent, s'adaptent, et sont les associations d'êtres humains les plus durables. » Nous verrons plus avant, à l'aune d'une relecture de leurs visions, ce que reste leur espace de crédibilité. Dans l'immédiat, notre curiosité consistera à savoir ce qu'il est advenu, à l'Est autant qu'à l'Ouest, pêle-mêle, des principaux acteurs de cette pièce surréaliste que fut la chute emblématique du Mur de Berlin.

C'est l'occasion pour nous de montrer de quelle étoffe étaient faits les héros, largement malgré eux, de la plupart des épisodes de la guerre froide et du surgissement, soudainement incontrôlable, du processus qu'ils initièrent presque tous par inadvertance. Car, devenus les dociles polichinelles de ce processus que Hegel, plus d'un siècle auparavant, avait appelé « *der List der Vernunft in der Weltgeschichte* » (« la ruse de la Raison dans l'Histoire du monde »). Comme Hegel, à des degrés variables, la plupart d'entre eux croyaient que cette raison immanente, malgré accidents et embûches, dominait le monde et guidait la marche des siècles. Cet esprit du monde étant, pour certains, la traduction d'une volonté divine au service de laquelle même les passions humaines les plus prosaïques se rangeaient. Tous, autant que nous pûmes l'établir, étaient habités par une forme de foi missionnaire, aussi inégaux ou différents qu'ils aient été dans leurs origines, obédiences, statuts et formations. Et tous étaient galvanisés par le souci impérieux de ne pas faillir. Enfin, tous, rétrospectivement, nous semblent avoir été, même pour quelques-unes d'entre eux peu recommandables et peu fréquentables, des personnages de légende. Avec des notoriétés diverses, parmi lesquelles l'Histoire fera le tri.

Mikhaïl Gorbatchev

Honecker, Wolf et Krioutchkov, ainsi que la plupart des acteurs du thriller que fut le désastre qui signa leur propre fin, ne sont plus de ce monde. Et c'est à Moscou, à 81 ans, que, dans la nuit du 18 octobre 2005, Alexandre Iakovlev a trouvé le repos éternel. Encore bien vivants, d'autres héros de cette épopée apportent la démonstration que l'âge n'est pas toujours un naufrage. Bien que très diminué, Mikhaïl Gorbatchev préside toujours une fondation vouée à sa propre gloire. Il observe avec distance la manière dont Vladimir Poutine et Dimitri Medvedev dirigent la Russie dans un jeu d'alternance chaud-froid, jamais tiède, qui ne trompe personne sur le nœud réel du pouvoir. De moins en moins alerte, l'ancien numéro un soviétique ne manque cependant pas d'errer de conférences en colloques. Tout en prenant le temps, il y a quelques années, de poser pour une publicité Vuitton sur fond de Mur de Berlin. Comme Edouard Chevardnadze, ou Anatoli Tcherniaev, il n'a jamais daigné consacrer le moindre mot aux cafouillages et à l'échec final de cette opération de la dernière chance qui, sous le nom de code « Loutch » tenta *in extremis* de sauver la mise à Markus Wolf, grand ordonnateur des raids d'espions de la Stasi en terres occidentale et Hans Modrow, réformiste attitré alors en charge de la région de Dresde. Ajoutons qu'il ne s'est pas plus perdu en confidences sur le rôle déterminant que joua Raïssa Gorbatcheva, également *in extremis*, afin qu'il ne cède pas la main aux fourriers du pire, ces putschistes aux aguets qui, en août 1991, alors que les Gorbatchev tentaient d'échapper au stress moscovite dans leur résidence d'été de Foros (Crimée), conduisirent ce coup d'État qui, mâté entre deux cuites par Boris

Eltsine alors président du Soviet suprême, sauva le chef du Kremlin, transitoirement, d'un limogeage. Un limogeage à grand spectacle puisque diffusé en direct à la télévision soviétique, qui finit toutefois par intervenir en décembre 1991. La dernière rencontre de Michel Meyer avec Mikhaïl Gorbatchev, facilitée par l'ancien correspondant des *Izvestia* à Bonn, Vadim Karagesian, eut lieu à Moscou, au siège de la fondation que l'ancien numéro un soviétique venait tout juste de créer, au printemps de 1992. Un climat de dépression planait alors entre les murs du vieux Palais qui abritait sa petite équipe de fidèles.

Le souci majeur de Gorbatchev, confia Karagesian, tenait à la santé de sa femme. Une profonde détresse affectait la première dame de Russie depuis le choc de Foros. Et c'est véritablement de chagrin autant que de la leucémie qui la frappa bientôt, l'année de ses 47 ans, que Raïssa mourut en 1999 dans une clinique de Münster, cité westphalienne où l'impossible fut tenté afin de la sauver. Le choix de cette clinique n'était pas dû au hasard. Car c'était Helmut Kohl, en signe de compassion et d'amitié, qui l'avait voulu ainsi. Sur la fin, qui se prolongea pendant deux longs mois, les habitants de Münster virent ainsi Gorbatchev se perdre dans les rues de la vieille ville universitaire allemande. La mine décomposée, il passait l'essentiel de ses journées auprès de sa belle silencieuse aux « yeux bridés de Japonaise », la sommant de vivre, en lui murmurant des chansons russes dans le creux de l'oreille. Raïssa, fille d'un cheminot condamné au Goulag, s'était toute sa vie posée en athée. Pourtant, avant de rendre son dernier soupir, elle trouva la force de demander à son mari et à sa fille Irina, pétrifiés à son chevet, la faveur d'obsèques orthodoxes.

Margaret Thatcher

Atteinte de la maladie d'Alzheimer, Margaret Thatcher fut, aux derniers temps de sa vie, contrainte de végéter dans son apparemment londonien. Nommée pair du Royaume-Uni, elle a siégé à la Chambre des lords au titre de baronne Thatcher of Kesteven. Privilège insigne, une statue de bronze érigée de son vivant la représente dans l'un des halls de la Chambre des communes. « J'aurais, trouvera-t-elle à redire, préféré une statue en fer, mais le bronze me convient. Elle ne rouillera pas. » Jusqu'à sa mort, en 2013, il arrivera que, bien que diminuée par la maladie, elle s'amuse à rappeler que « Dame de Fer », son inoxydable surnom, lui avait été décerné par *L'Étoile rouge*, organe officiel de l'Armée rouge. Les soirs de bourdon, il lui arrivait de ruminer son dépit en songeant, soudain lucide, que « la réunification allemande n'avait pas pour effet d'arrimer l'Allemagne à l'Europe, mais plutôt l'Europe à l'Allemagne… » Helmut Kohl, le sachant, ne s'offusquera jamais des saillies antigermaniques de dame Thatcher. Il regrettera par contre les remarques subtiles de François Mitterrand. La raison en est simple. Autant il entretenait avec le Français une relation où les sentiments avaient leur place, autant il avait intériorisé l'adage voulant que l'Angleterre n'a ni ami ni ennemi, seulement des intérêts.

Helmut Kohl

Jusqu'à ce qu'il quitte cette terre en 2017, Helmut Kohl est resté conforme à ce cliché de rusticité qui l'affectait et le ravissait tout à la fois. Sollicité par la Maison de l'histoire de Berlin pour faire don de la relique la plus révélatrice de son style et de son action, il n'a pas hésité à surprendre son monde. Loin des cancans et des affectations d'une intelligentsia politicienne et médiatique qu'il abhorrait, à défaut de pouvoir transmettre à la postérité le « manteau de l'Histoire » qu'il avait pourtant cru endosser à plusieurs reprises, ce secret hégélien autant que bismarckien a fait parvenir au conservateur du musée le gilet de laine agrémenté de boutons de corne qu'il portait, le 18 juillet 1990, lorsqu'il s'était agi, sur les rives du fleuve Selemtschuk, d'arracher la réunification des deux Allemagnes au tsar Gorbatchev. Jamais il n'avait digéré la lapidation en règle conduite contre lui par la jeune garde de son parti, au sein de laquelle son procureur le plus virulent se trouvait être sa protégée Angela Merkel, jeune physicienne est-allemande, fille de pasteur, russophone émérite et ancienne « pionnière » des Jeunesses communistes de la RDA. Des repères biographiques qui nous désignent la future chancelière de l'Allemagne réunifiée. Une tueuse angélique. Déjà.

George Herbert Walker Bush

En excellente forme intellectuelle jusqu'à ses dernières heures, George Bush senior partagea ses dernières années de retraite entre Washington, le Texas et sa résidence de Kennebunkport dans le Maine, sur la côte est des États-Unis. Cet admirateur de la vieille Prusse est resté fidèle à son adhésion adolescente à *Skull and Bones*, la société secrète étudiante de l'Université Yale. Il y côtoya donc jusqu'à sa mort, en 2018, d'autres phénix vieillissants de l'élite politique et économique américaine. Jeune, il fut héroïque lors de la guerre du Pacifique au cours de laquelle, pilote de bombardier-torpilleur, il avait effectué cinquante-huit missions aériennes. Il sera abattu à quatre reprises et quatre fois secouru. Un survivant, donc, extrêmement informé sur tout après son passage à la tête de la CIA. Souriant et affable, doté de nerfs d'acier, il fut déterminant pour calmer les ardeurs et impatiences d'Helmut Kohl avant le « sommet du mal de mer » de Malte, rencontre durant laquelle il définit avec Gorbatchev les termes d'une entente de sang-froid qui sauva une situation de démâtage généralisé. Et prépara l'avènement de ce « nouvel ordre mondial » qui, se substituant à la guerre froide, scella pour un temps l'absolue suprématie des États-Unis d'Amérique, au titre de ce qu'Hubert Védrine, antérieurement auteur et gardien des formulations stratégiques du président Mitterrand, appela l'« hyperpuissance » américaine.

François Mitterrand

Nous retiendrons de François Mitterrand, avec émotion, ce dernier discours dans lequel, à Berlin le 8 mai 1995, cerné par la mort et tenant à peine debout, il sut réaffirmer, quelques jours avant d'achever son deuxième mandat, que « le nationalisme, c'est la guerre ». Tel fut le message public ultime du président français venu célébrer le 50e anniversaire de la fin de la Seconde Guerre mondiale, après qu'il ait exprimé avec lucidité son égard pour cette « Allemagne de toujours que l'histoire, la géographie, la culture ont indissolublement liée à la France. Étrange, cruelle, belle et forte aventure que celle de ces peuples frères auxquels il aura fallu plus d'un millénaire pour se reconnaître tels qu'ils sont, pour s'admettre, pour s'unir, pour chercher l'un chez l'autre les leçons de la science, de la philosophie, de la politique, pour revenir ensemble à leur propre source. » Ajoutant : « Rien n'eût été possible sans les premiers appels de Churchill. [...] J'ai eu le bonheur de les entendre moi-même [...]. L'ennemi d'hier était l'ami d'aujourd'hui [...]. C'est peut-être sans doute la victoire de la liberté sur l'oppression. Mais surtout une victoire de l'Europe sur elle-même. » Une sage manière de conclure, six années seulement après l'affrontement, bien plus dramatique qu'on l'analysa alors, qu'avait suscité le forcing réunificateur de Helmut Kohl juste après la chute du Mur de Berlin. Et de, tout autant, marquer l'essentialité du consensus franco-allemand qu'il avait, de sang-froid, su faire émerger entre lui et un chancelier allemand fébrile qui, d'évidence, avait systématiquement froissé son monde en allant plus vite que la musique.

Anatoli Dobrynine

En octobre 1962, il s'en est fallu de quelques heures pour que l'affrontement autour de Cuba plonge le monde dans l'apocalypse. Paradoxalement, c'est sous les tropiques que s'est joué le paroxysme de la guerre froide. En ces heures sombres, l'ambassadeur russe à Washington, Anatoly Dobrynine, aura joué un rôle aussi central que discret. Cet ingénieur aéronautique, qui avait participé à la coopération américano-soviétique durant la Seconde Guerre mondiale, commença sa carrière diplomatique à l'ONU en 1957, puis fut nommé ambassadeur à Washington en mars 1962, seulement sept mois avant la crise des missiles. Il est certain que sa très bonne connaissance des États-Unis où il avait tissé des réseaux influents a largement compensé la faible période qui, au moment de la crise, le séparait alors de sa nomination.

Ce très grand diplomate, apprécié de ses interlocuteurs américains successifs, a été, à l'évidence, une courroie de transmission essentielle entre Washington et Moscou durant ces longues années passées à l'Ambassade d'Union soviétique. Essentiellement pendant les années de guerre froide, rappelons-le. Il assistera à toutes les rencontres entre Richard Nixon et Leonid Brejnev, servant parfois lui-même d'interprète. Joueur d'échecs, il lui arrivait d'affronter Zbigniew Brzeziński, le conseiller à la Sécurité nationale de Jimmy Carter. Totalement immergé dans le Tout-Washington, ce qui relevait de l'exploit pour quelqu'un sorti de l'ambiance glaciale de l'URSS, son rôle le plus considérable aura été celui qu'il joua lors de la crise des missiles de Cuba, et plus précisément au paroxysme de cette crise, en octobre 1962, alors que des sous-marins soviétiques s'approchent de la ligne marquant le blocus de l'île par la marine américaine. John Fitzgerald Kennedy, dans une intervention télévisée, somme le chef du Politburo moscovite de cesser cette approche hostile, tout en lui signalant que les navires de la flotte américaine sont mobilisés pour stopper une agression potentielle. Trente cargos russes font route vers Cuba, avec, pour quatre d'entre eux, des missiles nucléaires dans leurs soutes. Khrouchtchev, soudainement et avec lucidité, trouve inutile de rompre le blocus. Il adresse, via un homme d'affaires américain traitant avec les Soviétiques, un message énigmatique. « Si les États-Unis veulent la guerre, avance-t-il, alors nous nous retrouverons en enfer. » Ce disant, il oublie qu'il est déjà en guerre. Car déjà, au milieu de l'Atlantique, une chasse sous-marine est lancée : un sous-marin ennemi est détecté au sonar par les Américains, et poursuivi. Dans le ciel de Cuba, un avion espion U-2 est abattu, sans qu'on sache quel commandement – russe ou plus probablement cubain – a donné l'ordre de tir. Une escalade de la violence est-elle alors possible ? Kennedy, même s'il sait que 24 missiles russes dûment opérationnels, livrés lors d'une mission antérieure, sont déjà pointés sur des points précis du sol américain, n'ordonnera toutefois pas de riposte immédiate. Il est bien inspiré. Car, le jour même, Khrouchtchev laissera enfin entendre qu'il est prêt à négocier. Un message que renie aussitôt un câble menaçant du Politburo alors que, pendant ce temps, la chasse aux quatre sous-marins soviétiques bat son plein. Deux d'entre eux font surface, batteries à plat. Leurs commandants font comprendre aux navires américains de ne pas les provoquer. Un nouvel ultimatum de Kennedy suivra, précisant que si les Soviétiques ne démantèlent pas leurs installations cubaines avant le 29 octobre, les États-Unis lanceront une attaque aérienne sur les sites de missiles. Relation de cause à effet ? Sans le moindre doute. Dans la soirée, Bob Kennedy, frère cadet du président se rendra à l'ambassade de l'URSS à Washington pour une rencontre de la dernière chance. Un Russe l'a appelé une heure plus tôt, moment où le *countdown* de l'ultimatum s'était déclenché. Il s'agit d'Anatoly Dobrynine. Un compromis sera trouvé entre les deux hommes. Aussitôt annoncé sur Radio Moscou par Khrouchtchev. Finalement, la guerre aura été évitée d'un cheveu. Dobrynine, consacré tel un pion irremplaçable, restera en poste jusqu'en 1986.

Passant pour un magicien omniscient, il occupera son temps à se constituer tout un réseau informel à Washington. Celui qui, une fois retraité, qualifiera la guerre froide de « tragédie pour l'humanité » et ne ménagera guère ses critiques postérieures sur les dirigeants politiques de son pays, jouera, avec loyauté, un rôle clé jusqu'à l'extinction de ce long affrontement. Une extinction à laquelle il participera car, bien que malade, il sera présent au sommet de Malte, en décembre 1989, lorsque Mikhaïl Gorbatchev et Georges Bush mirent officiellement fin à un bras de fer qui durait depuis plus de quarante ans. Anatoly Dobrynine décédera en 2010, emportant avec lui nombre d'autres grands et petits secrets de la guerre froide.

En 1968, Nixon comprend que ce Soviétique courtois est digne de confiance. Au point de lui présenter Henry Kissinger, l'homme à qui il a transmis les rênes de la diplomatie américaine. Cette relation est sans précédent historique. Elle se matérialisera par un lien téléphonique direct, sans avoir à tapoter sur le moindre clavier, entre Dobrynine et Kissinger. L'usage de ce téléphone archaïque sera abandonné en 1986. À la relève de 1980, Ronald Reagan a cru utile de retirer au Soviétique la place de parking dont il disposait au département d'État. Pour très vite se raviser. Dobrynine a-t-il cru aux solutions miracles de la *Glasnost* ? Fatigué et peut-être malade, il rejoint Moscou. A-t-il alors visé la place de ministre des Affaires étrangères occupée depuis des lustres par l'inamovible Andreï Gromyko ? Un lot de consolation portera ce génie du compromis à trouver gloire et honneurs au sein du Comité central. Et calme et paix, dans la datcha qu'il habite dans cette banlieue moscovite où son père avait été plombier. Lieu où il s'éteindra bientôt au terme d'une vie exceptionnelle, et fort d'une œuvre aussi discrète qu'efficace qui aura donné tout son sens au mot « diplomatie ».

EGON KRENZ

L'ultime chef est-allemand Egon Krenz est, quant à lui, resté égal à lui-même. Condamné à six ans de prison au titre des crimes de la Stasi, il a par la suite élu domicile sur les rives d'une station balnéaire idyllique des bords de la mer Baltique. Toujours inconsolable, il regrette amèrement l'effondrement de la RDA. S'estimant trahi par Gorbatchev, il persiste à considérer que ce dernier s'est comporté à son endroit, au moins jusqu'à la chute du Mur, comme un « communiste fervent et convaincu ». Sa véritable « bête noire » reste néanmoins l'excellent Iakovlev, proche conseiller de Gorbatchev, qu'il dénonce formellement comme un agent de Washington recruté lors de son séjour en tant qu'ambassadeur d'Union soviétique au Canada. Une conviction qu'il partagea avec le chef guébiste Krioutchkov et le chef de l'Armée rouge Yasov.

Günter Schabowski

Günter Schabowski coula, lui aussi, une retraite paisible dans la banlieue berlinoise de Schmargendorf, thébaïde forestière où résidèrent jadis Rainer Maria Rilke et sa maîtresse Lou Andreas Salomé. Toujours perçu comme l'« idiot utile qui aurait ouvert le Mur par inadvertance », il craint beaucoup moins qu'Egon Krenz les horions de ses voisins. Pourtant, comme lui, il n'a jamais cessé de se contredire sur les véritables desseins ou insuffisances du drôle de couple qu'il formait avec son compère Krenz. Les anciens chefs de la *Nationale Volksarmee*, ainsi que les ex-généraux de la Stasi jouissent, eux aussi, de retraites paisibles entourées d'enfants et de petits-enfants qui jamais, prétendent-ils, ne leur ont reproché leur passé. Un temps, début 1990, aussitôt après qu'ils eurent été limogés par les pasteurs et autres justiciers de l'écologie politique, ces dignitaires déchus avaient évidemment craint de se faire lyncher en sortant de chez eux. Mais, au fil des semaines, en acceptant des petits boulots tels que la distribution de prospectus publicitaires, ils accomplirent l'exploit consistant à se fondre dans le nouveau paysage démocratique allemand. Depuis peu, ces vieillards indignes cacochymes savourent une forme de retour en grâce pour le moins exotique. Confrontés aux aléas des revers de fortune, nombre d'autres Allemands, d'où qu'ils soient, du Rhin à la frontière polonaise et de la mer du Nord à la Bavière, se prennent à regretter la disparition de l'Allemagne de l'Est. Cette « Ostalgie », très minoritaire, se manifeste de manière visible lors des commémorations et anniversaires, de moins en moins enthousiastes, de la chute du Mur ou de la réunification.

Markus Wolf

En août 1991, grâce à la vigilance très efficace des « grandes oreilles » de la NSA, les Anglo-Saxons sauront très tôt discerner le caractère improvisé de cette aventure que fut la tentative de putsch contre Gorbatchev. À la différence de François Mitterrand, alors soucieux de comprendre les desseins des putschistes, le président Bush et le Premier ministre britannique John Major, forts de la connaissance de ces « éléments de climat », joueront, à point nommé, la carte Eltsine. Un temps réfugié en URSS après la chute du Mur, Markus Wolf, l'homme clef des Soviétiques en 1989 auprès du nouveau Premier ministre est-allemand de transition Hans Modrow, perd alors ses plus fidèles mentors russes. Démonétisés, Yasov et Krioutchkov échappent de justesse à la prison, mais pas au couperet d'une mise à la retraite anticipée et infamante.

Markus Wolf n'aura bientôt plus d'autre choix que celui de reprendre le chemin de l'exil. L'influence de cet homme de l'ombre fut considérable. Et magistrale, sa perdition. En Autriche, où il tente de trouver refuge, le droit d'asile lui est refusé sans explication. Et il frise la dépression lorsque, après une nouvelle errance de trois semaines en Hongrie, Tel-Aviv exclut catégoriquement l'éventualité d'un retour au bercail religieux de son père. C'est le moment où il apprend à maudire Mikhaïl Gorbatchev. À trois reprises, fin 1990 et début 1991, dans trois lettres pathétiques, il a sollicité la protection de son « très respecté » maître du Kremlin. Sans le moindre écho en retour.

Perdu, ce fils de médecin communiste du Bade-Wurtemberg ayant rejoint à l'âge de 7 ans, sa main serrée dans celle de son père, le quartier pour intellectuel de Moscou en 1936, est redevenu un migrant. Et il ne lui reste plus qu'à regagner l'Allemagne où il sait qu'un mandat d'arrêt court contre lui. Ne pouvant imaginer être arrêté et menotté comme un vulgaire malfaiteur, il propose à un procureur de Francfort de le « réceptionner » à la frontière germano-autrichienne. Une faveur qui lui est accordée, mais à la condition qu'il se plie à une assignation à résidence stricte dans son appartement berlinois de la Spreeufer. Ce qu'il accepte en engageant sa parole de soldat. Condamné en 1993 à six ans de prison pour haute trahison, il considéra n'avoir fait que servir l'État souverain qu'était la RDA. Markus Wolf est mort à 83 ans, dans la nuit du 9 au 10 novembre 2006, dix-sept ans jour pour jour après la chute du Mur de Berlin. Sa dextérité intellectuelle était intacte, sa mémoire infaillible et il avait conservé un corps de nageur olympique. Quelques heures plus tôt, dans un cinéma de Berlin, il avait vu un film tiré du *Parfum* de Süskind. « Un mauvais film, avait-il confié à sa jeune femme. Je n'aimerais pas que mes livres soient adaptés de la sorte. »

À raison, peut-être. Quant au film de sa vie, il nous est toujours apparu que ce « grand seigneur » supposé en a, sur le tard, regretté la tournure. De même que sa proximité, médiocrement assumée, avec son chef permanent que fut le sinistre Erich Mielke.

Et que penser de ses enseignements dispensés à plusieurs réseaux terroristes proche-orientaux, dont les leaders surent vite faire profiter leurs compagnons de lutte de la *Rote Armee Fraktion* ouest-allemande ? Que cette proximité avec les desperados et autres guévaristes ait, à l'inverse, donné des idées aux stratèges de la Stasi tombe sous le sens. *A fortiori* lorsque, affiché comme un attentat terroriste, un authentique crime d'État visait à convaincre quelque puissant par trop entreprenant de son extrême vulnérabilité. Très exactement le sort que connut le banquier Alfred Herrhausen.

Dans le jargon administratif est-allemand, cette sympathique activité relevait d'un *Arbeitsgruppe des Ministers-Sonderfragen*, directement placé sous la coupe de Mielke. Nul ne pouvait donc, à commencer par Markus Wolf, ignorer que, sous le signe de l'AGM-S, c'était bien l'ensemble des missions de déstabilisation et de mise en danger psychologique des leaders anticommunistes occidentaux qui était formulé, planifié et exécuté. Au pivot des années 1970 et 1980, les prouesses de Markus Wolf ne manquent pas d'impressionner son maître et idole Youri Andropov, le chef charismatique du KGB. Et dans les échanges que ce dernier entretient alors régulièrement avec le « meilleur de ses espions », aucun sujet n'est tabou. « Êtes-vous bien sûr, osera un jour demander Markus Wolf à Andropov, qu'un "Polonais américain" soit à la base de cette stratégie d'agitation religieuse ? » Le Soviétique acquiesça : « Le mot est faible. Fin 1977, ses émissaires n'ont cessé de comploter au sein de la curie romaine. C'est lui qui a inventé le pape polonais. Mais nous n'avons rien vu venir. Et l'élection de Wojtyla nous est arrivée en pleine face. » Dans un même souffle, Andropov et Wolf, les chefs des services orientaux les plus craints de leur époque, évoquent explicitement les œuvres de Zbigniew Brzeziński, le conseiller sécurité du président Carter, et celles du cardinal polonais élu pape le 16 octobre 1978 sous le nom de Jean-Paul II.

Pour ses adversaires occidentaux, Markus Wolf fut toujours considéré comme le génial manipulateur d'un inquiétant « front invisible ». Pourtant, depuis 1983, année au cours de laquelle il avait déjà manifesté des velléités de départ, ses manières de star déplaisent à ses « camarades » de Berlin-Est. Erich Mielke le jalouse. Ce qui, vu le contraste qu'offre le duo qu'il forme avec son adjoint, peut se comprendre : à lui, l'image détestable d'un boucher répressif, adepte assidu de la savate et coutumier des coups bas. Mais à son plus jeune rival, sacré gentleman-espion par la presse mondiale, l'aura d'un samouraï tout droit issu d'une gravure illustrant l'*Art de la guerre* de Sun Tzu.

Toujours est-il qu'au printemps 2001, fuyant Moscou où il est devenu *persona non grata* pour le nouveau tsar Boris Eltsine, Wolf tente, avec l'aide d'un rabbin bienveillant, de trouver asile en Israël. Côté américain, c'est le grand silence. Mais les chefs du Mossad opposent un « non » catégorique à sa venue en Israël. Une attitude validée par le Premier ministre Yitzahk Rabin qui refuse à Wolf le bénéfice de cette « loi du retour » dont jouit *a priori*, d'où qu'il vienne, n'importe quel juif de la diaspora.

Encore et toujours, ses ennemis d'autrefois voient en lui le cerveau des campagnes d'intimidation et des guerres de déstabilisation psychologique qui, en recourant à l'action terroriste pour mieux frapper l'imaginaire des peuples, ont nourri la chronique sanglante de la fin du XXe siècle. À cet égard, il est difficile d'être plus explicite que George

Bush senior : « Lorsque je travaillais à la CIA, confie-t-il dans ses mémoires, j'ai pu me rendre compte que la RDA était un foyer où l'on formait les terroristes et où l'on apprenait à déstabiliser les pays ennemis. Les Allemands de l'Est formaient certainement les espions les plus agressifs de la planète – des hommes et des femmes qui ne reculaient devant rien. Pour les missions les plus répugnantes, les Soviétiques se tournaient souvent vers eux. Ils étaient les brutes épaisses du bloc communiste. » Pourtant, toute sa vie et souvent contre toute vraisemblance, l'ancien maître espion niera farouchement s'être souillé dans des missions dites répugnantes. « J'ai peut-être eu les mains sales, assurera-t-il, mais sûrement pas pleines de sang ! »

Le dépouillement des archives de la Stasi n'en atteste pas moins que Markus Wolf se moquait du monde. Nier qu'à compter de la fin des années 1970 et pratiquement jusqu'à la fin de son règne, plusieurs généraux successifs de la Stasi se sont employés à assurer la survie logistique de la *Rote Armee Fraktion* relève de la mystification. Comment, en effet, feindre d'ignorer qu'à Briesen, dans une zone militaire de la région de Francfort-sur-Oder, un camp, dépendant des départements de la même Stasi, a servi plusieurs années d'école du terrorisme ? Et que ; dans ce lieu déshérité minutieusement choisi par le général Gerhard Neiber, l'un des principaux adjoints d'Erich Mielke proche de Markus Wolf, des activistes proche-orientaux ou sud-américains eurent tout loisir de tutoyer leurs homologues de la RAF ouest-allemande ?

GERHARD SCHRÖDER

L'ancien chancelier, toujours au service de son ami Poutine, compte, dans une situation de proximité amicale assimilable à celle de l'acteur français Gérard Depardieu, mais pour un apanage personnalisé incalculable, parmi les grands amis mercenaires occidentaux dont s'est entouré le président russe. C'est là, à lire les articles qui dénoncent ce mercenariat, une trahison indigne d'un ancien chancelier. Ce à quoi Schröder à beau jeu de répliquer qu'après avoir rendu à l'Allemagne une compétitivité obérée par le coût humain, systémique et financier de la remise à niveau de l'Allemagne, il n'avait rien à devoir à quiconque. Tout simplement parce qu'il avait sacrifié huit ans de sa vie à cette tâche ingrate. Et qu'il lui appartenait désormais, l'année de ses 75 ans, d'occuper le reste de sa vie comme il l'entendait.

En clair, il considère qu'il n'a pas eu tort de rétablir la compétitivité de l'Allemagne. Finaud, il avait compris à temps qu'après un premier mandat apathique en début des années 2000, il lui faudrait presser le pas dès 2005. À ce point de son parcours, l'inertie des voisins et compétiteurs de l'Allemagne en matière économique, tout particulièrement du côté français, le sidère et le comble tout à la fois. En réalité, il a vite compris que l'élite étatique française, fatiguée de guerroyer face à un peuple incommode doté d'une culture économique très déficiente, parie mollement sur le laisser-faire d'une Allemagne en passe de s'épuiser sous le fardeau des coûts de réfection et de remaillage de l'ex-RDA.

Guerre de mouvement industrielle et commerciale germanique offensive *versus* passivité et immobilisme latin défensif. D'un côté, force qui va conquérante. De l'autre, résignation ronchon au déclin. Aux premiers feux du XXIe siècle, lucides et volontaires, les Allemands, sans trop récriminer, se sont explicitement, sans jouer sur les mots, prescrit une cure d'austérité pour rétablir la compétitivité du *made in Germany*. Au prix, il est vrai, d'une baisse sacrificielle du pouvoir d'achat global de 3,7 % et en réduisant les dépenses publiques de 5 % entre 1996 et 2008. Alors que celles-ci, durant la même période et côté français, augmentaient de 23 % en raison de la multiplication des étages du millefeuille administratif hexagonal. Et que le coût du travail horaire, entre 2001 et 2011, augmentait de 39,2 % en France contre seulement 19,4 % en Allemagne. Ce fut ainsi, qui plus est sous la conduite d'un chancelier de gauche, que s'organisa une remise en ordre compétitive que la droite allemande n'avait pas su conduire à son terme, fin 1988, sous la houlette de Helmut Kohl. Au seuil de cette année fatidique, qui permit le retour de l'Allemagne dans ses murs.

Rien de comparable dans l'espace latin où une fausse indignation accueillit le refus des vilaines fourmis germaniques, de moins en moins enclines à s'excuser d'exister, à mutualiser à leur charge les dettes des adorables cigales européennes. À Paris, alors même que la France a renoncé au pouvoir de battre monnaie en adhérent à l'Eurogroupe, d'aucuns imaginent encore pouvoir stopper la chute vers la mauvaise pente et trouver le salut dans une sempiternelle relance à crédit. Mythification de la croissance, mais sans l'« outil » déterminant que serait, à cette fin, une impossible dévaluation compétitive. Comme toujours, tout le monde rejette puérilement le mot « austérité ». Donner enfin le coup de reins salvateur ? Que nenni. Roosevelt et Keynes, encore et toujours, plutôt que Churchill ! L'avenir à crédit. En vain. Car aucune de ces attitudes n'est à la mesure de la crise systémique qui affecte la Gaule. L'instauration de l'euro a coupé court aux dévaluations prétendument compétitives qui, depuis plusieurs décennies, ne permettaient jamais aux cigales latines, en déficit de sursaut lucide et responsable, que de grappiller quelques avantages compétitifs avant le renoncement suivant. En lieu et place de la facilité qu'était cette manipulation monétaire, s'instaura sournoisement, pour mieux persister à financer les fièvres consuméristes de peuples sujets aux addictions d'une croissance supposée illimitée, un gonflement incontrôlé des déficits sociaux et publics. Tout le monde vivait à crédit, mais plus personne n'avait le courage de crier au feu. En France, la martingale des 35 heures, promue comme un *nec plus ultra*, est gribouillée sur la nappe en papier d'un restaurant où Dominique Strauss-Kahn a ses habitudes. Au pouvoir depuis 1998, le social-démocrate allemand Gerhard Schröder comprend immédiatement la portée de cette faute cardinale de ses « camarades » français. Ce faux pas aberrant, qui « plombe » littéralement la compétitivité du *made in France*, va « booster » le *made in Germany*. Le chancelier allemand peut ainsi, selon la ligne d'action que lui trace Wolfgang Clement, un journaliste politique devenu le patron du mastodonte économique qu'est la Rhénanie du Nord-Westphalie, attendre un deuxième mandat pour porter le fer dans la plaie des faiblesses allemandes sur les registres de sa compétitivité. Il ne s'en attaque pas moins à une réforme de la fiscalité en diminuant de dix points le taux marginal de l'impôt sur le revenu, tout en sécurisant le financement des retraites par des mesures drastiques et l'encouragement en faveur des retraites par capitalisation.

Aujourd'hui, son lien avec Vladimir Poutine ne s'est nullement détendu. Tout au contraire, l'adversité les resserre continûment. Et Schröder ne perd aucune occasion de fustiger les comportements erratiques de Donald Trump. Pour lui, dira-t-il le 6 juillet 2019 à nos amis du *Handelsblatt*, le quotidien de référence allemand, « sous le sigle de l'économie de marché, Trump détruit les fondements du système libéral. Il prescrit à ses alliés comme à ses adversaires ce qu'ils ont politiquement à faire. Il ne veut pas de partenaires, mais des suiveurs [...]. Il faut faire front ». Évoquant l'ambassadeur américain à Berlin qui se permet de sermonner les Allemands, il s'indigne : « Ce monsieur critique le niveau de notre budget défense et il attaque notre industrie automobile [...]. Mais de quoi se mêle-t-il ? J'eusse aimé qu'on lui dise, au niveau de notre gouvernement, que ces questions ne le regardent pas ! L'Allemagne n'est pas une république bananière ! » Quant à ce qui doit être l'attitude des Européens, l'ancien chancelier ne mâche pas plus ses mots : « Il y a d'un côté une Amérique qui reste puissante, une Asie conquérante que domine la Chine. Qui peut dès lors s'imposer ? Ni l'Allemagne, ni la France... Seulement une Europe unie. » Pour lui, désormais une seule réponse vaut : « Cette Europe unie est notre seul atout. Et ce constat nous oblige à renforcer cette précieuse entité. Si nous n'y arrivons pas, nous ne serons plus qu'un ensemble de troisième classe entre les deux pôles précités. »

Pour Schröder, seul le lien franco-allemand est en situation de sauver l'édifice. Ce qui est nouveau à ce degré d'intensité, même s'il prétend avoir fait son maximum en son temps : « Déjà, à mon époque, avec Jacques Chirac, on n'avançait que sur la base d'une étroite concertation entre Français et Allemands. Ce qu'acceptaient d'ailleurs les plus sévères détracteurs de cette unité franco-allemande. Sinon, tout ira au ruisseau. » La mise en place d'un « noyau dur » en lien avec l'euro est pour lui essentiel : « Le travail de la prochaine génération, dans un cadre fédéral, sur le chemin des États-Unis d'Europe. » Aucune forme de panique ne semble atteindre cet ancien président des Jeunes socialistes allemands : « On me parle à nouveau d'un péril jaune ? Pour moi, la Nouvelle route de la soie n'est d'abord qu'une voie de communication qui réduira les délais de livraison des marchandises. Vers un pays que le sens commun désigne d'ores et déjà comme déterminant pour le commerce mondial. Où est le problème ? » Et Schröder d'ajouter : « L'urgence, pour nous Européens, est ailleurs : sur deux chantiers essentiels : ceux de la Russie et de la Turquie, quelle que soit pour l'instant la politique intérieure de ces pays. »

Angela Merkel

Face à l'adversité, la chancelière de Berlin n'a rien d'une Dame de Fer brutalement proactive. Car tout semble glisser sur cette « dame Téflon » et rien, jamais, ne s'y colle. À vrai dire, elle ne prend jamais franchement parti. Surtout si on la contraint de choisir entre deux maux. Elle se sait populaire. Mais sobrement, plus pour ce qu'elle réalise, laborieusement et consciencieusement, que pour ce qu'elle est : une femme sans vrai mystère, dont l'âme se lirait sur les traits d'un visage, un zeste ingrat, que crispe un éternel sourire dont on ne sait trop s'il est heureux, généreux ou souffreteux. Plus proches des Verts qu'elle ne l'avouera jamais, s'est-elle secrètement réjouie de promouvoir l'abandon de la production d'électricité nucléaire après le drame de Fukushima ? Le savoir est mission impossible. Car si elle avait précédemment accepté de poursuivre dans cette voie, ce n'était que sur la base d'un rapport de force interne à son parti.

Mais comment imaginer que cette luthérienne, très imprégnée par l'éthique d'un Meister Eckhart (1260-1328) pour qui « être, c'est aimer la vie et savoir contempler une fleur sans la toucher », ait pu manifester la moindre désinvolture sur ce champ de bataille qu'est devenue l'écologie politique ? En réalité, ancienne ministre de l'Écologie et de l'Énergie, cette scientifique de haut niveau connaît ce sujet sur le bout des doigts. Pour elle, le tsunami qui avait frappé la côte nord-est du Japon n'était jamais que la concrétisation de ce qu'elle considérait jusqu'alors, selon ses propres termes, comme un « risque résiduel théorique » parfaitement acceptable dans des pays de haute technologie tels que le Japon ou l'Allemagne. Mais comment, après Fukushima, prouver que l'on peut vivre sans ce risque résiduel lié à l'énergie nucléaire ? Incapable d'en apporter la moindre preuve, la chancelière, de toute son autorité de docteur en physique, sut se démentir elle-même sans sourciller.

Jadis, jamais la jeune Angela ne s'est illusionnée sur la nature du régime communiste. Survivre, dans un univers où tout était conquête du minimum vital, une activité souvent médiocre et humiliante, a longtemps été son lot quotidien. Au point de lui inspirer certains traits d'humour désespérés, comme à nombre de soutiers souillés de cambouis mais aussi d'académiciens couverts de médailles des systèmes communistes d'Europe centrale : « Puisqu'ils font semblant de nous payer, ils ne doivent pas s'étonner que nous fassions semblant de travailler » était le plus en vogue, avec des variantes, dans la plupart des pays du bloc de l'Est. Cette forme d'humour était la plus susceptible de mettre dans des états de rage interminables Erich Honecker, l'ex-dictateur de la RDA. Oui, Angela Merkel a trop entendu les caciques du communisme évoquer des lendemains qui devaient forcément chanter pour s'adonner aux moindres débridements idéologiques. Promettre des horizons radieux pour faire naître un homme nouveau n'a visiblement jamais été pour elle que balivernes. En permanence sur ses gardes, cette intellectuelle faussement de gauche sait d'expérience que l'on ne survit qu'en cachant son jeu et ses itinéraires. Sans jamais se laisser décontenancer.

C'est ainsi que, le 9 novembre 1989, pendant la nuit de la chute du Mur de Berlin, plutôt que de se rendre à l'un des points de passage où soufflait le vent de l'histoire, elle choisira tout banalement de ne pas rater une séance de sauna. Lorsqu'elle sortira de cet établissement sur le coup de 22 heures, elle se retrouvera, au niveau de la Borholmerstrasse, à deux pas du Mur, entraînée par une foule qui se presse vers Berlin-Ouest. Est-elle heureuse ? Partage-t-elle la liesse générale ? Le lendemain, elle s'étonnera seulement de la frustration d'un entourage amical et familial qui voyait dans l'événement la fin d'un rêve : celui de voir s'ouvrir une troisième voie, fortement écologique, radicalement pacifiste et modérément consumériste, entre communisme et capitalisme.

Aujourd'hui, comme personne d'autre à Berlin, la chancelière connaît et apprécie les vertus de ce que les Anglo-Saxons appellent *non-commitment*, « non-implication » ou « non-engagement ». Sport qu'elle a continûment pratiqué durant la première partie de sa vie, tout en ne perdant rien des simagrées du moindre de ses vis-à-vis. C'est ainsi qu'aujourd'hui, si elle adhère au principe d'une solidarité élémentaire entre Européens du Nord et du Sud, c'est dans le respect de disciplines budgétaires et de remises en ordre économiques concomitantes. Dans cette logique, si elle appelle un jour de ses vœux à la mise en place d'un gouvernement économique européen, elle n'a jamais cru une seule seconde aux adjurations de Mario Monti, président du Conseil italien, lorsqu'il lui confiait n'être jamais que « le plus allemand des Italiens ».

Et encore moins aux adjurations d'amitié éternelle de Nicolas Sarkozy. La chancelière, alias *Frau Nein* ou *Miss*

Germania dans certains couloirs de Bercy ou de l'Élysée, n'accorda jamais crédit à ce type d'élégances futiles, et il lui arrivera même de déraper en allant jusqu'à épisodiquement qualifier le président français de *Mister Blabla*. Pour finir par le respecter comme une valeur sûre au plus fort de la crise des subprimes et de l'euro, lorsque Nicolas Sarkozy saura se poser en manager de crise on ne peut plus efficacement gaullien. Non sans surjouer, pour l'occasion, l'affection envers sa « chère Angela » : plus fine mouche qu'il n'y paraît, la chancelière de Berlin ne sera à nouveau pas dupe des exagérations du Français. *A fortiori* lorsque, en lisant un entretien que Nicolas Sarkozy accordera à *Der Spiegel*, elle découvre que, dans le panthéon intime du président français, elle serait la favorite n° 3, tout juste après Carla et la petite Giulia qui vient de naître au sein du foyer présidentiel.

Virtuose d'une forme de leadership incolore et si possible indécelable, Angela Merkel déteste pavaner, surtout sur le « parquet » européen. Sauf que, plus que jamais, la puissance retrouvée de l'Allemagne la contraint à ne plus pouvoir feindre que son pays serait encore un « nain politique ». Elle dévoile sa déception lorsqu'il s'avère que son poulain bavarois du Parti conservateur du Parlement européen, le très gris Manfred Weber, n'a plus guère de chance de devenir le prochain président de la Commission européenne, tant il est vrai qu'aucun Allemand n'a occupé ce poste depuis Walter Hallstein, au pivot des années cinquante et soixante. Elle se rattrapera en juillet 2019 en obtenant de ses partenaires, et en tout premier lieu d'Emmanuel Macron, la désignation de son amie très proche et ministre Ursula Von Der Lyen à la tête de la Commission. Assurer la plus grande part du budget européen ne crée pas de privilège. Il reste que, plus que jamais, le jeu allemand s'apparente à un donnant-donnant préconflictuel. Déjà, les clefs financières de la zone euro sont de fait entre les mains des Allemands et déjà aussi ils accaparent nombre de fonctions essentielles, à tous les niveaux d'influence, directement ou à travers des Nordiques caractériellement compatibles et acquis à la cause. Une forme de ce qu'on nomme en allemand *Nachholbedarf* (« compensation »), après toutes ces années où les fonctionnaires anglais de la Commission de Bruxelles, aujourd'hui sur le départ, leur damaient le pion.

Faussement souriante, mais ultra-méfiante envers le Russe Vladimir Poutine dont elle anticipe toutes les humeurs, Angela Merkel, aujourd'hui sur le départ, n'ignore pas que ses avis pèsent lourd au sein d'un conseil d'administration planétaire, le G7, devenu le défouloir d'un président américain qui s'y croit dans une partie de poker. Alors que, face à lui, semblent sommeiller un joueur d'échec, russe, et un joueur de go, autrement redoutable, chinois. L'originalité, étrangement ignorée, de cette nouvelle conjoncture étant que tous les membres du G7 soient nés *après* la Seconde Guerre mondiale et qu'ils ne la connaissent qu'au travers des manuels d'histoire. Angela Merkel et Emmanuel Macron, sidérés, affligés mais condamnés à garder leur sang-froid, tentent de transmettre leur vaillance européenne et internationale à leurs opinions publiques. Pourvu que dure cette belle capacité de résilience, ainsi qu'une capacité de concertation franco-allemande qui ne va jamais de soi. Car c'est peu dire, par exemple, que la chancelière, par contraste avec ses collègues occidentaux, comprend certaines hantises légitimes de Moscou. En particulier celle concernant l'OTAN qui, adepte d'une stratégie d'encerclement considérée comme bien plus offensive et subversive que celle de pur *containment* de la guerre froide, pourrait déborder l'Ukraine pour bientôt camper aux frontières de la Russie. Afin d'installer, plus encore, force parapluies antimissiles en batterie sous ces latitudes.

Soumise, dans son enfance, au même dressage totalitaire que Vladimir Poutine, Angela Merkel croit à juste raison l'avoir percé à jour. À ses yeux, le président russe n'est jamais qu'un grand blessé soignant, encore et toujours, le traumatisme qu'a été pour lui la dissolution de l'URSS. Ses rodomontades viriles et ses velléités d'accès aux mers chaudes du globe, en relais du port syrien de Tartous, sont autant de symptômes inhérents à une très profonde blessure d'orgueil. Angela Merkel n'ignore rien de l'étonnante saga qui motive son ami Vladimir, qu'elle connaît bien. Dans les années 1990, éminence grise d'Anatoli Sobtchak, maire de Saint-Pétersbourg, il bénéficia de la confiance aveugle d'un chef qui, lorsqu'il quittait sa cité pour quelques missions extérieures, lui signait systématiquement, à toutes fins utiles, une douzaine de papiers à en-têtes vierges. Rien que de très naturel puisque, revenu de Dresde (ex-RDA !) où il opérait depuis cinq ans au titre du KGB, Poutine avait déjà été précédemment conseiller aux Affaires internationales de son ancien professeur de droit, alors recteur de l'université d'une ville qui s'appelait encore Leningrad.

Vladimir Poutine

Pour le meilleur et le pire, ce lieutenant-colonel guébiste est déjà, au début des années 1990 et en pointillé, ce stratège qu'il est aujourd'hui devenu en majesté. Locataire apparemment inamovible du Kremlin, il est le seul à avoir, grâce aux sports de combat qui l'ont affûté, survécu aux stress d'années tumultueuses. Surtout ne pas se tromper de personnage !

D'aucuns le prennent pour un sournois potentiellement nuisible. Une impression qui s'efface à compter du moment où il s'exprime en allemand : dès lors, cet autodidacte de la culture, abonné du célèbre opéra *Semperoper* de Dresde, où il séjourna trois ans comme espion, se pose en intellectuel autrement redoutable. Efficace et pragmatique, Poutine a la haute main, dans les années 1990 déjà, sur les investissements étrangers des consortiums européens qui s'intéressent aux pans d'un complexe militaro-industriel pétersbourgeois à la dérive. Il est vrai que l'Europe de Jacques Delors finance, grâce au programme TACIS, les premiers pas à hauts risques de ces investisseurs en terre russe. C'est une époque où des entités comme le port de Hambourg, Fiat et le groupe français Bolloré impulsent, en y déléguant des consultants de haut niveau, la modernisation du port de Saint-Pétersbourg. C'est ainsi que Serge de Pahlen, descendant d'un général de cavalerie balte ayant jadis organisé l'assassinat du tsar bonapartiste Paul Ier, participe intensément à cette équipée. Lors de réunions de travail à la mairie ou au sein du palais de l'Amirauté, il était fascinant d'observer à quel point la noble présence de Serge de Pahlen aimantait les amiraux de la Flotte du nord. Ainsi que le maire de la ville, Anatoli Sobtchack, et son conseiller Vladimir Poutine. Mais rien, dans l'attitude de ce dernier, ne permet alors de soupçonner en lui les potentialités et allures d'un futur tsar, restaurateur d'une future grande Russie sortie des humiliations postsoviétiques. Poutine, ancien étudiant de l'universitaire Sobtchack, vient de passer trois ans à Dresde, en RDA, au titre d'officier du KGB. Passionné d'Histoire, il connaît sur le bout des doigts les sagas marquantes des grandes heures russes. Et dans son livre personnel d'images patriotiques, nul doute que celles qui évoquent les grandes heures de l'empire russe ont été pour lui des références intangibles. Ou qu'il ait pu oublier que ce fut une princesse allemande, bientôt vénérée comme la Grande Catherine II, qui, avec l'aide de son impétueux amant Grigori Potemkine, consacra en 1783 l'appartenance de la Crimée à l'empire russe, « à partir de maintenant et pour tous les temps ». Dès lors, comment Vladimir Poutine aurait-il pu oublier également que cet organisateur de génie que fut Potemkine, vainqueur de la Turquie en 1774 et constructeur de la ville de Sébastopol pour y baser la flotte impériale de la mer Noire, a gouverné d'une main ferme les provinces nouvellement annexées allant de la mer Noire à l'Ukraine ?

Insistons-y : l'ère de Poutine reste celle de la revanche, dangereusement immature, d'un grand humilié frustré, doublé d'un résilient ayant vécu la dissolution de l'Union soviétique comme la pire catastrophe géopolitique du XXe siècle. L'agent secret apparatchik qu'il avait été à Dresde s'est métamorphosé en un patriote russe orthodoxe que la déliquescence de *Matouchka Russia* mortifiait profondément. Et il faut avoir vu Serge de Pahlen converser noblement avec l'élite pétersbourgeoise, pour mesurer l'affront, au demeurant magistralement transcendé de part et d'autre, que représentait l'emprise coloniale des grands groupes occidentaux sur les dépouilles et les ruines d'un complexe militaro-industriel soviétique en perdition. Des amiraux désœuvrés de la Flotte du nord quémandaient des emplois, moins pour eux-mêmes que pour leurs fils, à des patrons occidentaux logés dans le seul palace des bords de la Neva qu'était alors, sur la Perspective Nevski, l'hôtel Europa. Et comble du comble, au début des années 1990, c'est un outrecuidant économiste américain, Jeffrey Sachs qui, parfaitement chez lui au Kremlin, inspirait au tsar réformateur que se voulait Boris Eltsine, devenu le clown alcoolique que l'on sait, une terrible « thérapie de choc ». Si celle-ci permit à une minorité d'oligarques de s'enrichir, elle entraîna aussi une paupérisation massive. Avant que, surgissant de nulle part, Vladimir Poutine ne se pose en homme à poigne providentiel pour la Russie depuis trente ans et dans le paysage mondial aujourd'hui. Non sans, encore et toujours, rêver d'une sainte alliance avec l'Allemagne. Toute la stratégie de Vladimir Poutine vise à équilibrer son inévitable peau à peau géopolitique eurasien avec une plus grande proximité avec l'Europe occidentale. À cet égard, aussi brutal qu'il puisse paraître, il s'avère tout de même bien plus proche d'un Pierre le Grand que d'un Ivan le Terrible.

Partie II

1960-1990 : LE MONDE D'AVANT

La rupture

Il y a eu un « avant » la chute du Mur de Berlin, une antériorité que nous ne pouvons ignorer et qui déterminera amplement les contraintes et opportunités qui, entre fin 1989 et octobre 1990, pèseront sur le cours des choses « de l'Atlantique à l'Oural ». Et qui permettront, surtout, la mise en orbite d'une réunification allemande providentielle. La chute du Mur, c'est donc cet « événement déclic » amenant ce monde « d'après » qui est le nôtre depuis trente ans : évoquer cette dimension globale tombe sous le sens, car il ne s'agit pas seulement de l'Allemagne et de l'Europe. Deux interrogations essentielles en découlent : la première, sur la cristallisation de ce monde que permit la dislocation de l'espace bipolaire de la guerre froide ; et la seconde, plus cruciale, sur ce que serait possiblement, dans la continuité de quatre siècles de domination occidentale, l'ordre mondial du XXIe siècle.

D'entrée de jeu, il nous faut insister sur le caractère inédit de la situation de début novembre 1989. Si nous avions osé dire, quelques jours avant la chute du Mur de Berlin, que ce « monument de la honte » serait submergé par une foule en liesse dans la nuit du 9 au 10 novembre, nos meilleurs amis nous eussent offert un séjour en asile psychiatrique. Et il en eût été de même si, un mois plus tard et aggravant notre cas, nous avions alors prétendu que la réunification allemande allait être chose faite, en octobre 1990. Qui plus est, suite à un processus de négociation aussi génial que providentiel, celui-ci ayant consisté à enfanter, moins d'un an après la chute du Mur, la réunification effective des deux Allemagnes sans le moindre mort ou même coup de feu. Oui, ainsi que le confiera assez joliment Mikhaïl Gorbatchev à Michel Meyer en 1992, vraiment, « l'histoire était sortie de ses gonds ». Et cela, comme nous l'avons décrit en première partie de ce récit, grâce à son inaction lucide, puisque délibérée.

Symbole de la déliquescence globale du bloc de l'Est et du soviétisme, la chute du Mur de Berlin aura donc signé la fin du XXe siècle et du monde bipolaire. Le politologue américain Francis Fukuyama croira y voir *La fin de l'Histoire*. Il prétend aujourd'hui avoir été mal interprété, arguant qu'il n'avait jamais prétendu que l'Histoire allait s'arrêter, mais seulement glissé l'idée que Karl Marx s'était trompé en estimant que le marxisme, en tant qu'idéologie, serait un summum de l'Histoire. Aujourd'hui, dans un nouveau livre baptisé *Identity*, Fukuyama affirme tout au contraire que ce serait la démocratie libérale qui marquera l'avènement de ce summum.

Dans le cours historique de ce « monde d'avant » se cristallisa toute une kyrielle d'évolutions dont l'avènement ne fut pas, tant s'en faut, sans influence sur la chute du Mur de Berlin. Tout commença en Europe orientale lorsque, dans le courant du mois d'août 1961, parce que de plus en plus d'Allemands de l'Est n'avaient cessé de voter « avec leurs pieds » en fuyant le communiste, le régime alors dit « de Pankow » se vit contraint d'ériger le Mur de Berlin. Il y eut donc, marquée par toute une chaîne d'initiatives originales, réfléchies ou hasardeuses, une forme de « préhistoire du monde d'avant ». En dresser l'inventaire est essentiel, et tout aussi passionnant. Car cela nous portera à conduire une opération de dessillement géopolitique inédit. Oui, dans ce « monde d'avant » qui précède les accélérations événementielles de 1988-1989-1990, il y eut bien, au long cours, diraient des historiens qui se plaisent à raisonner en marins hauturiers, une forme de sismicité internationale de type monétaire, énergétique, systémique et idéologique. Celle-là même qui permit ensuite à Gorbatchev d'imaginer cette « maison commune européenne » qui ne fut pas seulement une offre de coopération à l'intention des Allemands mais plus encore, concoctée pas les stratèges du Soviet suprême sous la direction de sa tête pensante Alexandre Nikolaïevitch Iakovlev, cette stratégie sophistiquée visant à amoindrir l'influence des Américains en Europe occidentale et centrale.

Berlin-Pékin-Moscou-Cuba-Washington : le pentagone de la guerre froide

S'il y a eu, hors d'Europe, un pays qui a toujours semblé un authentique allié, et même un obligé, du régime soviétique, ce fut bien le Cuba de Fidel Castro même si, y compris en pleine guerre froide, cela n'a pas toujours été perçu de façon aussi simple du côté de celui que les journalistes avaient surnommé *Lider Maximo*.

L'allié qu'on n'attendait pas

Castro s'est aligné sur l'URSS seulement après son accession au pouvoir, et non pendant sa conquête victorieuse, en dépit de la présence à ses côtés des communistes cubains qui avaient choisi de rallier son combat. Bien qu'aidé massivement par la suite par l'URSS, il rêva de pouvoir jouer sa partition personnelle en particulier auprès de ses voisins d'Amérique latine.

Il n'empêche, l'histoire cubaine des années de guerre froide entre l'URSS et les États-Unis est majoritairement celle d'un alignement politique assumé – et économiquement contraint – sur le « grand frère » soviétique, un alignement devenu officiel en juillet 1960 après les péripéties qui ont suivi le renversement du régime pro-américain de Batista et la prise de pouvoir de Castro.

Tout aurait pu pourtant se dérouler autrement.

Lors des premiers mois du régime castriste, l'administration Eisenhower avait reconnu le changement intervenu à La Havane après la chute de Fulgencio Batista. Contrairement à une idée reçue, la Maison Blanche ne voyait pas d'un mauvais œil, *a priori*, la perspective d'élections démocratiques et les annonces de progrès social à Cuba, après les années Batista durant lesquelles la corruption systémique et massive avait anéanti tout espoir d'évolution du pays et rendu l'île voisine des Caraïbes assez peu fréquentable… du moins du point de vue de l'affichage politique. Ne rêvons pas : la posture révolutionnaire radicale de Castro, la présence à ses côtés de son frère Raul réputé plus dur que Fidel lui-même, et surtout le rôle clé du guérillero anticapitaliste acharné qu'était Che Guevara, ne plaidaient guère en faveur d'une nouvelle lune de miel américano-cubaine. D'autant que les militants communistes, ralliés à la guérilla castriste, veillaient à ce que le nouveau régime se tourne rapidement vers Moscou, et non Washington. Il n'empêche, l'aide économique au nouveau régime de cette île-État si proche des côtes de Floride n'était pas exclue *a priori*, en dépit des alertes et inquiétudes des milieux d'affaires américains sur les projets de nationalisation et de contrôle de l'économie, qui pouvaient potentiellement nuire aux intérêts économiques américains, comme l'Histoire l'a finalement très vite montré. Et ceci de façon radicale, puisque c'est bien à la confiscation des biens et outils de production privés qu'est vite parvenue la révolution castriste.

En ce début d'année 1959, le révolutionnaire cubain de trente-deux ans est sans doute plus perçu comme une curiosité pittoresque que comme un danger, en tout cas par l'opinion américaine, contrairement aux milieux d'affaires et à certains parlementaires. Quelques élus américains essaient bien d'ouvrir les yeux de leurs compatriotes, tel le sénateur démocrate de Floride, George Smathers, qui explique début avril devant ses collègues, en faisant fi de la légendaire courtoisie sénatoriale, que le nouveau gouvernement Castro supporte alors totalement « des mouvements révolutionnaires qui tentent d'envahir les plages d'autres pays d'Amérique latine ». Le Sénateur de Floride ne croyait d'ailleurs pas si bien dire, car quelques semaines plus tard, le gouvernement de Panama annoncera avoir stoppé une tentative d'intrusion de guérilleros en provenance de Cuba.

C'est en ce mois d'avril que Fidel débarque à Washington, non pas à l'invitation des autorités, mais de l'Association des éditeurs de presse (*The American Society of Newspaper Editors*). Une invitation qui n'était pas du tout du goût du département d'État qui se serait bien passé de cette visite fort peu protocolaire et sujette à beaucoup d'interrogations. Mais, au nom de la liberté de la presse, l'Association tient bon, bien qu'elle soit divisée sur l'opportunité de provoquer un « show Castro » sur le sol américain. Très maladroitement, son président se croira même obligé d'affirmer le plein accord du département d'État avec la venue du révolutionnaire voisin. Département d'État ou pas, les médias – déjà – semblaient tout prêts à fabriquer, sur le mode latino, un de ces héros romantiques que les Américains, bercés par Hollywood, aiment tant.

L'arrivée du jeune leader cubain sur le tarmac du National Airport de Washington, au soir du 15 avril 1959, est proprement stupéfiante. Elle tranche radicalement avec l'image qui s'imposera ultérieurement d'un Castro défiant à coups de menton, et par d'interminables et improbables discours, son grand voisin américain dont le territoire le plus proche, Key West, n'est qu'à 145 kilomètres à vol d'oiseau.

Ce soir-là, à National Airport, ce n'est pas un chef d'État qui débarque dans la capitale américaine, avec le protocole officiel qui s'y attache : celui qui descend de l'avion en *battle-dress* et tout sourire rencontre l'accueil d'une véritable *rock star* (même si le terme n'avait pas encore été inventé). L'ambiance est enthousiaste, un brin hystérique. Fidel serre les mains en fendant la foule des supporters qui veulent tous l'approcher, le toucher. Un phénomène, venu tel une vedette en tournée sur le continent.

Peu importe, alors, les alertes de ceux qui, plus clairvoyants, parlent de lui comme le « nouveau dictateur d'une plage contrôlée par les communistes à seulement 145 kilomètres du continent américain ». Communiste ? Castro s'en défend encore plus ou moins, jouant d'une évidente ambiguïté, lors de ses points de presse. Sa faible maîtrise de l'anglais lui est d'ailleurs fort utile pour entretenir le flou artistique.

« Ces accusations de communisme ne sont pas vraiment la préoccupation des Américains », écrit alors le correspondant du quotidien britannique *The Guardian*, qui suit la visite de Castro, « ils ne pensent pas qu'il est un agent de Moscou. Mais ils sont troublés par ses exécutions impitoyables et ses ambitions connues ».

Et de s'interroger : ce jeune homme est-il un héros dévoué de la révolution des peuples, un accident de l'Histoire ou la victime de forces qu'il a lancées mais qu'il ne peut plus contrôler ? Va-t-il essayer de nationaliser l'industrie du sucre de Cuba et de confisquer les profits et les investissements américains ? Est-il un tyran taché de sang qui fait tourner à plein les tribunaux révolutionnaires ? Ou bien est-il simplement en train d'exiger, au nom de Cuba, une rétribution différée pour la somme des crimes et des turpitudes commise par le régime de Batista avec l'appui, implicite ou explicite, des milieux d'affaires américains ?

Au soir de ce 15 avril, Fidel débute une tournée nord-américaine qui le conduira jusqu'à Montréal, au Québec. Sa visite aux États-Unis, très abondamment couverte par les médias, n'a rien d'officiel. Mais il restera tout de même onze jours sur le continent, durant lesquels, s'il ne sera pas reçu par le président Eisenhower qui a refusé de lui accorder un entretien, il aura un long échange, le 19, avec le vice-président américain d'alors, Richard Nixon, dont l'intérêt pour une Amérique latine déjà en ébullition était bien réel.

Que s'est-il dit lors de cette improbable rencontre ? En réalité, très peu de chose a alors filtré de cet entretien dont les termes ont longtemps été considérés, de part et d'autre, comme relevant du secret. Peut-être, finalement, ne s'y est-il rien dit de très stratégique, dès lors que les deux hommes faisaient surtout connaissance et que l'attente américaine relevait plutôt de la curiosité prudente, sinon méfiante, pour ce trublion politique inquiétant, à bien des égards, mais surtout réellement peu connu de l'establishment.

Plus tard, Castro prétendra avoir dit à Nixon : « Le capitalisme détruit l'homme, le communisme détruit les droits de l'homme. » Si cette révélation est autre chose qu'une vantardise ou une figure de style, la phrase en dit assez long sur la flexibilité idéologique du Cubain en ce printemps 1959. Ou sur sa duplicité.

Quant aux révélations du vice-président américain sur l'entretien avec Fidel, on retiendra surtout, sous la plume d'un Nixon pourtant viscéralement anticommuniste, cette note toute en nuances adressée, à titre de compte rendu, au président Eisenhower : « [...] Quoi que nous pensions de lui, il jouera un rôle important dans le développement de Cuba et très probablement de l'Amérique latine en général. Il a l'air sincère. Il est soit incroyablement naïf à propos du communisme, soit d'obédience communiste – je pencherais plutôt pour la première option. […] Nous n'avons pas d'autre choix que d'essayer au moins de l'orienter dans la bonne direction. »

Rien n'est donc, en avril 1959, complètement joué dans l'esprit de l'administration américaine qui, du moins du côté des agents de la CIA, n'exclut pas de pouvoir encore régulièrement échanger avec le leader cubain, notamment au sujet des faits et gestes de Moscou. C'est le rêve d'une taupe cubaine au pays des Soviets, en quelque sorte, alors que Castro commence à sérieusement soigner ses relations avec le régime russe.

Ces spéculations américaines buteront vite sur la réalité des décisions prises dès le mois de mai par le nouveau régime de La Havane : la promulgation de la réforme agraire, qui prévoit l'expropriation des domaines de plus de 400 hectares vise directement les grandes plantations américaines, dont United Fruit, avec une indemnisation remboursable à vingt ans ! Washington a beau protester et exiger des indemnisations rapides et effectives, Fidel Castro n'entend pas revenir sur sa réforme, d'autant qu'il s'apprête à engager une large confiscation des intérêts privés de toutes sortes et pas seulement américains. C'est le début des franches hostilités entre les deux pays. Elles aboutiront, après une longue série de restrictions commerciales et de sanctions tantôt allégées, tantôt durcies, à l'embargo qui, sous des formes ayant largement varié au fil des années, perdure encore soixante ans plus tard. Et ce, en dépit des changements de dirigeants – et non de régime – intervenus à La Havane. Fidel Castro n'est plus, et son frère Raul, qui lui avait succédé en 2008 après un intérim de deux ans, a quitté le pouvoir au profit de Miguel Diaz-Canel, un « gamin » né un an après la révolution. Les sanctions américaines demeurent bel et bien.

Interrompues le 3 janvier 1961, les relations diplomatiques entre les deux pays seront rétablies sous l'ère Obama en décembre 2014, alors que Raul Castro a effectivement succédé depuis déjà huit ans à son frère Fidel. Ce dégel diplomatique, qui verra le 14 août 2015 le drapeau américain s'élever à nouveau sur le front de mer de La Havane, interviendra après plusieurs décennies d'intense isolement politique et économique des Cubains qui bénéficieront longtemps, dans une sorte de compensation, de l'aide du grand frère soviétique.

Cuba et la guerre froide, c'est un fait, sont intimement mêlés. La grande île des Caraïbes aura indéniablement partagé avec la très lointaine frontière RDA-RFA le triste privilège d'avoir été l'un des deux points géographiques les plus sensibles, et les plus potentiellement dangereux, de ces décennies de paix armée entre URSS et États-Unis. Il est évident que sa position géographique, stratégique pour l'URSS, représentait un danger pour les États-Unis en raison de la possibilité, réelle autant que symbolique, de narguer les Américains à moins de 200 kilomètres de vol de leurs côtes. Nous verrons plus loin que cette situation géographique, qui a constamment joué un rôle dans les années de guerre froide, n'a pas échappé à Vladimir Poutine : après la période de flirt entre La Havane et l'administration Obama qui a dû faire grincer bien des dents à Moscou, depuis l'entrée de Donald Trump à la Maison Blanche, Poutine fait les yeux doux aux dirigeants cubains. C'est bien, d'ailleurs, cette position géographique qui a constamment inquiété les Américains et constitué un atout considérable pour les Soviétiques dans leur rapport de force avec la superpuissance américaine.

Et si, réellement, la guerre potentiellement nucléaire a bien failli éclater en octobre 1962 entre Russes et Américains, c'est essentiellement parce que le déploiement de systèmes de lancement de missiles à quelques dizaines de minutes de vol de la terre nord-américaine faisait, en raison de cette proximité, peser une menace terrible sur les États-Unis.

1960, ANNÉE À HAUTS RISQUES

Retour en 1960, année charnière et cruciale. Un été meurtrier. Depuis 1947, la guerre froide entre l'URSS et les États-Unis est une réalité. En 1960, un an après la prise de pouvoir de Castro, elle s'importe à Cuba. Si près des côtes de Floride.

La dégradation très rapide des relations américano-cubaines est vite compensée, au grand dam de Washington, par un rapprochement visible et concret entre La Havane et Moscou. Cuba cherche évidemment un soutien économique à sa révolution, et il bénéficie pour cela de l'aide des communistes cubains qui, en dépit d'une histoire interne compliquée et divisée, ont choisi de se rallier à la guérilla castriste, puis de participer au gouvernement révolutionnaire.

Le 4 février 1960, soit moins d'un an après la visite d'un Castro superstar aux États-Unis, le vice-président du Conseil des ministres soviétique Anastase Mikoyan arrive à La Havane. Son interlocuteur s'appelle Che Guevara. En quelques jours, un accord commercial est signé. S'étant vu refuser des États-Unis une assistance économique considérable de 30 milliards de dollars, Castro s'est ostensiblement tourné vers Moscou qui, en pleine guerre froide, n'hésite évidemment pas à pratiquer une surenchère à la fois provocatrice et stratégique : 100 milliards de dollars sont accordés aux Cubains par Moscou qui, en outre, promet d'acheter

1 million de tonnes de sucre par an. Et ceci, alors que des restrictions économiques américaines à l'encontre de son voisin castriste s'amplifient, jusqu'à parvenir à l'embargo total en 1961.

C'est une double guerre du pétrole et du sucre qui se joue en cette année 1960 : plus Washington recule et restreint les échanges économiques, plus Moscou avance ses pions. Sans chercher, d'ailleurs, la moindre discrétion.

Le 8 mai, alors que le président Eisenhower avait donné son double feu vert, deux mois plus tôt, à l'entraînement d'exilés cubains pour renverser Castro et, même, à tous les projets d'assassinat des leaders du régime révolutionnaire, des relations diplomatiques sont établies entre l'URSS et Cuba. Le pétrole entre en jeu, avec l'importation de l'or noir russe à meilleur prix que celui du Venezuela voisin. Un pétrole que les compagnies américaines installées à Cuba refusent de raffiner, ce qui leur vaut d'être… confisquées par le régime. Le président américain réplique en annulant le quota d'importations nord-américaines de sucre. Castro répond immédiatement en confisquant toutes les compagnies nord-américaines de l'île, tous secteurs confondus.

L'aide économique russe étant désormais bien installée dans la Caraïbe, le climat de guerre froide sur fond de révolution cubaine se détériore encore durant l'été. Eisenhower autorise l'installation de camps d'entraînement d'exilés anticastristes au Guatemala et la CIA contacte, à Chicago, l'organisation mafieuse Cosa Nostra dans le but d'organiser les assassinats simultanés des deux frères Castro, Fidel et Raul, et de Che Guevara. En cas de réussite de l'opération, et donc de la chute du régime révolutionnaire de Cuba, la mafia de Chicago récupérait à Cuba, sous protection américaine, le monopole des jeux, de la prostitution et de la drogue. Rien de moins ! C'est au cours de cet été meurtrier que Che Guevara, cruel commandant en chef de la terrible prison de la Cabaña et procureur sans état d'âme du tribunal révolutionnaire, indique, en tant qu'ancien négociateur de l'accord commercial avec l'URSS, que le régime cubain s'est aligné politiquement sur Moscou. Tandis que Fidel Castro appelle les peuples d'Amérique latine à « récupérer leurs richesses nationales », le régime cubain est alors définitivement classé comme ennemi par les États-Unis, ce qui conduira à la rupture des relations diplomatiques américano-cubaines en janvier 1961, quand le jeune président John Fitzgerald Kennedy entre à la Maison Blanche. La guerre froide États-Unis-URSS n'a désormais plus de limites potentielles sous le soleil des Caraïbes. D'autant qu'au cours de ce même été 1960, en pleine lune de miel entre Cuba et Moscou, Nikita Khrouchtchev, président du Conseil des ministres et premier secrétaire du Comité central du Parti communiste d'Union soviétique, déclare que « l'URSS tend la main au peuple de Cuba, et au besoin, elle a des fusées pour le défendre ».

Le bras de fer tropical ne fait alors que commencer. Dès son élection en novembre, le nouveau *president-elect* Kennedy avait été amplement briefé par Allen Dulles, le chef de la CIA, sur la réalisation du projet d'intervention à Cuba : non pas une opération de l'armée américaine, mais le débarquement d'une force de 1 400 opposants cubains formés par les Américains au Guatemala et en Floride. Lors de sa prise de fonction, en janvier 1961, Kennedy, au départ réservé et formellement opposé à toute intervention américaine directe sur le sol cubain, se voit, une fois de plus, fermement recommander d'intervenir au plus vite à Cuba, cette fois par son prédécesseur Eisenhower. La peur d'une contagion révolutionnaire en Amérique latine, avec un soutien désormais aussi fort des Soviétiques au régime cubain, hante les nuits de l'establishment politique et financier nord-américain.

Et c'est le 15 avril, en dépit de la volonté initiale du président américain de ne pas engager de moyens directs dans une attaque de Cuba, que commence la désastreuse opération de la baie des Cochons, dont l'échec sonnera longtemps comme une humiliation des Américains aux yeux du monde et surtout de Soviétiques goguenards.

Au matin du 15 avril 1961, en pleine violation des règles du droit international, huit B-26 américains repeints aux couleurs cubaines pour faire illusion, pénètrent, en provenance du Nicaragua, dans l'espace aérien cubain et attaquent les bases aériennes de La Havane et de Santiago, mettant hors d'usage la plupart des moyens aériens du régime. L'annonce de cette attaque, présentée par les Cubains comme une invasion, stupéfie, voire indigne, tout à la fois la communauté internationale et l'opinion américaine qui n'attendait pas cela de son jeune président démocrate. Fidel Castro, dès le lendemain, profite d'une large audience internationale pour enfoncer l'ennemi américain : « Ce que les impérialistes ne peuvent nous pardonner, c'est d'avoir fait triompher une révolution socialiste juste sous le nez des États-Unis… »

Le 17 est la journée noire de l'opération : également venue du Nicaragua, la brigade 2506, composée de 1 400 contre-révolutionnaires cubains, débarque dans la baie des Cochons à 200 kilomètres de La Havane. Les bâtiments américains qui croisent au large n'interviennent pas, alors que le débarquement n'est réalisé qu'en partie et que les exilés cubains de la 2506 ne reçoivent pas l'aide et le soutien des populations civiles qui avaient été anticipés comme une condition indispensable du renversement du régime castriste : les exilés cubains et les stratèges américains qui avaient travaillé à cette opération considéraient en effet que le débarquement contre-révolutionnaire cubain déclencherait « mécaniquement » des soulèvements anticastristes sur l'île. Erreur fatale.

Le 17, c'est aussi le jour où Kennedy refuse une intervention de l'US Navy. Et encore celui où les quatre B-26 envoyés pour un second raid aérien, mais pas escortés comme l'état-major l'avait envisagé avant de se heurter au refus présidentiel, sont abattus par le peu qui restait des forces aériennes cubaines. Les quatre pilotes américains n'en réchapperont pas.

Soixante-douze heures de combats, conduits pas les moyens aériens et terrestres cubains que les avions américains n'avaient pas réussi à détruire, viendront à bout sans trop de difficulté de la brigade 2506, laissée bien seule sur le terrain. La brigade contre-révolutionnaire paiera un lourd tribut à cette calamiteuse opération : 114 tués et 1 200 prisonniers qui ne seront libérés qu'un an et demi plus tard, en échange d'une aide en nature versée par les Américains, principalement des médicaments, pour une valeur somme toute assez limitée de 53 millions de dollars.

Pour le nouveau président américain qui n'avait pas encore atteint ses 100 premiers jours de mandat, bien que le fiasco de l'opération préparée sous son prédécesseur soit largement dû à la part d'improvisation de la CIA, et en dépit de la reconnaissance politiquement courageuse de sa responsabilité personnelle, l'épisode de la baie des Cochons restera une tache d'ampleur internationale sur sa – courte – présidence.

Les tensions autour de la grande île des Caraïbes ne vont pas cesser d'augmenter au cours des mois suivants, pour atteindre leur paroxysme en 1962, lors de la crise des missiles placés à Cuba par Moscou. C'est sans doute dans le cadre de cette crise que la perspective concrète d'une guerre, qui pouvait être nucléaire, entre les deux superpuissances est devenue plus qu'une hypothèse : c'est désormais une question de jours et d'heures durant lesquels le monde a failli basculer dans l'apocalypse. À la dernière minute, Khrouchtchev et Kennedy, chacun de leur côté, ne commettront pas l'irréparable. Démonstration puissante de l'efficacité de… l'équilibre de la terreur.

En Europe, le face-à-face américano-soviétique est à son comble : dans la nuit du 12 au 13 août 1961, le Mur de Berlin, véritable frontière intérieure, est érigé par la RDA. En novembre, les États-Unis déploient 15 missiles Jupiter en Turquie et 30 en Italie, capables de toucher le territoire soviétique. En mai 1962, Khrouchtchev lance l'opération Anadyr : 50 000 soldats, 36 missiles nucléaires SS-4 et deux SS-5 ainsi que quatre sous-marins sont envoyés à Cuba pour empêcher les États-Unis d'envahir l'île. Cette idée d'une invasion ne relevait pas de la spéculation : les États-Unis préparaient bien pour l'automne un dispositif de renversement du « tyran nommé Ortsac », anagramme de Castro.

Pour Washington qui, avec sa base de Guantanamo installée depuis la fin du XIXe siècle, maintient de fait une forte pression sur le régime castriste, il est évident que la présence effective de soldats soviétiques et surtout de missiles sur l'île change radicalement la donne. Aussi proches de la côte américaine, les missiles soviétiques sont en mesure de frapper le continent en un temps ultracourt, avant que les systèmes de détection ne puissent opérer. C'est le principe de la dissuasion réciproque qui s'en trouve chamboulé.

En juillet, les services d'écoute américains détectent la présence anormale de quatre navires russes de transport de passagers puis, en août et septembre, des dizaines de mouvements aériens de Mig, dans une proportion à l'évidence anormale.

Le 2 octobre 1962, quatre sous-marins d'attaque soviétiques appareillent de la péninsule de Kola, en Russie occidentale, avec à leur bord des torpilles nucléaires T-5. Leurs commandants avaient pour mission de rejoindre un convoi de cargos soviétiques qui faisait route vers Cuba, avec à leur bord les missiles nucléaires destinés à compléter le dispositif déjà déployé. Les sous-marins russes devaient protéger le convoi, quitte à engager le combat s'ils sentaient leurs protégés menacés.

Le 14 octobre, alors que les sous-marins soviétiques ont franchi, en direction de la zone des Caraïbes, la ligne « Açores-Terre Neuve », un avion-espion américain photographie les sites de missiles soviétiques à Cuba. Tandis que les photos révèlent clairement l'installation de missiles SS-4 soviétiques, ainsi que des rampes de lancement, un autre convoi de 26 navires soviétiques en route pour Cuba et transportant des ogives nucléaires est également repéré.

Le 16 octobre, le président Kennedy convoque le Conseil de sécurité national pour envisager une intervention. Le ravitailleur USS Wrangell reçoit l'ordre d'appareiller pour approvisionner de 100 bombes nucléaires supplémentaires le porte-avions USS Enterprise, ce qui revenait à doubler son arsenal.

Le 22 octobre, alors que la tension est à son comble, avec un risque permanent de dérapage, John Kennedy s'adresse aux Américains à la télévision. Il annonce ce que les photos aériennes de l'avion-espion américain ont révélé de l'installation de missiles à tête nucléaire sur l'île voisine, et demande à Nikita Khrouchtchev l'arrêt des opérations soviétiques dans la zone sous peine de représailles. Il annonce aussi la mise en place d'un blocus maritime de Cuba, dont l'ordre effectif sera donné dès le lendemain.

Les sous-marins soviétiques approchent de la ligne de blocus face aux navires américains. Leurs commandants reçoivent l'ordre de Moscou de poursuivre leur route. Toute la communauté internationale retient son souffle : en cas d'attaque soviétique, les pays membres de l'OTAN interviendraient. C'est la perspective d'une troisième guerre mondiale.

Le 24 octobre, à 10 h, deux des trente cargos soviétiques arrivent sur la ligne de blocus. À 10 h 25, les commandants du *Gagarine* et du *Khemov* reçoivent l'ordre de stopper. Khrouchtchev renonce à rompre le blocus et à renforcer l'arsenal nucléaire installé à Cuba. Douze cargos rebroussent chemin le lendemain. Mais la crise n'est pas terminée, d'autant qu'un des sous-marins soviétiques est détecté à proximité immédiate deux jours plus tard et que le 27, un avion U-2 de reconnaissance américain est abattu au-dessus de Cuba. Mais les Américains savent que l'ordre, qui pourrait entraîner à une escalade fatale, n'est pas venu de Moscou. Devant le Conseil de sécurité nationale, Kennedy, dans une retenue qui se révélera de la plus haute importance, donne l'ordre de ne pas riposter immédiatement. Seule une nouvelle agression déclenchera le bombardement des sites de missiles soviétiques, ordonne-t-il.

Le même jour, par lettre, Khrouchtchev se déclare prêt à discuter, avant de se raviser le lendemain dans une seconde lettre rédigée par le Politburo. La CIA annonce alors que si les Russes ne démantèlent pas leurs 24 missiles pointés vers les États-Unis avant le 29 octobre, c'est-à-dire le lendemain, les sites de lancement seront bombardés.

À Washington, Robert Kennedy, procureur général des États-Unis, mais surtout frère du président, se rend à l'ambassade d'URSS pour tenter de trouver une ultime solution avant l'engagement de la force. Il en ressort avec l'obtention d'un compromis. Tandis que Khrouchtchev annonce à la radio que les sites de missiles seront démantelés, un début de bataille sous-marine semble s'engager dans les eaux caribéennes. La chasse aux quatre sous-marins soviétiques, toujours présents à proximité, est engagée par l'US Navy dans une proximité telle entre Russes et Américains que le sous-marin russe *Doubivkov* se fait arracher son mât d'antenne par un bâtiment américain. Un autre sous-marin, le *Shoumkov* tente de sortir de la nasse ennemie mais, en manque d'oxygène, il refait surface au milieu de quatre contre-torpilleurs américains. Aucune torpille n'aura finalement été lancée lors de cette course-poursuite entre Russes et Américains.

On saura, quarante ans plus tard, que les quatre sous-marins soviétiques, dont l'un a réussi à s'échapper et les trois autres ont été reconduits au bout de plusieurs semaines en haute mer, étaient bien équipés de torpilles à tête nucléaire et que, au plus fort de la chasse, le *Shoumkov* avait même inséré une torpille nucléaire dans son tube lance-torpilles n° 1 !

Le 29 octobre, à la date fatidique, Nikita Khrouchtchev donne l'ordre aux cargos encore en route vers Cuba de stopper et promet de démanteler toutes ses installations militaires sur l'île. En contrepartie, les États-Unis s'engagent à ne pas attaquer Cuba et à démonter en six mois leurs fusées Jupiter installées en Turquie, et d'autres en Italie.

Jachères chinoises et *Ostpolitik*

Ces mêmes années, en Asie, la Chine semblait vivre, de 1960 à 1965, l'une de ses éternelles périodes de léthargies régénératrices. Sans histoire, parce que, croyait-on, hors de l'Histoire. Le système de production de cet immense empire du Milieu paraissait en convalescence. Un soupçon de prospérité se manifestait dans les campagnes. Un calme illusoire qui précédait les orages à venir : une défaite économique et politique aux allures de coup de force.

En Chine, en 1966, débute une « révolution culturelle ». Les étudiants, proclamés « gardes rouges de la révolution » et défendant les idéaux communistes, organisent des expéditions punitives partout dans le pays. Les intellectuels sont attaqués. La Chine est terrorisée face à l'arbitraire et la précipitation. Fidèle à Mao, l'armée de Lin Biao devient un élément de ce dispositif, puis celui d'une répression qui permet l'avènement d'un parti à la dévotion de Mao. Jusqu'à la mort de ce dernier en 1976.

Chine : un socialisme de marché ?

À partir de 1978, Deng Xiaoping, nouveau maître de Pékin, lance une phase de réformes qui légitiment la quête de biens matériels comme une phase transitoire avant le communisme. La Chine s'ouvre aux investissements étrangers et adopte une forme de socialisme de marché. En découle une période de forte croissance, que ponctue une plus grande autonomisation des régions du pays. En 1989, anticipant en quelque sorte les troubles de Berlin-Est, les étudiants de Pékin s'agitent. Pour finir par être réprimés, place Tian'anmen, au prix de milliers de morts ; moins de 300 selon le régime, mais plus probablement autour de 10 000 ! La croissance économique n'en reprend pas moins, supérieure à 8 ou 9 % par an. Jouant d'une stratégie de mondialisation (la *Go Out policy*) facilitée par une main-d'œuvre bon marché et un niveau technologique évident, la Chine, qui a pris avec ardeur le train de la mondialisation, se pose en 2010 comme la seconde puissance économique mondiale.

Aujourd'hui, c'est un personnage énigmatique et providentiel qui se pose en nouveau timonier de la Chine. Xi Jinping concentre des pouvoirs comme aucun de ses prédécesseurs depuis Mao. Son père a compté force soutient au sein des dynasties militaires communistes. À des moments où il fallait savoir doser l'ampleur de cette once de suspicion historique intrinsèque qu'entretenait Mao envers les militaires. Ce que ne peut craindre Xi Jinping qui, à 29 ans, fort des liens de son père avec Geng Biao, membre de la Commission militaire et futur ministre de la Défense, était devenu le secrétaire de cet homme charnière entre l'armée et le parti. L'inamovibilité du président chinois se fonde dès lors sur le fait qu'il possède les deux cartes : celles du parti et celle de l'armée. Ce qui le rend intangible à vie depuis un changement constitutionnel qui lui permet de demeurer éternellement en poste. Au point d'oser, dans le courant de la semaine du 9 avril 2018, une démonstration de force maritime sans précédent. C'est ainsi qu'il est apparu, au titre de secrétaire général du parti, de président de l'État et de chef des armées chinoises, vêtu d'un treillis, sur le fronton d'un navire de guerre en mer de Chine du Sud. Pour, *in situ*, déclarer que le « besoin d'édifier une marine forte n'a jamais été aussi pressant qu'aujourd'hui ». La télévision chinoise avait, pour l'occasion, retransmis les images d'un cortège de quarante-huit navires et sous-marins dont un porte-avions. Par ce geste, le leader chinois entendait d'évidence renouer, dans l'imaginaire du peuple, avec cette figure emblématique de l'hyper-puissance maritime qu'avait été, au début du XVe siècle, l'amiral Zheng He. Aujourd'hui, ce sont les États-Unis qui sont les maîtres des océans. Et d'évidence, Xi Jinping entend que la Chine, deuxième économie mondiale, se doive d'être une puissance navale. Ce qu'elle n'est en aucun cas. D'où la planification d'un ambitieux programme de construction de navires et de sous-marins militaires. Non point pour supplanter les États-Unis sur les mers du globe, mais instaurer une domination régionale en mer de Chine du Sud. Détail notable : dans la semaine du 9 avril 2018, la flotte chinoise, aussi lacunaire qu'elle ait été, avait pris la direction de Taïwan. Pour participer à des manœuvres à balles réelles, dans le détroit de Formose, large de cent-soixante-dix kilomètres. Signalant ainsi, pour peu qu'il ambitionne de parachever le rêve de Mao, qu'il ne pourra éviter de réinscrire Taïwan dans l'orbite territoriale chinoise.

ALLEMAGNE : LA MAIN TENDUE VERS L'OUEST

Pendant ce temps, en Allemagne, c'est l'*Ostpolitik* de Willy Brandt, déclenchée en 1969, qui fera l'actualité. C'est, au titre du « changement par le rapprochement » (*Wandern durch Anährung*), un pari sur l'ouverture progressive de l'Allemagne de l'Est à des échanges interallemands moins névrosés. Il est aujourd'hui intéressant de noter que cette *Ostpolitik* a été observée – et même enviée – jusqu'en Asie orientale, où certains dirigeants politiques sud-coréens, en particulier ceux issus de la classe politique la plus à gauche, voyaient dans cette politique d'ouverture à l'autre Allemagne un modèle à suivre dans un éventuel processus de rapprochement avec l'autre Corée, celle du Nord. Au nom du même principe de détente par une forme de séduction, en lieu et place d'un affrontement idéologique brutal. Le même sentiment d'une nation et d'un peuple coupés en deux s'impose encore aujourd'hui en Corée, mais le dégel est sensible et des familles séparées depuis des décennies ont pu, en 2018, se retrouver, durant quelques heures amplement médiatisées des deux côtés. Avec, désormais, de réels espoirs de rapprochement durable à terme, ainsi que les dirigeants des deux Corées en ont manifesté l'intention, ne serait-ce que pour ne pas laisser à Donald Trump le monopole de la résolution éventuelle de ce vieux conflit. Il se peut, d'ailleurs, que les chancelleries occidentales redoutent autant la perspective de la renaissance d'une grande Corée que le camp occidental redoutait, fin 1989, la perspective d'une réunification trop précipitée de l'Allemagne. Cette curieuse analogie coréenne, en tout cas, résonne chez certains comme une conséquence lointaine et indirecte d'une modélisation élogieuse de l'*Ostpolitik* de l'Allemand Willy Brandt.

ÉTATS-UNIS : 0 / URSS : 0

Les 16 et 17 octobre 1973, les pays arabes membres de l'OPEP, réunis au Koweït, annoncent un embargo sur les livraisons de pétrole contre les États qui soutiennent Israël (États-Unis,

Japon, Pays-Bas, Afrique du sud), ainsi qu'une réduction de la production de 25 %. Qualifié de « choc pétrolier », cette première crise pétrolière pousse les États à diversifier leurs ressources énergétiques pour chercher des alternatives au « tout-pétrole ». La France accélère ainsi, à partir de 1973, son programme de construction de centrales nucléaires, jusqu'à faire du nucléaire la toute première source de production d'électricité. C'est le début des politiques d'économie, voire de rationnement des énergies fossiles. Bien avant que la question climatique ne s'invite au premier rang des défis économiques, écologiques et donc énergétiques de la planète.

Dans cette période qui a suivi le choc pétrolier, s'est installée une situation internationale complexe et troublée. En 1979, la chute du régime iranien du chah et l'installation de la révolution islamique des mollahs préfigurent une remise en cause des grands équilibres. Publiquement humiliés, les États-Unis, alliés d'un chah d'Iran qu'ils ne lâcheront qu'au dernier moment, perdent partiellement la main dans cette partie du monde à laquelle ils ne sont soupçonnés de s'intéresser que pour garantir leur approvisionnement en pétrole et en gaz.

En 1979, l'URSS de Brejnev envahit l'Afghanistan. La puissante Armée rouge échouera à contrôler et pacifier ce pays. Quarante ans plus tard, et en dépit du « relais » pris après les attentats du 11 septembre 2001 par les Américains, la situation y est pire que jamais. L'enlisement russe en Afghanistan a démontré que l'Armée rouge qui avait vaincu le nazisme et mis au pas l'Europe centrale n'était plus invincible. Déjà connues, mais beaucoup moins reconnues, les faiblesses intrinsèques du système soviétique s'exposent au grand jour. L'Afghanistan, c'est une « sale guerre » difficile et humiliante pour l'ours soviétique. Cette aventure afghane, conduite sur ordre du vieux Brejnev, infléchira considérablement le regard porté par les partis-frères occidentaux sur la « patrie » soviétique – tant chérie, à l'Ouest, par nombre de militants et d'intellectuels de gauche, « compagnons de route » des années 1950, 1960 et 1970.

Le 23 mars 1983, le président américain Ronald Reagan, dans un discours télévisé sur le budget de la Défense nationale, présente son Initiative de Défense Stratégique (*Strategic Defense Initiative Organization*). Objectif de cette initiative qualifiée de « guerre des étoiles » : prendre en charge un vaste plan de recherche et développement destiné à anéantir une éventuelle offensive soviétique en installant, en orbite et au sol, des lasers à haute puissance, des constellations de satellites antimissiles, des missiles intercepteurs lancés par sous-marin. Très mauvaise surprise pour l'URSS, car c'est bien l'équilibre nucléaire de la terreur, par lequel Moscou se croit alors invulnérable, qui est remis en question. Dans un contexte où l'« empire du mal » dénoncé par Reagan n'a plus les moyens de se lancer dans une escalade vertigineuse des dépenses militaires.

L'annonce de ce dessein n'en a pas moins un retentissement immense. Et il inquiète également les alliés des Américains qui redoutent, s'il se matérialisait, qu'il transforme les États-Unis en une forteresse inviolable et invincible. Avec pour effet possible que la superpuissance occidentale se laisse aller à une tentation isolationniste. Tout en profitant du déclin russe pour violer allègrement plusieurs traités de limitation de la course aux armements : interdiction des essais nucléaires dans l'espace (1963), démilitarisation de l'espace (1967), traité Salt I (1972). Nous reviendrons plus avant, en lien avec un autre déploiement conquérant de l'administration Reagan, sur cette guerre métaphysique qui fut bien plus encore que ce qu'elle sembla être.

La faillite effective de la RDA

En 1983 déjà, l'Allemagne de l'Est accuse un niveau de dettes extérieures colossal. On l'a dit, Moscou, sollicité, ne sera d'aucune aide. Il ne reste plus à Honecker qu'à envoyer son pourvoyeur de devises Alexander Schalck-Golodkowski solliciter la sœur ennemie allemande. À l'Ouest, plutôt qu'à un social-démocrate ou à un chrétien-social, c'est au Bavarois Franz-Josef Strauss, un « bouffeur de marxistes » patenté, qu'il fait appel. Un crédit de 1 milliard de DM, puis un second du même montant, seront accordés subrepticement à la RDA par un consortium de banques régionales allemandes et cautionnés par la Banque fédérale de Francfort. Une opération inouïe qui resta longtemps secrète, avant que Strauss ne s'en vante pour faire bouillir de colère son partenaire, et néanmoins rival, qu'est depuis toujours le chancelier Kohl. La contrepartie consentie par la RDA est la suppression du change obligatoire de devises pour les mineurs visitant des proches à l'Est et le démontage d'équipements meurtriers disposés sur la ligne de démarcation.

Lorsque Gorbatchev arrive à la tête de l'Union soviétique, en 1985, il ne peut que constater le profond délabrement de l'économie soviétique. Et la désorganisation du complexe militaro-industriel qui, bien que disposant alors d'excellents scientifiques développant des systèmes d'armes similaires à ceux des Américains, subira l'ascendant de celui de Reagan. La RDA, malgré les prêts en devises consentis par les Allemands de l'Ouest, crie toujours misère. Elle se plaint par ailleurs des pressions et des freins que lui font subir les Soviétiques en matière énergétique. En réponse à ses sollicitations régulières pour augmenter les livraisons de pétrole, Mikhaïl Gorbatchev, magnanime, donne toujours son accord, tout en savourant le paradoxe que son vassal stalinien puisse marquer sa dépendance avec une telle indécence. De son côté, le chancelier ouest-allemand n'ignore rien de ces tensions et tractations. Il a chaque semaine sous les yeux, préparée par ses services, la « radiographie » économique et financière de la RDA. Et il sait qu'en 1985, les planificateurs est-allemands avaient anticipé un gain de croissance gagé sur une augmentation sensible des exportations. Mais, celles-ci s'étaient effondrées en raison du renchérissement des matières premières et du pétrole. Résultat : une balance des paiements lourdement déficitaire de 50 milliards de DM. La banqueroute menace avec, comme conséquence à court terme, l'obligation, pour les dirigeants est-allemands, de réduire une nouvelle fois de 30 % le niveau vie de la population. Au risque que la RDA n'en devienne ingouvernable.

Un temps, même la situation économique de l'Allemagne de l'Ouest fit question. Qui se souvient encore qu'en 1988, l'obsession d'Helmut Kohl est de gommer les effets prolongés du choc pétrolier de 1977 ? L'Allemagne est alors la lanterne rouge économique de l'Europe. Kohl souhaite mettre en place une politique de l'offre et remettre en question un État social allemand qui, en absorbant 42 % du PIB, obère la croissance. Cette fragilité sera plus sensible encore lors de la réunification, que les citoyens ont payée durant des années au prix d'un prélèvement d'impôts supplémentaire de 12 %. Situation paradoxale d'une Allemagne de l'Ouest économiquement forte face à l'Est, mais en position relative de fragilité au sein de l'espace européen. C'est une situation à laquelle, non sans atermoiements, devra plus tard faire face Gerhard Schröder qui se retrouvera en total contre-emploi au pivot des années 1990-2000, avec la mise en œuvre d'un recentrage radical de la politique économique, dans le cadre de son Agenda 2000 prévoyant des mesures sévères de réduction de l'assurance chômage (la loi *Harz IV* réduira de manière drastique les droits des chômeurs). Fin 1988, Helmut Kohl est ainsi en perdition dans les sondages en raison de sa détermination à réformer une économie dans une situation de marasme, dont les causes profondes remontent à la crise pétrolière de 1977.

PARTIE III

LE RETOUR EN PUISSANCE DE L'ALLEMAGNE

1989, ANNÉE 0

Qui s'en souvient encore ? Un temps, le seul dans l'après-guerre, même la situation économique de l'Allemagne de l'Ouest fit question. Qui se souvient encore que, fin 1988, l'obsession d'Helmut Kohl est de gommer les effets prolongés du choc pétrolier de 1977 ? Le chancelier est ainsi en perdition dans les sondages en raison de sa détermination à réformer son économie. L'Allemagne est alors, à cet égard, la lanterne rouge de l'Europe. Helmut Kohl souhaite mettre en place une politique de l'offre. Ce qui le porte à remettre en question un État social allemand qui, en absorbant 42 % du PIB, obère la croissance. Une opération que les péripéties de l'année 1989 et la chute du Mur de Berlin ne lui permettront pas de réaliser.

Cette fragilité sera naturellement d'autant plus dramatique après la réunification effective d'octobre 1990. Une apothéose apparente qui condamna le nouvel État « grand-allemand » renaissant à partager deux misères. Avec, d'un côté, une Allemagne de l'Ouest en principe prospère mais en plein marasme. Et de l'autre une Allemagne de l'Est, non seulement endettée, mais dont le niveau de vie était au deux tiers inférieur au standard de l'Ouest. Nous étions alors dans la pénible continuité d'un effet de yoyo économique vertigineux qui partant, d'une Allemagne de l'Ouest de fin 1988 en plein marasme, s'était, après s'être réunifiée avec l'Allemagne de l'Est, encore plus affaiblie économiquement en regard de sa situation de fin 1988. Une situation qui sera rattrapée en vingt ans par un appel à la solidarité qui contraindra principalement les contribuables ouest-allemands des classes moyennes à supporter une charge fiscale augmentée de 12 %. Une situation à laquelle dût faire face, non sans atermoiements, le chancelier social-démocrate Gerhard Schröder. Au prix, en situation politique de total contre-emploi libéral, d'un recentrage radical de la politique économique et sociale allemande, à commencer par de sévères mesures de réduction de l'assurance chômage (la loi *Harz IV* réduira de manière drastique les droits des chômeurs).

Croit-on que les alliés et amis de l'Allemagne manifestent la moindre compassion pour le chancelier allemand ? Ce serait trop en demander. Leur obsession est avant tout de s'interroger sur la capacité de nuisance potentielle d'un assemblage pesant, une fois les deux Allemagnes réunies, près de 80 millions de citoyens. Au point que Helmut Kohl tentera lui-même de relativiser les choses. Avec ses conseillers, il s'interroge : comment les peuples latins voisins vont-ils relever le défi d'une concurrence économique allemande que sa réunification-absorption avec l'Allemagne de l'Est va transformer en puissance de premier ordre ? Fondée sur un complexe d'infériorité récurrent, cette angoisse, légitime par le passé durant un temps donné, ne l'est désormais plus à un tel niveau.

Ce comportement mérite d'être scanné de près. Les Allemands ne forment pas en effet, génétiquement, un peuple industrieux distinct, plus âpre au gain ou égoïste que n'importe quel autre. Sauf que leur peur de manquer, dans un contexte de survie nordique et non point de *farniente* sudiste, reste chez eux un facteur de tension et de stress vital très sensible, pour ne pas dire inné. Une donnée amplement explorée, en son temps certes daté, par Charles Louis de Secondat, baron de La Brède et de Montesquieu, à travers sa « théorie des climats », une vision de l'interaction humanité-climat redécouverte aujourd'hui de manière revigorante, légère, sympathique et même humoristique, par toute une nouvelle génération d'ingénieurs de l'écologie. Ceux-ci ne craignant pas, de prime abord, de noter que dans l'*Esprit des lois*, Montesquieu cite le mot « climat » plus souvent que celui de « loi ». Déjà, en son temps, Hippocrate, père de la médecine occidentale, énonçait que les climats édictaient les caractéristiques physiques et finalement morales d'une population. Avec pour conséquences que, si les climats froids engendrent de robustes résilients passablement frustres, les climats chauds donnent naissance, par contraste, à des êtres intelligents, raffinés mais réputés alanguis. L'idéal se situant entre ces deux types, là où s'estimait être né Montesquieu en tant que spécimen français faisant la synthèse des qualités des uns et des autres !

Discréditée en raison des prodigieuses avancées de la médecine et de la sociologie depuis la fin du XIXe siècle, la théorie des climats reprend aujourd'hui quelques couleurs. Et, comme Montesquieu il y a trois cents ans, il n'est plus tout à fait inepte d'établir un lien entre développement économique et climat. Ou entre violence et climat. Décriée comme un poncif ethno-anthropologique hasardeux, cette supputation comporte sa part d'intuition, voire son retour d'expérience. Ce qui est un fait, c'est que cette forme d'austérité laborieuse nordique et germanique s'accompagne, dans le domaine budgétaire, d'une rigueur et d'une âpreté qui tranche avec la réputation de laxisme budgétaire qui colle à la peau des « sudistes » européens. Et tout autant, sur le plan structurel, avec le manque de compétitivité des économies du sud de l'Europe. Ceci explique que la *Deutschland AG* industrielle puisse enregistrer des excédents commerciaux jugés mirobolants pour les optimistes, mais monstrueux pour ces nombreux germanophobes chroniques que compte, effectivement, une communauté européenne riche d'un demi-milliard de citoyens. Verser dans une sempiternelle fustigation anti-allemande n'est d'aucun intérêt, même si on peut trouver navrant que, la géographie étant ce qu'elle est, l'économie allemande de sous-traitance, tous secteurs industriels confondus, ait été la principale bénéficiaire de ce processus d'effondrement à l'Est, dans la période qui suivit la chute du Mur de Berlin. Avec pour effet de fournir aux industries de l'automobile et de la machine-outil, une main-d'œuvre qualifiée bon marché qui ne fit que renforcer une compétitivité déjà au sommet. Une situation à laquelle notre ami Jean-Marie Cavada, homme de grands médias puis député européen durant quinze ans, a consacré une éloquente allégorie. « De même, allègue-t-il, que la nature d'un fleuve est de descendre et non pas de monter, la nature de l'Allemagne est de monter et non pas de descendre. » Avant de rappeler, à raison, que « l'Hinterland reste profondément inscrit dans l'imaginaire géographique du peuple allemand. L'Europe centrale qui a souffert pendant des décennies sous des dictatures successives est marquée par des siècles d'histoire. Et le vieux tropisme géopolitique de la Mitteleuropa reste encore vivace aujourd'hui ». Un état de fait incontestable. Irons-nous jusqu'à dire que si l'Allemagne demeure encore européenne, c'est parce qu'elle a façonné, aidée de sa puissance, une « Europe allemande » dont la « mentalité » serait, selon la chancelière Merkel, incompatible avec cette autre « mentalité » française ou latine ? D'où, peut-être, les problèmes réguliers de compréhension au sein du « couple » franco-allemand. Changer de « mentalité » serait-elle donc la condition exigée pour pratiquer toute forme de commerce avec Angela Merkel ? Attention danger ! Car, ainsi que l'exprimait l'ex-ministre des Affaires étrangères Joschka Fischer dans une mise en garde datée de 2012, « il serait à la fois tragique et ironique qu'une Allemagne unifiée provoque la ruine, par des moyens pacifiques et les meilleures intentions du monde, de l'ordre européen pour la troisième fois ».

Et, si tel était le cas, au profit de quelle alternative ? La seule viable et envisageable étant, en l'espèce, un rapprochement privilégié de l'Allemagne avec les Russes. Sous-jacente tout autant que taboue, cette tentation existe néanmoins. D'autant plus, dans un contexte où on peut imaginer, sur fond d'une Europe minée par de nouveaux égoïsmes et les montées nationalistes, que les irritations opposant les Nordiques et les Méridionaux pousseraient les Allemands à pactiser avec Moscou. Une réelle attirance réciproque a cours entre Slaves et Germains. Il y a, historiquement, cette admiration russe pour l'esprit technicien et la culture allemande, surtout depuis le XVIIIe siècle, lorsque, promue par Catherine II, princesse de sang saxonne, cette germanité *Sturm und Drang* fit force émules au sein de la cour de Russie. Pour l'heure, cette hypothèse peut paraître farfelue mais elle eut ses laudateurs en de nombreuses occasions, y compris sous Gorbatchev au sein du Kremlin et de ladite « fraction des germanistes » qui avaient l'oreille du tsar. Pérestroïkistes fervents, ceux-ci étaient alors non seulement proches d'Alexandre Iakovlev, le gourou du patron, mais également du chef du KGB Vladimir Krioutchkhov, lui-même protecteur des leaders potentiels de la RDA que constituait le duo composé de Hans Modrow, numéro un du Parti communiste est-allemand à Dresde, et l'ancien maître espion Markus Wolf. Sur la question allemande, en effet, cette fraction se situait dans une continuité éprouvée par les Soviétiques tout au long du XXe siècle. Le concept de « maison commune européenne » vendu, depuis 1987, par Mikhaïl Gorbatchev n'étant jamais qu'une nouvelle manière d'abattre la carte allemande. Avec le secret espoir de découpler, à terme, l'Europe continentale de ses attaches atlantiques. Les membres de ce phalanstère, modérément marxisants mais férus de géopolitique germanique, n'avaient en effet jamais considéré que l'Allemagne puisse, en regard de ses intérêts vitaux, s'allier avec quiconque d'autre que la Russie. Pour eux, la relation germano-russe relevait d'une interdépendance prédestinée et quasi génétique. Et ils voyaient dans le traité de Rapallo, signé en 1922 entre les perdants isolés et déconsidérés de la Première Guerre mondiale que sont la Russie et l'Allemagne, l'illustration d'une complémentarité diplomatique, militaire, économique exemplaire. Avec pour effet de rompre leur isolement respectif tout en renonçant à se verser des réparations de guerre.

Dans le même temps, ils persistaient à considérer qu'après 1933 et l'avènement du nazisme, la rupture de cette coopération stratégique n'avait été qu'un accident contre nature. L'un des membres de cette fraction, Nikolaï Portugalov, raconta que, choqué par le *fiasco* que représentaient pour lui, en 1952, l'échec du blocus de Berlin et la menace d'un effondrement de l'Allemagne de l'Est, il participa à la rédaction de la note secrète dans laquelle Joseph Staline évoquait – déjà ! – l'hypothèse d'une réunification allemande. Campé aux premières loges, il avait compris que, dans l'« esprit de Rapallo » et au plus fort de la guerre froide, c'était bien avec l'Allemagne industrielle dans sa globalité que le « petit père des peuples » rêvait de coopérer. Pour d'aucuns, le même « esprit de Rapallo » aurait inspiré la célèbre *Ostpolitik* de Willy Brandt, ce qui, en l'espèce, est une conjecture absurde, dans la mesure où le contexte de profonde guerre froide d'alors excluait une démarche de cette nature.

Dans le monde d'après, quelle maison européenne commune ?

À la fin des années 2010, le pari fou qu'a été la réunification tient sensément ses promesses. Passée de 65 à 82 millions d'habitants, la République fédérale d'Allemagne s'est augmentée de six nouvelles régions orientales s'ajoutant aux dix préexistantes. Et la place boursière de Francfort, un temps maussade en raison du coût exorbitant de cette réunification, a repris ses couleurs. Redevenue la première puissance économique de la zone euro grâce au régime de remise au pas compétitive du chancelier Gerhard Schröder, l'Allemagne, bien que jalousée par les cancres de la classe européenne, n'en est pas pour autant redevenue une puissance menaçante à l'ancienne. Trente ans après la chute du Mur de Berlin, c'est une tout autre séquence qui se joue.

Car, sur l'échiquier géopolitique mondial, même écartée du Conseil de sécurité, l'Allemagne dispose à nouveau d'atouts non négligeables, non plus seulement sur les marchés et au sein des instances de régulation du commerce mondial, mais de plus en plus aussi sur les champs d'influence diplomatique et stratégique de la planète. Dans un même temps, insensiblement, l'Allemagne est en passe de s'affirmer comme le centre névralgique cohérent d'un espace économique et culturel qui, englobant l'Autriche, les pays baltes, l'ancienne Yougoslavie, la Tchéquie, la Bulgarie ou la Roumanie, manifeste une ambition bien plus marquée que la simple absorption de l'ex-RDA. *De facto*, s'est installée une proximité conférant à Berlin ce rôle géopolitique pivot, qu'exerçaient jusqu'alors Paris et Londres, entre l'univers atlantique américain et les profondeurs du corps de continent russo-eurasien.

L'Allemagne au centre d'un nouvel espace européen

Cette perception est naturellement celle du très germanophile Vladimir Poutine, de la russophone émérite Angela Merkel (devenue russo-sceptique, voir russophobe depuis l'invasion de la Crimée sur décision du chef du Kremlin) et de l'éminent salarié d'une multinationale russe – Gazprom – qu'est devenu l'ancien chancelier Gerhard Schröder depuis 2005. Cette vision n'est plus « un plan sur la comète », mais bien celle d'une configuration transcontinentale qui fait sens. C'est d'ailleurs dans cette logique que, faute de mieux, les dirigeants du Kremlin vont modéliser ce monde multipolaire dans lequel la Russie redeviendrait la puissance centrale, bienveillante et tutélaire, d'une future Eurasie. Celle-ci ayant pour vocation de contrebalancer l'émergence d'une Asie *a priori* hostile, dominée par la Chine. L'Allemagne s'est nouvellement invitée à cette partie de poker menteur entre géants. Sans jamais trop élever la voix, mais paisiblement, patiemment et sans tabou. Finie cette « kolossale finesse » allemande tournée en dérision, au moindre impair de l'un ou l'une de leurs représentants politiques, par les humoristes de Berlin ou de Cologne.

Place à ce « subtil raffinement », affûté par ce goût récent pour une *Bella Viva* méridionale. C'est ainsi que les aristocraties d'État et des affaires allemandes se pensent comme le fer de lance d'une puissance moyenne autonome susceptible de traiter d'égal à égal avec les Américains, les Chinois et les Russes, sans qu'ils aient à en rendre compte à leurs irritants voisins européens, plus clients que partenaires – puisqu'ils absorbent 40 % des exportations allemandes. Ouvertement réconciliés avec l'esprit de puissance, les leaders de la *Deutschland AG* s'excuseront de moins en moins d'exister, dans des formes dont l'élégance surprendra son monde. Tout en affichant jusqu'alors une solidarité avec la puissance tutélaire américaine, priorité est donnée au réalisme et, déjà, au renforcement de liens de plus en plus intenses avec une Russie qui couvre une large part de ses besoins énergétiques avec la mise en place, sous le sigle « Nord Stream 2 », d'un pipeline de 1 200 kilomètres de long devant acheminer du gaz russe vers l'Allemagne à travers la mer Baltique. Cet univers géopoliticien bien rangé vola cependant en éclat à la suite des tensions nées de l'annexion de la Crimée par la Russie et des sanctions commerciales consécutives prises par l'Union européenne contre le Kremlin. Ce à quoi s'ajoute désormais la gestion confuse et erratique de ces questions par le turbulent président américain Donald Trump.

En paix avec la France, guérie de toute forme de nostalgie, l'Allemagne se retrouve déjà bien chez elle en Europe centrale. Cependant, pour la puissance économique enclavée au cœur de l'Europe historique que reste l'Allemagne, le vieux continent reste une aire de projection à partir de laquelle il importe de se lancer vers des ailleurs illimités.

L'Allemagne au centre d'un nouvel espace mondial

À l'étroit sur ses positions européennes traditionnelles, l'Allemagne a déjà, au pivot des années 2000 et 2010, pris économiquement le large en direction des zones les plus dynamiques du vaste monde. Son dynamisme économique actuel en Afrique ou dans le Golfe en fait foi. Alors qu'en 2007, ses industriels assuraient les deux tiers de leurs excédents commerciaux en Europe, ils réalisent désormais les trois quarts de ces excédents en dehors de l'Union européenne. Largement désinhibée de ce qu'était l'esprit après-guerre quand elle était devenue une double nation occupée par quatre vainqueurs, l'Allemagne joue dans la cour des titans. D'où l'urgence pour la France, afin de continuer à compter au sein du club des grandes nations – de plus en plus moyennes – dont elle fait partie, de réduire son différentiel compétitif envers sa puissante voisine. Malgré un jeu à 82 contre 67 millions de citoyens, cet objectif, dont dépend la viabilité du projet européen, n'est pas aussi mégalomaniaque qu'il n'y paraît. Un temps, juste avant la chute du Mur de Berlin, la méfiance cordiale au cœur de la relation qu'entretenaient Helmut Kohl et Mikhaïl Gorbatchev n'excluait nullement, à propos de l'idée de « maison commune européenne » chère au dirigeant russe, que des échanges passionnés ne surviennent entre les deux hommes. Pour Gorbatchev, en effet, un rapprochement raisonné entre l'Allemagne et la Russie se devait d'anticiper une « congruence naturelle » visant la formation d'un condominium d'opportunité ouvert, tous azimuts, aux autres Européens. Cette vision, aussi irréaliste qu'elle fut alors, ne parut guère étonner son monde. Sûrement à tort, car elle valait aussi son pesant de malice. Et au passage, elle relevait aussi du piège, dans la mesure où, la géographie étant ce qu'elle était et cette « maison commune » devant implicitement couvrir un espace allant « de l'Atlantique à l'Oural », elle eut naturellement impliqué à terme un découplage, tout aussi inéluctable, de l'Europe occidentale, *a fortiori* dominée par l'Allemagne, de son socle atlantique.

Mais nous n'en sommes plus là. Les stratégies d'avenir actuelles de Berlin surprennent par leur pertinence clinique. L'Allemagne y est-elle pensée comme un espace central à partir duquel pourrait se cristalliser une Europe appelée à devenir le « camp de base » impérial d'une Germanie du futur ? À ce point non. Mais si survenait le déclassement d'une France post-gaullienne en décrochage économique accéléré, rien ne pourrait empêcher cette issue. Et cela confirmerait d'autres visions de l'avenir : celles des découvreurs de la science géopolitique germanique pour qui les États, pour survivre, en seraient réduits à « assassiner sans relâche ». Une thèse implicitement approuvée en son temps par Friedrich Ratzel (1844-1904), l'un des fondateurs de la science géopolitique, pour qui l'Allemagne, parce qu'elle jouit d'une position géographique centrale et qu'elle est cernée de pays démographiquement et économiquement plus faibles, serait irrémédiablement conduite à l'annexion explicite ou larvée de ses voisins. Cette situation est déjà perceptible à l'est de l'Allemagne depuis que les sites de production slovène, tchèque, slovaque ou croate sont devenus des extensions industrielles ou des ateliers de sous-traitance des *Konzern* automobiles ou métallurgiques allemands. Dans l'immédiat, l'Allemagne souffre surtout d'une forme d'enkystement frustrant au sein de l'Union européenne au cœur de laquelle elle forme, certes, avec la France, un point pivot, mais un pivot instable. Et sauf à ce que les deux pays se décident, nolens volens, à s'affirmer en centre de gravité d'un futur directoire bicéphale d'une Europe politique, la Germanie peut se retrouver, *de facto*, acculée à une hégémonie plus qu'inconfortable pour les élites françaises dont la perception confuse de l'Allemagne, par trop affective et complexée, reste paradoxale, mêlant germanophobie et germanophilie.

Nier aujourd'hui, au nom du « politiquement correct », que l'Allemagne réunifiée reste, en raison de sa puissance retrouvée et de l'Histoire, un cas à part au sein de l'Union serait bien naïf. Certes, le sujet est délicat et source de toutes les ambiguïtés au regard du poids des drames du passé. De même que c'est bien un sentiment – maîtrisé – de crainte et d'effroi qui a habité les dirigeants européens après la chute du Mur devant la fébrilité réunificatrice d'Helmut Kohl, de même la relation entre une Allemagne surpuissante et ses partenaires européens reste un « sujet » qu'il est difficile, certes, d'aborder mais à propos duquel les langues parfois se délient, quitte à prendre mille précautions de langage pour éviter tout malentendu. « La puissance dominatrice allemande pose question, y compris jusque dans nos travaux », nous ont dit en substance, lors de notre enquête, plusieurs parlementaires européens pourtant peu soupçonnables de germanophobie. Ce qu'un député, mi-amusé, mi-inquiet, résume ainsi : « Je ne sais pas si j'aime vraiment l'Allemagne. Je sais simplement que j'aime les Allemands. » Et d'expliquer que ses collègues d'outre-Rhin, certes exigeants et parfois rigides, en quelque sorte très germaniques, sont « rigoureux et fiables ». On ne pourrait pas mieux exprimer combien le travail en commun peut être efficace et gratifiant, mais aussi combien le « bloc » germanique en mouvement donne quand même quelques sueurs froides.

L'avancée Giscard-Schmidt : opportunité vertueuse qui tourne court

Au milieu des années 1970, correspondant d'Antenne 2 et de France Inter à Bonn, Michel Meyer eut pour quasi-monopole le déprimant privilège d'annoncer, dans le journal de 20 heures de sa chaîne, les premiers symptômes d'un immanquable déclin hexagonal. Depuis lors, son poil se hérisse à chaque fois qu'il entend parler de « dévaluation compétitive » du franc par rapport au mark. Déjà, souffrant de la domination d'un *made in Germany* largement fondé sur une offre de biens d'équipement à forte valeur ajoutée, le *made in France*, très axé sur les biens de consommation, ne pouvait pas rivaliser.

Le complexe français

Au succès de ses machines-outils, s'ajoutait – avant que Japonais, Coréens et Américains ne trustent à leur tour ce segment – l'engouement des Européens pour les téléviseurs et magnétoscopes fabriqués en Forêt Noire. Allait-on dès lors sonner le tocsin et battre le rappel afin que la France prenne la mesure de son manque de compétitivité ? Malheureusement non ! Dévaluer, c'est indolore. Sur les braises encore ardentes de 1968, s'enflamme de plus belle le désespoir d'ouvriers prompts à occuper leurs ateliers et à prendre des patrons en otage. S'y retrouvent tous les ingrédients du *Mal français* dénoncé par Alain Peyrefitte. À Saint-Brieuc, port pittoresque et attachant subitement perçu comme un repaire de « révolutionnaires rouges », un personnel d'usine sous-payé et méprisé vilipende une direction parisienne arrogante. Contemporain de celui du système éducatif français, le décrochage insidieux du *made in France* date de ce début des années 1970 : un moment pivot où des technocrates, pétris de gratitude envers ces aimables bourreaux allemands disposés à leur autoriser de nouveaux répits, de nouveaux crédits, de nouvelles latitudes illusoires et transitoires, se réjouissaient de pouvoir escamoter les déficits de compétitivité, de prix, de qualité, et de solidité d'une production française reléguée aux enfers commerciaux du moyen de gamme.

Alors au pouvoir, Georges Pompidou, pour qui la France ne devait pas seulement rester « le pays des parfums et du champagne », faisait de son mieux pour endiguer ces processus mortifères. Tout en redoublant de vigilance à propos des libertés diplomatiques que, déjà forte de ses performances économiques, l'Allemagne de Willy Brandt se permettait à travers une *Ostpolitik* impliquant tout à la fois, outre une trop grande proximité avec Moscou, le versement concomitant d'aides plus que substantielles au profit de l'Allemagne de l'Est, aux dépens éventuels de solidarités intra-européennes plus évidentes en cette période de guerre froide.

L'erreur de cette séquence pompidolienne consistera à espérer compenser cette forme de défection allemande par l'intégration de la Grande-Bretagne au sein de la famille européenne. Un héritage compliqué que Valéry Giscard d'Estaing saura neutraliser en développant avec Helmut Schmidt, le successeur d'un Willy Brandt forcé à la démission par la découverte d'une taupe est-allemande dans son entourage immédiat, un lien d'amitié étonnamment authentique et sincère. À l'époque, les Allemands acceptaient encore sans broncher de subventionner indirectement l'agriculture française en contribuant plus que généreusement à la politique agricole commune. Patients et dociles, ils trouvaient nécessaire, afin d'exister à la table des six, puis des neuf européens, de faire profil bas et de monnayer le droit de se mêler de grande politique en sortant le portefeuille bien plus souvent qu'à leur tour. Un exploit facilité par des excédents de commerce extérieur que jalousaient leurs amis et partenaires. Pour Giscard et Schmidt, dont le métier avait été, au titre de ministre des Finances, de gérer au jour le jour cette inquiétante « asynchronie » entre Nord et Sud, donc entre la France et l'Allemagne, réagir était devenu une ardente obligation. Malgré une indéniable supériorité démographique allemande, la France avait-elle les moyens d'établir un sain rapport d'équilibre avec sa voisine germanique ? Pour le président Giscard d'Estaing et « le meilleur économiste de France » qu'il voyait alors dans son Premier ministre Raymond Barre, le devoir civique européen des Français, plus que jamais, était de se poser en contrepoids économique crédible face à l'Allemagne. Non seulement à l'avantage d'une vieille Gaule fourbue, mais pour le bien de toute l'Europe.

On ne refait pas le monde avec des « mais ». Notre conviction reste néanmoins que si la France giscardienne avait eu, à l'époque et grâce aux efforts demandés au pays par Raymond Barre, le temps politique nécessaire pour trouver remède à ses baisses de compétitivité potentielles, la préservation d'une forme de synchronie entre les deux grandes économies européennes, que sont celles de la France et l'Allemagne, eût été parfaitement jouable. Il en fut autrement. Démocratiquement. Contraignant le président VGE à subir, depuis son salon de l'Élysée, les images de liesse documentant, en direct depuis la place de la Bastille, le triomphe de François Mitterrand. Ce soir du 10 mai 1981, les Trente Glorieuses n'étaient plus qu'une époque révolue. Place était laissée, dans l'inconscience générale, à l'avènement des années de crise, parfois baptisées les « Trente piteuses ». C'est peu dire que le destin a pu être injuste avec Valéry Giscard d'Estaing, brillant stratège dans un grand corps dégingandé, comme grandi trop vite, qu'a été et que reste le vieux monsieur toujours si vif d'esprit et à l'humour féroce, qu'il a cultivé au fil des années. Le chancelier Helmut Schmidt était fasciné par l'intelligence de cet aristocrate involontairement illégitime.

C'est pourtant par le biais de ses propres diplomates que le chancelier de Bonn, lui-même ancien officier de la Wehrmacht, s'était informé des péripéties courageuses vécues à la fin de la guerre par son ami, engagé volontaire dans une division blindée de la 1re armée du général de Lattre de Tassigny. Avant de se distinguer lors de la campagne d'Allemagne, non loin de Donaueschingen. Un fait d'arme dont Helmut Schmidt, méticuleux jusque dans ses affections, gardait la trace, visiblement obtenue par son ambassadeur en France, sous la forme d'une photocopie de la citation à l'ordre de l'armée de son *Lieber Valéry* dans un tiroir de son bureau. « Le brigadier Giscard d'Estaing du 2e escadron, y était-il mentionné, est un engagé volontaire à dix-neuf ans. Devenu rapidement un pointeur de grande classe, a fait preuve de calme et de sang-froid le 21 avril 1945, en dirigeant à pied le conducteur d'un char remorqué sous le feu, montrant un complet mépris des armes automatiques et des mortiers qui l'environnaient. »

Estime et respect sur fond de forte empathie ! Sauf sur l'analyse des risques inhérents à un décrochage économique par trop prononcé de la France par rapport à l'Allemagne. Qui ne se souvient, à cet égard, de Valéry Giscard d'Estaing campé devant un tableau noir pour expliquer, face caméra et courbes à l'appui, que la France allait bien devoir un jour faire économiquement jeu égal avec l'Allemagne ? Avant que cette laborieuse pédagogie, finalement infructueuse, ne soit abandonnée pour une stratégie bien plus offensive.

Le système monétaire européen

Ambition sous-jacente de ces grandes manœuvres engagées par le président français : faire cesser la spirale infernale des dévaluations prétendument compétitives. VGE sait que les données chiffrées portant sur l'héritage inflationniste étaient alors désastreuses : moins 60 % entre 1940 et 1945, 44 % en 1948, 17,5 % en 1958, 17,55 % en 1969. Des taux d'inflation souvent quatre fois supérieurs à ceux de l'Allemagne, dans un contexte où Paris ne craignait pas de réglementer les prix et de subventionner les canards boiteux de son industrie.

C'est en dévaluant des deux tiers de sa valeur le franc face au Deutsche Mark dans les années 1970-1980 que, réitérant ces prises d'avantages indus sans le moindre effort de compétitivité, les partisans du franc faible avaient tenté de préserver un solde commercial à peu près équilibré. Il n'était que temps de cesser de croire qu'une telle politique sauverait un jour la France de ses langueurs. Et tout autant de rompre avec l'accoutumance à cet opium inflationniste déjà dénoncée par Charles de Gaulle. Soucieux de soumettre la France aux contraintes vertueuses qu'il jalousait à l'Allemagne, le président français sut convaincre Helmut Schmidt de sa capacité à satisfaire les exigences d'une convergence franc-DM exemplaire. Jusqu'alors, Helmut Schmidt, qui ne craignait jamais de passer pour un mufle, s'était plu à moquer les grandes visions à la française. Et il ne se gênait pas plus pour confier, sur le ton du sarcasme, que lorsqu'un homme politique lui confiait « avoir une vision », il n'hésitait jamais à lui recommander de « consulter un psychiatre ». En réalité, il ne prenait des gants qu'avec Valéry Giscard d'Estaing. Désormais, rien ne devait et ne pouvait en tout cas se faire en Europe sans une étroite concertation entre Paris et Bonn. Entre les deux hommes, règne une forme de bienveillance potache qui s'explique par une proximité intellectuelle que marque une commune fascination pour le monde anglo-saxon. C'est donc tout naturellement qu'ils goûtent d'échanger dans la langue de Shakespeare. Dans un excellent anglais américain pour l'Allemand, dans un anglais britannique un zeste plus hésitant pour le Français.

En juillet 1978, enfin, c'est lors du sommet de Brême que le SME, le Système monétaire européen, se substitua au « serpent monétaire ». Arrimant plusieurs monnaies européennes sur le même socle, ce SME préfigurait, dès mars 1979, la création, bien ultérieure et née, *de facto*, de la chute du Mur, de l'euro. Au prix d'une coopération économique plus prévisible grâce à des cours de change stables, il importe alors de moderniser des structures économiques latines sclérosées par les subventions d'État et le contrôle des prix. Déjà, aussi et encore, une naissance compliquée, tant Helmut Schmidt, convaincu de la bonne foi de VGE, doit alors ferrailler comme un beau diable contre ses propres experts prompts à fustiger les laxismes latins passés, présents et à venir. De lourdes méfiances persistent. Osons le dire. Au sein de l'OCDE, à Paris, les experts allemands et anglo-saxons se plaisaient encore, en s'esclaffant, à classer les données économiques en deux catégories bien distinctes. Avec, d'une part, les « statistiques véritables » et normalement authentiques et de l'autre, visiblement plus fantaisistes, les « statistiques latines ». Il n'est évidemment pas sûr qu'il en soit autrement aujourd'hui.

L'Europe centrale et des Balkans : un kaléidoscope

L'élargissement de l'espace communautaire européen aux ex-pays satellites de l'URSS que sont la Pologne, la Hongrie, la République tchèque, la Slovaquie, la Slovénie, la Lituanie, la Lettonie et l'Estonie, a-t-il été un geste généreux ? À n'en point douter. Motivé par l'esprit de l'après-guerre froide qui signifiait retour à la démocratie, ralliement aux valeurs humanistes de l'Europe et… efficacité économique. Rattraper le retard économique et sociétal, en quelque sorte. Cet élargissement « de principe » était-il raisonnable ? Sûrement pas, à ce stade et étant donné la situation économique de ces pays. Les quinze chefs d'État et de gouvernement de l'Europe communautaire furent-ils tentés de regretter ce geste ?

En ordre dispersé

Ce fut le cas, d'entrée de jeu, lorsqu'en 2004, la plupart des nouveaux entrants, à peine intégrés, prirent position pour la guerre en Irak déclenchée par Washington contre Saddam Hussein. Les Quinze de l'Union européenne avaient déjà eu grande peine à concilier leurs positions lorsque, aiguillonnés par les membres du « groupe de Visegrad », Hongrois, Polonais et Tchécoslovaques crurent, en l'espèce, devoir faire allégeance à l'Amérique en s'associant, dans une « Lettre des huit » explicite, aux membres déjà anciens de l'Union qu'étaient la Grande-Bretagne, l'Espagne, le Danemark, l'Italie et le Portugal. Cette prise de position fut rageusement dénoncée par Jacques Chirac dont on connaît la farouche opposition, exprimée avec fougue et brio à l'ONU par le ministre des Affaires étrangères Dominique de Villepin. Une conviction chiraquienne avec laquelle le chancelier Gerhard Schröder faisait cause commune. « Ces nouveaux venus, avait pesté le président français, n'ont pas seulement été mal élevés. Mais ils ont été surtout inconscients des risques que comportait un alignement trop rapide sur la position américaine. »

Déjà, le ver de la divergence était dans le fruit, augurant des dysharmonies actuelles, auxquelles se sont ajoutés, en 2008, les désordres déstabilisants de la crise financière des subprimes, issue d'un grave dysfonctionnement d'origine américaine. La crise sera marquée, côté européen, par une réactivité salvatrice du président en exercice de l'Union européenne qu'était le président français Nicolas Sarkozy, qui a su mesurer l'urgence et l'impérieuse nécessité d'agir concrètement et fermement pour stopper l'affolement suicidaire des places financières.

Quelques années plus tard, secoués par une vague migratoire sans précédent depuis les deux guerres mondiales du XXe siècle, les différents pays européens ne savent répondre qu'en ordre dispersé à ce considérable défi déstabilisant. Sur fond de catastrophe humanitaire et de guerre meurtrière pour les civils syriens, les différents assauts migratoires de l'été et de l'automne de l'année 2015 fissurent l'unité

▲ Le Mur de Berlin, « mur de la honte » pour les Allemands de l'Ouest et officiellement appelé par le gouvernement est-allemand « mur de protection antifasciste », est érigé en plein Berlin dans la nuit du 12 au 13 août 1961 par la République démocratique allemande (RDA). Ici, quelques jours après le 13 août, en RDA.

▲ Dès août 1961, les habitants de Berlin-Est s'empressent de fuir vers l'Ouest.

▲ Le Premier ministre cubain Fidel Castro et Ernesto Che Guevara, dans les années 1960 en Argentine. L'alliance de Cuba avec l'URSS constitue une rupture majeure dans la guerre froide.

▲ Le président des États-Unis John F. Kennedy en visite officielle à Berlin-Ouest en 1963. Il y prononce la phrase restée célèbre : « Ich bin ein Berliner ».

▲ Le Mur de Berlin, Postdamer Platz, vers 1970.

▲ Des Berlinois de l'Ouest tentent de maintenir le contact avec leur famille et amis, à l'Est. Vers 1962, au coin de la Zimmerstrasse et de Charlottenstrasse.

▲ Dès les années 1970, la RDA souffre de lourds problèmes économiques et sociaux : le chômage est élevé, la pauvreté en augmentation constante. Ici, à Berlin-Est, en 1979.

▲ En RFA, l'américanisation est rapide et touche l'Ouest de la capitale allemande. L'Europa-Center, construit vers 1965, témoigne des débuts de la société de consommation.

▲ Les représentants de la Bundesbank, Karl Blessing (à droite) et Wolfram Langer (à gauche), à New York, le 26 septembre 1966.

▲ Margaret Thatcher, Helmut Kohl et le maire de Berlin Richard von Weizsäcker, lors d'une visite officielle de la Première ministre britannique à Berlin en 1982.

▲ Le président de la République française François Mitterrand et le chancelier allemand Helmut Kohl, à Verdun, le 22 septembre 1984 ; cette poignée de main scelle la réconciliation de la France et de la RFA.

▲ Le 4 novembre 1989, des milliers de manifestants à Berlin-Est réclament une démocratisation du régime et une plus grande liberté de mouvement. Le Mur tombera quelques jours plus tard.

▲ Le 9 novembre 1989, une erreur de communication de la part d'un des dirigeants de la RDA précipite les Berlinois dans la rue. Ils prennent d'assaut le Mur. Aucune goutte de sang ne sera cependant versée.

▲ Le 10 novembre 1989, les Berlinois de l'Ouest saluent les premiers habitants de RDA à « passer » en RFA.

▲ Le 18 mai 1990, le Traité d'État entre la RFA et la RDA sur l'union économique, monétaire et sociale est ratifié entré les ministres des Finances des deux pays. Au centre, le chancelier Helmut Kohl veille à cette réunification.

▲ Le 15 février 2003, près d'un million de Berlinois protestent contre la guerre américaine en Irak. C'est une des plus grosses manifestations depuis la fin de la guerre.

▲ En 2003, le chancelier allemand, Gerhard Schröder, expose à la conférence régionale de l'Ouest à Bonn son « Agenda 2010 ». Cet ensemble de réformes porte principalement sur le marché du travail et les assurances sociales.

▲ Le président russe Vladimir Poutine et la chancelière allemande Angela Merkel à la conférence de Tomsk, forum économique en Russie, en 2006. Depuis les années 1970, les liens entre les deux dirigeants sont forts.

▲ La chancelière Angela Merkel au Conseil européen le 10 avril 2019.

▲ À Berlin, devant la porte de Brandebourg en septembre 2018, manifestation pour l'accueil des migrants.

▲ La puissance économique allemande se manifeste notamment par le prestige de son industrie. Ici, présentation de la nouvelle Porsche 911, en janvier 2014, au Salon international de l'automobile d'Amérique du Nord.

européenne. L'attitude de la chancelière Angela Merkel témoignera, en l'occurrence, d'une générosité singulière qui tient autant à son histoire personnelle qu'à une simple décision politique et dont l'effet entraînera, dans une Allemagne sans tradition coloniale donc cosmopolite, un effet de déstabilisation qui est encore exploité par aujourd'hui des activistes droitiers soufflant sur les braises d'un populisme virulent et croissant. Cette partition singulière de la chancelière n'a pas fini de défier les partis de gouvernement traditionnels. Au point de secouer violemment la politique intérieure allemande et d'en ébranler l'Union européenne dans ses fondements autant que dans ses fondamentaux.

L'allégeance à l'Allemagne

L'autre lien d'allégeance des nouveaux venus que sont les pays de l'Europe centrale est celui, historique, traditionnel et culturel, qu'ils entretiennent avec l'Allemagne. De fait, du point de vue de Berlin, cette nébuleuse protéiforme s'est désormais agrégée à elle en tant que marché, source d'opportunités économiques et avant tout comme une zone de sous-traitance à bas salaire et de productivité très acceptable, sans pareille de l'Atlantique au Pacifique. Ce fut surtout le cas entre le milieu des années 2000 et le milieu des années 2010 dans des secteurs névralgiques tels que la construction automobile, la production de machines-outils et autres biens d'équipement. Depuis, les niveaux de vie de la République tchèque, de la Pologne et de la Hongrie, qui se rapprochaient jusqu'alors de la moyenne de la zone euro, butent sur un plafond de verre malgré une prospérité globale et des taux de croissance enviables. Ce faisant, ces pays sont devenus, plus que jamais, des rouages essentiels de la compétitivité allemande et, surtout, cette plateforme à partir de laquelle l'Allemagne se pose, dans un sens, comme le premier fournisseur de la Pologne, de la République tchèque et de la Hongrie. Et, dans l'autre sens, comme le premier client de ces mêmes pays. Depuis 1990, les échanges commerciaux entre l'Allemagne et ces pays ont explosé, en se multipliant par onze contre seulement trois pour le reste du monde.

Un jeu gagnant-gagnant au long cours ? Oui, car on ne voit pas les Allemands se priver de sous-traitants aussi proches et mobilisables à bon marché. Et si on écarte le fait que le processus de convergence salariale entre l'Allemagne et ses satellites s'est fortement ralenti depuis la crise de 2008-2009 et que, par exemple, le salaire moyen d'un Tchèque ou d'un Hongrois représente aujourd'hui moins du tiers de celui d'un Allemand. Pour une productivité certes moindre, mais au sein d'une équation gagnante, compte tenu du fait que, depuis 2011, les salaires allemands augmentent plus que la productivité. Tout se passe donc comme si les entreprises allemandes siphonnaient en partie la réserve de productivité de sous-traitants hongrois ou polonais au rabais. Transitoirement, car ce hiatus trouvera solution, comme souvent dans le passé, sur la base d'une intrication économique et financière désormais irréversible.

L'effet Klotz, version Kohl

Ce serait, une fois encore, sous-évaluer la sensibilité d'Helmut Kohl que d'imaginer qu'il n'ait pas pu prendre la mesure de la gêne que suscitait, tous azimuts, ce retour en force de l'Allemagne au cœur de l'Europe continentale. Déjà anticipé par lui et son conseiller diplomatique Horst Teltschik, dès novembre 1989, le contre-effet de cette réinstallation germanique objective et effective d'un « *unverdaulicher Klotz im Herzen Europas* », comprendre « un gros billot de bois mal dégrossi au cœur de l'Europe », n'est pas sans troubler le chancelier. Et il garde en mémoire ce qualificatif de *schreck* que le même Teltschik a employé au vu des réactions des Thatcher, Andreotti et Mitterrand directement concernés par le « plan en dix points » lu, sans le moindre avertissement, devant le Bundestag. Schreck est une expression allemande très forte que le Duden, le dictionnaire allemand de référence, décrit comme une « *heftige Gemütserschütterung, die meist durch das plötzliche Erkennen einer Gefahr, Bedrohung ausgelöst wird* », soit un « choc émotionnel violent, généralement provoqué par l'identification soudaine d'un danger, d'une menace ». Ce sentiment s'est-il confirmé ? Tout l'indique, même si le silence dans les rangs règne tous azimuts. Il s'est donc bien passé ce qui avait été anticipé par tous ceux qui craignaient l'irrépressible propension à l'action d'un peuple nordique soumis et trempé par des mises à l'épreuve séculaires, entre autres climatiques, plus sévères que celles que connaissent leurs amis et compétiteurs de l'Europe méridionale.

Une méfiance séculaire

Pour la quasi-intégralité des actifs de ce pays que le poète Heinrich Heine considérait comme un « conte d'hiver », encore et toujours, « *Arbeit ist Arbeit. Und Bier ist Bier !* » (« Le travail est le travail. Et le temps pour une bière, le temps pour une bière ! »). Aujourd'hui, l'heure n'est plus aux déclarations hostiles à cœur ouvert. Mais l'inquiétude sourde du surclassement concurrentiel persiste, sous cape, envers cette force qui va, infatigable, avec cette propension à se vouloir *emsig*, un adjectif très significatif qui colle à l'image de l'Allemand actif, passionné par ce qu'il fait, comme une abeille industrieuse : un être sans cesse en action et infatigablement concentré sur sa tâche. Chez d'aucuns, étrangers de surcroît, de quoi inspirer effroi et admiration mêlés, assimilables, pensons-nous, à une forme de névrose bénigne dont les causes nous renvoient, en France, à la défaite de 1940 et à cette horreur morale et quotidienne que fut, non seulement l'Occupation, mais plus honteusement la Collaboration. Frimas d'antan pourrait-on dire. Que les pionniers de l'OFAJ ou les inventeurs de cette prodigieuse machine à rapprocher qu'est Erasmus soient bénis. Mais que de « bondieuseries » franco-allemandes ou d'emphases européennes inopérantes par ailleurs ! Nous sommes, en termes mémoriels, au milieu du gué, dans une situation où ne rien escamoter du passé ne devrait pas pour autant nourrir de nouvelles méfiances et incompréhensions.

Et puis, au-delà, que chacun fasse, en conscience, son métier de Français, d'Allemand et d'Européen : les Allemands, en consentant à continuer à mettre au pot, sans trop grogner, en proportion de leur poids économique ; et les Français, enfin, en se lassant de faire ce qu'ils font depuis quarante ans en baignant dans les dettes, tout en laissant d'énormes ardoises à leurs enfants. Tout le reste relève, sauf à disparaître des radars du monde, d'une sérieuse purgation mentale collective.

Mesurée en temps historique long, la date anniversaire du 9 novembre 1989 se révèle *a posteriori* comme une opportunité providentielle de relance de l'Union européenne. Son élargissement à l'Est correspondit à une résurrection économique bienvenue, principalement en Europe centrale où de vastes espaces de territoires en jachères se mirent à refleurir, sous une pluie d'investissements productifs principalement allemands, au profit des populations locales en situation de sous-traitance envers des investisseurs allemands qui, dans cette zone centrale, trouvaient les bras et les cerveaux – bien moindrement payés – qu'une faible dénatalité domestique endémique ne leur offrait plus au sein de l'Allemagne réunifiée.

Du sur-mesure, dans un contexte, poids démographique oblige, de réelle surpuissance, reconnue autant que taboue, au niveau de l'Europe communautaire. À Bruxelles, les Allemands n'ont plus occupé le poste de président suprême depuis Walter Hallstein, entre 1958 et 1967, qui fut le premier président de la Commission européenne. Une situation qui suscita force récriminations de la part des responsables berlinois : un bruit de fond que la nomination d'Ursula von der Leyen, jusqu'alors ministre de la Défense allemande, une femme de tête multilingue et capable d'entregent et de diplomatie, devrait atténuer. Sans forcément convaincre ceux qui, en Europe, attendent mieux que la formulation d'idées générales usées jusqu'à la corde. Cependant, jamais un Allemand n'a pu accéder au sommet de la Banque centrale européenne, la principale institution monétaire de l'Union, établie à Francfort depuis 1998. Ce ne sera pas le cas de sitôt, dans la mesure où le choix de Christine Lagarde, jusqu'alors présidente du FMI, semble une solution sage et équilibrée.

Discrets en première ligne, ce qui est pour eux une source de frustration contenue, les Allemands le sont moins, *a contrario*, systématiquement, en deuxième ligne : ils occupent, de longue date, des postes clefs au sein du Parlement européen, de la Commission et de l'appareil technocratique de cette institution. C'est ainsi que, même si l'Allemagne a dû souffrir, depuis juin 2011, de la présence de l'Italien Mario Draghi à la tête de la BCE, qui de plus y pratiquait une politique peu orthodoxe d'argent à faible taux d'intérêt, l'économiste italien est crédité de l'exploit d'avoir sauvé l'Europe de redoutables crises sociales et politiques à répétition. Il va sans dire au prix fort, c'est-à-dire, prétendent d'aucuns, sinon en « faisant les poches » des riches Allemands, du moins en stressant d'abondance leurs critères prudentiels de stricte orthodoxie monétaire. Une médisance ? Pas totalement, pour la simple raison que les solides garde-fous ne furent en aucun cas transgressés : de fait, les statuts, règles et structures de la BCE sont copiés sur celles, pleines de garde-fous et de contraintes, de la Bundesbank. En effet, bien que les chefs de la BCE aient pu être français, puis italien, les premiers contributeurs au budget européen que sont les Allemands ont veillé, en jouant du poids des textes et des chicanes qu'ils comportaient, à ce que les cigales méridionales ne puissent trop prendre leurs aises.

Quid des relations franco-allemandes ?

Il ne devrait pas être sacrilège d'estimer que lien franco-allemand, couramment baptisé « couple », n'a, de loin, plus la qualité qu'il avait aux époques où la réconciliation était encore un maître-mot. Nous entendons même, de chaque côté du Rhin, des petits malins amnésiques, visiblement lassés de passer quelques minutes dans un cimetière militaire, nous expliquer que sacrifier à ce culte est désormais archaïque. Et que ces formes de « pathos » commémoratif sont désormais superflues. Le même halo blasé embrume aussi, malgré les aléas du parcours, des réussites aéronautiques aussi remarquables que celle d'Airbus. Une réussite exemplaire et sans égal de l'après-guerre. D'autant que, partant des susceptibilités et querelles de pouvoir auxquels l'entreprise a souvent été exposée, c'est un miracle qu'elle existe encore à ce degré d'efficience et l'on doit s'en réjouir, tout autant que de l'extension, confirmée par Angela Merkel et Emmanuel Macron, de coopérations industrielles sensibles et régaliennes dans le secteur de la Défense. Un domaine justement dans lequel, partant des saccades et autres loopings d'un président américain peu prévisible, l'Europe se devrait de pousser les feux sur les projets, aérien pour le chasseur du futur, terrestre pour les chars de combat. Mais, peut-être plus encore sur celui, maritime, des navires de surface polyvalents de demain. Sans oublier, enfin, celui des sous-marins de combat, un domaine où, aussi incroyable que cela puisse paraître, Allemands et Français se livrent à des luttes d'influence picrocholines dérisoires.

Qui plus est, sur la foi de vexations d'un autre temps. On peut effectivement comprendre que les armateurs des rives de la mer du Nord ou de la Baltique aient vu d'un mauvais œil un marché australien de sous-marins d'attaque, chiffré à 30 milliards d'euros, leur échapper au profit de l'excellent constructeur français, partiellement étatique, Naval Group. Mais de là à ce que ces managers, vexés à mort dans ce qu'il faut bien appeler un orgueil hors de propos, aient refusé, dans le principe même, toute forme de coopération future, est proprement incompréhensible. Seule, en effet, face à une concurrence mondiale exacerbée, une coopération européenne ouverte entre Allemands, Français et autres acteurs, aussi difficile qu'elle puisse paraître *a priori*, serait à la mesure de cette nécessité. Tout au contraire, le maximum est fait pour que se noue, exclusivement entre constructeurs nordiques et sans pertinence stratégique notable, un pacte associant, sous l'égide motrice des Allemands, des entités hollandaise et norvégienne.

Osons nous répéter en rappelant ce très ancien proverbe russe qui dit que les Allemands auraient inventé le singe, une manière d'imager l'intuition et l'ingéniosité des Germains. Et rappeler, dans le même temps, l'existence d'une fascination slave pour l'Allemagne, à laquelle, de son côté, Vladimir Poutine est clairement sujet. La culture d'un espion du KGB incluant un volet culturel non négligeable, il n'ignore point, en parfait bilingue russe-allemand, tout un pan de la littérature germanique des XVIIIe et XIXe siècles. Le duo Merkel-Poutine, nous dira-t-on, a connu force dissensions. Notamment lors d'échanges tendus sur le dossier ukrainien. Au point que Poutine, pour la déstabiliser et lui faire peur, a joué une fois au plus pervers avec la chancelière en amenant son chien lors d'une entrevue. En pleine connaissance du fait qu'elle craignait les gros canidés. Pour lui, comme pour les hiérarques du KGB, la relation germano-russe relève, comme nous l'avons déjà dit, d'une interdépendance prédestinée et quasi génétique. Et, rappelons-le aussi, ils voient dans le traité de Rapallo, signé en 1922 entre les perdants isolés et déconsidérés de la Première Guerre mondiale que sont la Russie et l'Allemagne, l'illustration d'une complémentarité diplomatique, militaire, économique exemplaire. Vladimir Poutine lui-même est convaincu de cette complémentarité, depuis son séjour en immersion à Dresde, unissant en particulier les savoir-faire techniciens allemands et l'exploitation des richesses minières et énergétiques russes.

Mais si la relation avec l'Allemagne est parfois tendue, ce n'est toujours pas, ainsi que le dit et le répète l'ancien chancelier allemand Schröder, devenu un ami et que Poutine a fait élire à la tête de Gazprom, la firme qui assure l'acheminent du gaz russe en Europe occidentale, une raison pour « mettre le feu au Reichstag ».

1961-1989 :
LA SCHIZOPHRÉNIE ALLEMANDE

Nous avons déjà noté que durant toute la période où les Allemagnes furent strictement séparées par le Mur de Berlin (1961-1989), le seul lieu communautaire virtuel que partagèrent les téléspectateurs des deux bords a été l'espace du *prime time* télévisuel 19 heures-minuit, entrecoupé de publicité et capté par des antennes bricolées, de la télévision « capitaliste » ouest-allemande. En noir et blanc à l'Est, dans la mesure où les téléspectateurs est-allemands n'avaient pas accès au système de diffusion ouest-allemand PAL. Sans cependant omettre de suivre par ailleurs leurs propres programmes « collectivistes », en couleurs s'entend, grâce au système de diffusion français SECAM que leur avait imposé (pour créer une frontière, supplémentaire, hertzienne) le régime de la RDA. De quoi, pendant les vingt-huit ans que dura ce manège, nourrir force schizophrénies ? Très sûrement. Mais, surtout, de quoi n'être que très marginalement troublé par ces engouements, ces réserves, ces répulsions inhérentes à ce que de savants sociologues occidentaux commençaient déjà à évoquer comme de sacro-saints « phénomènes sociétaux ».

À l'Ouest, l'attrait du Flower Power

En ces temps-là, à l'Ouest, en termes de « valeurs », comme on ne le disait pas encore, il se prétendait que la société occidentale connaissait une mue sociétale de l'ordre d'un « changement de paradigme ». Une onde de choc issue des campus de la côte ouest des États-Unis qui se traduit très vite, au sein des nouvelles générations étudiantes allemandes découvrant l'« inassumable » charge historique des crimes de leurs grands-pères ou pères, mais déjà blasées d'un consumérisme délétère, par la prise de conscience radicale d'un vide spirituel vertigineux. Une onde qui se propage d'autant plus vite que, sur les campus allemands, on maniait déjà bien mieux l'anglais américain qu'à Rome ou à Paris. Un clou ne pouvant en chasser un autre, ou le maoïsme ne valant pas mieux que le trotskisme, se manifesta un appel d'air en faveur de ce *flower power* californien qui, pour nombre d'honnêtes âmes, balayait les idéologies ensablées. Soudainement, certains slogans, tel celui d'une publicité de banque de Francfort du milieu des années 1970, arguant que « seul posséder un compte bien garni donnerait le droit d'exister », parurent imprononçables. Et tout laissa penser que les jeunes Allemands (de l'Ouest), qui jouissaient alors des derniers feux du *Wirtschaftswunder* (« miracle économique »), se rendaient lentement compte que les jouissances purement consuméristes, offertes par cette croissance de l'après-guerre, allaient à terme ne plus suffire à leur bonheur. Effet de satiété d'un peuple mis moralement au ban des nations ? À n'en point douter. L'hyperconsommation ayant succédé aux privations de la guerre, toute personne en mal de statut fréquentable tenta de se redéfinir une raison de vivre. Et ce fut l'occasion, pour des centaines de milliers d'Allemands, d'entamer la lecture d'un étrange livre vite devenu culte.

D'évidence, la parution en 1976 de *Haben oder Sein* de Erich Fromm (*Avoir ou être* en traduction française) a représenté en Allemagne, plus que nulle par ailleurs dans le monde, une opportunité de catalyse, collective autant qu'individuelle, providentielle. Lu par plus d'un million et demi d'Allemands entre sa parution et le début des années 1980, ce livre devint sans conteste le vade-mecum de quelque trois générations de Germains. Moins qu'une réponse, cet ouvrage faisait écho à ce sentiment de vide qu'éprouvaient ces citoyens de nulle part qu'étaient devenus les Allemands, et que ressentait aussi tout étranger en processus d'immersion intégrale au sein de la société allemande d'alors. Pour la plupart d'entre eux, croire pouvoir proclamer « *Wir sind wieder Wer* » (« Nous ré-existons à nouveau ») relevait encore d'un pari intenable. Se développa alors très profondément dans la société allemande, cette disponibilité à s'interroger sur l'Ersatz de vie qu'offraient les idolâtries unilatérales et matérialistes d'une société du toujours plus consumériste.

Haben oder sein, en tant que phénomène de société, est considéré dans le monde de l'édition comme un mystère. En tout cas, un choc inattendu venant d'un ouvrage qui a clairement « touché le nerf de son temps ». Né à Francfort en 1900, juif allemand agnostique, on comprend aisément que Fromm ait fui l'Allemagne dès 1932 pour rejoindre l'Université américaine de Columbia. Marxiste à ses débuts, il ne fut jamais qu'un freudien marginal, n'hésitant toutefois pas à se distancier du maître viennois de la psychanalyse. Outre ses considérations sur l'amour et son caractère éphémère, son magistère consistera à poser quelques questions élémentaires plutôt perturbantes, telles que : « Si je suis ce que je possède et que je perds tout ce que j'ai, qui suis-je ? » Pour ensuite ouvrir son propos en affirmant, de façon plus militante, que vivre ne peut se limiter à « posséder le talisman de la puissance qu'est l'argent, glaive et sceptre des modernités successives du monde occidental ». Avant de proposer à ses lecteurs et auditeurs, dans une forme de rêve éveillé, cette *Abgeschiedenheit*, ou « mise en retrait modeste », synonyme d'un appauvrissement délibéré et volontariste.

Échapper à cet étranger à nous-même que nous devenons en cédant aux manies de possession et mieux revenir à l'art d'aimer primordial. Et ainsi retrouver notre nature profonde. Ainsi se résumait ce qu'il hésitait à appeler une « doctrine », mais qui a touché ses lecteurs au plus profond d'eux-mêmes. Succès économique, coquetterie, narcissisme, popularité et sex-appeal, prestige, pouvoir : rien de tout cela ne conduit au bonheur, que permettrait « l'art d'aimer ». « Faire le vide en soi », se mettre en situation d'attente contemplative : dire que toute l'Allemagne, alors fortement « écolo » et même plutôt « baba cool » selon l'expression d'alors, s'y essaya massivement serait néanmoins excessif. Mais la vogue des forfaits pour cures d'ascétisme proposés dans des « ashrams à gourous », ermitages monastiques et autre thébaïdes agrestes, connut une vogue très sensible. De nombreux Allemands d'âge moyen, cherchant à se « recréer », se livraient sérieusement à ce type d'exercices parfois étranges avec pour objectif de se « vider de soi ».

Ne prétendons pas que l'Allemagne entière se transforma en lieu de prière et de ferveur spirituelle. Néanmoins, en regard de l'insouciance relative des peuples latins, les sociétés germaniques, autant que nordiques et même anglo-saxonnes, sont bien plus sujettes à ces puissantes et irrésistibles aspirations intérieures. Là encore, par intuition et avec conviction, Fromm, patronyme dont la traduction signifie « Pieux », fut bien à la fois le déclencheur et le propagateur d'une vague quasi virale de récollection spirituelle sans égale dans l'après-guerre.

La traduction politique et historique de ce phénomène fut la naissance, puis l'ancrage très significatif, des *Grünen* (les « Verts ») dans le paysage électoral allemand. Comme ailleurs, ces « Verts » furent initialement minoritaires dans les assemblées fédérales et locales, mais ils furent médiatiquement avantagés en raison d'une réelle capillarité avec les milieux intellectuels et ceux des beaux quartiers urbains. Que leur substrat idéologique ait été celui des révoltés du « 1968 allemand » est tout aussi évident. Tels que présentée malicieusement par les experts de cet univers confus, l'allégorie de la pastèque semblait adéquate : pour être effectivement verts en surface, les *Grünen* n'en étaient pas moins très rouges dans les profondeurs de leur chair. Ajoutons, pour être complet, qu'Erich Fromm n'est pas étranger au fait que les tons orangés d'une spiritualité d'inspiration orientale ont aussi, entre cœur et écorce, quelque peu troublé l'aspect des rouges et verts basiques.

Aujourd'hui, les Verts allemands disposent toujours de ce que les sondeurs appellent une position électorale structurelle, au nord comme au sud de l'Allemagne. C'est vrai de manière plus « rustique » dans l'espace méridional bavarois que dans l'aire septentrionale et hanséatique du pays. Des régions que distinguent encore, quant aux langues et dialectes en usage, des variantes notables. C'est ainsi que si dans le Sud et le Centre de l'Allemagne le vocable *Stein* (« pierre ») s'exprime en insistant sur chaque lettre, sur le mode robuste et terrien *Schtein* (en ajoutant un *ch* au cœur de *Stein*), les « Verts » allemands de l'espace hanséatique, souvent grands bourgeois distingués assez *british* dans leur manière d'être quotidienne, prononcent le même mot *Stein* de façon plus glissée, sur le mode *Sttein*, en y mettant deux *t* plutôt qu'un seul !

On discute ainsi écologie, réchauffement climatique et paix universelle dans une langue plus *smart* et *weltmännisch*, « urbaine », à Hambourg et même à Munich, ville colonisée par des migrants prussiens venus de Berlin dans le courant du XIXe siècle, qu'au cœur de la *Bayerische Wald*, cette campagne de nulle part dont les habitants vieillissants craindraient tout étranger se manifestant d'au-delà leurs cimetières paroissiaux. Vivotant maigrement dans un pays qui aligne sans fin des records du monde en matière d'excédents commerciaux, ces pauvres Allemands survivent avec des pensions inférieures au minimum vital, et constituent l'une des franges qui vote le plus fidèlement en faveur de partis réactionnaires et xénophobes du type *Alternative für Deutschland*.

Ces fossés politiques et culturels n'empêchent pas, néanmoins, les rats des champs et les rats des villes allemands de se comprendre malgré tout. Pour la simple raison que, dans l'une et l'autre zone linguistique et malgré des différences cruciales de niveau de vie, le culte inconscient de la nature reste un facteur de cohérence spirituelle indéniable. Et faire symbiose avec cette nature, une aspiration immanquablement sous-jacente. Lors des élections régionales, cela se traduit par des poussées chiffrées de l'ordre de 10 à 15 points en faveur des Verts dans les Länder traditionnellement conservateurs, une tendance irrépressible et au préjudice des partis traditionnels, social-démocrate et chrétien-démocrate.

À compter de 1934, fort des magistères intellectuels dont il disposait au sein des Universités américaines Columbia et

Yale, Erich Fromm, a eu tout son temps pour fignoler son discours disruptif. Jamais pourtant, en intellectuel scrupuleux, il n'a omis de souligner la dimension religieuse de sa démarche, reliant celle-ci aux sources d'une forme de spiritualité très singulière qu'il nommera « détachement eckhartien », désignant par-là tout ce qui invite l'être humain à connaître cet état de grâce qui le rapprocherait du divin.

Pour mieux appréhender cette forme particulière de la spiritualité allemande, il faut ici replonger en quelques lignes dans le passé et convoquer les travaux d'un personnage historique clé : le théologien et philosophe dominicain Maître Eckhart (1260-1328).

Fromm a surtout voulu identifier dans l'héritage théologique de Maître Eckhart, prédicateur de la « sérénité » (*Gelassenheit*), une forme de « lâcher prise » délibéré et absolument original : l'esprit libre, le cœur humble, toute attente ou aspiration personnelle éteinte, l'intériorité insensible à toute turpitude, s'opère alors chez l'individu ce miracle voulant que Dieu, professe Eckhart, ne peut que s'y loger.

Maître Eckhart, précisons-le, est un mystique allemand, prieur provincial des dominicains de l'Allemagne de la fin du XIIIe siècle. Poursuivi par ses pairs pour hérésie, il décédera à Avignon avant la proclamation de sa condamnation par une bulle du pape Jean XXII. Il est pourtant loin de dégager cette odeur de soufre que l'on prête communément aux hérétiques. Et sa recherche, plutôt que de se perdre dans les impasses de l'alchimie, vise à atteindre cet état de divination que les Grecs appelaient plus simplement *théosis*.

« L'homme devient ainsi, par Grâce, ce que Dieu est en nature », avait déjà affirmé bien avant lui Maxime le Confesseur, moine et saint byzantin dont l'ancien pape allemand Benoît XVI considérait que « son point de mire était toujours la réalité du monde et de son salut ». Désormais, le premier pape retraité de l'histoire vaticane s'est imposé le silence. Comme si, bien plus que le poids écrasant de sa charge, son désir si germanique d'éprouver cette forme d'ascèse du « détachement eckhartien » avait, en regard de cet épisode, joué un rôle magistral. Tout le suggère, en effet, puisque notre contemporain Joseph Ratzinger, devenu pape émérite, s'est choisi une vie de silence et de prière, retiré dans le monastère *Mater Ecclesiae*, à deux pas de la basilique Saint-Pierre.

Il n'est pas anodin que Maître Eckhart ait été, tout autant que saint Thomas d'Aquin, saint Louis et Frédéric de Hohenstaufen, un fils du XIIIe siècle. Et qu'il ait été également, après avoir effectué une brillante formation universitaire à la Sorbonne, l'un des « intellectuels voyageurs » les plus affairés de son temps. On le vit ainsi tour à tour étudiant, pèlerin, professeur, éducateur, puis « maître à méditer », plus qu'à penser, en Thuringe, sa région natale, puis religieux savant, socialement engagé, dans les Flandres, en Italie, en Bohème et surtout à Cologne, alors ville d'accueil de sa congrégation.

Il n'est pas noté qu'il se soit mêlé des querelles opposant le Vatican et le Saint-Empire. Et pas plus des péripéties liées aux rivalités qui opposaient chrétiens et musulmans pour le contrôle des lieux saints car, d'évidence, il préféra s'adonner à nombre d'autres voyages intérieurs.

Outre cette référence absolue que fut pour lui Maître Eckhart, Fromm sut sonner le rappel d'autres références contemplatives tels que Lao Tseu, pour qui le « bonheur, c'est le chemin » ; Bouddha, pour nous enseigner qu'il « n'existe rien de constant si ce n'est le changement » ; ou encore Albert Schweitzer, médecin et pasteur alsacien amoureux de l'Afrique, pour nous confier « qu'il y a deux moyens d'oublier les tracas de la vie : la musique et les chats ».

Au total, le destin d'Erich Fromm représente une singulière épopée : qu'un juif allemand, émigré aux États-Unis, ait mieux discerné l'originalité du message du dominicain qu'en leur temps les propres condisciples d'Eckhart n'est pas le moindre paradoxe. Pour ensuite en déduire que « les hommes ne devraient pas réfléchir à ce qu'ils doivent faire. Mais bien plus méditer sur ce qu'ils devraient être ». Le plus significatif étant que, revenu en Europe pour y mourir sur la rive suisse du lac de Locarno, Fromm ait, sept siècles après la mort du savant de Thuringe, éprouvé le besoin, par le biais de son ouvrage, de rallumer la lampe d'Eckhart sous les regards de ses contemporains européens.

Une frontière culturelle

Nonobstant, la société allemande réunifiée depuis trois décennies n'en est pas moins devenue, au prix d'une métabolisation, unilatérale et résignée, des modes de comportement et de consommation à l'occidentale, un espace européen de plein exercice. Avec comme bémol, qu'à l'exception de Berlin, espace vitrine toujours aussi fantasmagorique en termes d'expérimentations musicales, artistiques ou de cohabitations communautaires alternatives, le « bio-boboïsme » et la « gentrification » immobilière, qui touchent aussi certains quartiers en déshérence de Munich, Hambourg ou Francfort, ne se sont que très timidement développés dans l'ex-espace collectivisé de l'ex-RDA. Dans le passé, les habitants de ces régions ont su, aux pires moments de leur combat terminal face aux caciques d'un régime aux abois, faire montre d'un supplément d'âme surprenant. Mais peut-être leur a-t-il manqué, pour adoucir cette trop grande « rugosité » qui les caractérise, d'avoir eu accès, privilège de leurs compatriotes de l'Ouest d'antan, aux lumières convergentes du duo enchanteur que forment, indissociables, le juif allemand du XXe siècle Erich Fromm et le dominicain du XIIIe siècle *Meister* Eckhart.

Des retrouvailles post-totalitaires complexes

Conséquence de la chute du Mur de Berlin, apocalypse du collectivisme à la russe, bénédiction pour l'Ouest libéral, la réunification des deux Allemagnes se présentait comme un défi colossal en matière d'ingénierie systémique, financière, économique et humaine pour les futurs « réunificateurs » opérationnels des deux zones désormais rassemblées. Mais, pour l'heure, en ce début décembre 1989, à Strasbourg, lors d'une rencontre orageuse entre Helmut Kohl et ses trois interlocuteurs occidentaux, la question, alors encore très hypothétique, d'une réunification rapide des deux Allemagnes, était toujours sur la table. Une rencontre marquée, dans un aparté improvisé, par un dialogue musclé dans lequel le président François Mitterrand avait obtenu du chancelier allemand que ce dernier, s'il voulait remporter son adhésion à la réunification, allait devoir consentir à l'abandon du Deutsche Mark pour une nouvelle monnaie commune. Ceci dans le cadre d'une Union monétaire et dans celui de la fondation concomitante d'une future Union européenne, alors même que personne autour de la table de discussions, plus que de négociations, n'imaginait que le processus de retrouvailles entre Allemands de l'Est et de l'Ouest puisse être bouclé moins d'un an plus tard, tant les inconnues d'un tel processus étaient innombrables, la première tenant au bon vouloir des Soviétiques. La mise en place du dispositif idoine allait tenir, imaginait-on, d'une absorption, pure et simple, par le boa ouest-allemand de la mangouste collectiviste en faillite qu'était la RDA. Ce qui fut le cas à compter de début 1991, avec célérité et brutalité, deux facteurs parfaitement conformes aux clichés, en l'espèce pas toujours faux, qui circulent depuis des lustres sur l'efficacité à toute épreuve dont feraient montre nos cousins germains.

La réunification éclair de l'Allemagne ne fut jamais, croit-on, qu'une divine surprise. Il n'est pas faux de le prétendre dans la mesure où, sans conteste, les grands bouleversements de la fin de l'année 1989 s'inscrivaient, sourdement et de longue date, dans les effets cumulatifs de micro-événements d'ordre économique. Et ce sont eux qui, en temps nommé, provoquèrent cet éboulement fatal qui marqua l'émergence d'une ère nouvelle. Nul acteur de cette séquence, en l'espèce, ne s'était voulu le Machiavel d'un plan d'action détaillé de renaissance économique.

LES CICATRICES DE L'EST

En réalité, pour les anciennes générations allemandes, cette histoire avait un goût de déjà-vu. Celui d'un effondrement précédent, en 1945. Pour ces générations, l'Allemagne avait déjà vécu une *Stunde nul* (« heure zéro ») dans une période durant laquelle, avec l'aide de leurs vainqueurs, l'urgence avait été de rétablir un début de santé économique. Ce vécu n'a pas été sans effet sur la réussite de cette deuxième renaissance allemande ; et donc aussi sur son retour, à compter de 2015, à peine un petit demi-siècle plus tard, sur la scène des grands exportateurs mondiaux. Ce qui mérite analyse.

Il est souvent avancé que l'ex-Allemagne de l'Ouest, dissociée de l'Allemagne de l'Est jusqu'à la chute du Mur de Berlin, ne fut jamais, bien qu'État et nation à part entière, qu'une « société anonyme » sous contrôle capitalistique et boursier américain. En vérité, rien n'est à la fois plus juste et plus faux. Plus juste, parce que grâce au Plan Marshall de soutien aux Européens (mais pas autant qu'on ne l'a cru), l'Allemagne vaincue se ressaisit économiquement dès les années 1948-1952, en puisant (bien plus qu'on ne l'a cru) dans des ressources endogènes latentes. Plus faux, parce qu'en raison de la guerre froide, qui a impliqué dès le début des années 1950 une forme de coude à coude militaire et financier entre l'Allemagne vaincue et ses vainqueurs occidentaux, la machine économique allemande, bien moins cabossée qu'annoncé précédemment, a pu d'elle-même reprendre pied et s'impliquer dans ce qu'on appelle un *Wirtschaftswunder*, ou « miracle économique ».

Ce faisant, l'Allemagne échappait à l'enfer des maudits pour accéder au purgatoire de la communauté des mortels. Il faut en effet se souvenir qu'un temps, à Washington, le secrétaire d'État au Trésor américain Henry Morgenthau avait imaginé un plan visant à démanteler, à désindustrialiser et à neutraliser l'Allemagne. Pour en faire, *ad aeternam*, un protectorat à vocation purement agricole. Adouci en 1945 par le président Franklin D. Roosevelt et Winston Churchill – ce dernier étant paradoxalement le plus modéré, compte tenu du souvenir qu'il avait des effets désastreux de la neutralisation de l'Allemagne par le traité de Versailles de 1919 –, ce plan n'en prévoyait pas moins de transformer l'Allemagne en nation agricole et pastorale. Dans le même temps, en France, se posaient les premiers jalons de ces Trente Glorieuses qui a enfanté une « société de consommation » conjuguant *baby-boom*, reconstruction, croissance et plein emploi. Une période faste à laquelle, de part et d'autre du Rhin, le choc pétrolier de 1973 mettra fin.

On a amplement exposé les paramètres économiques de la réunification, une opération rondement menée. Tout en négligeant souvent les aspects psychologiques, relationnels et humains, qui, en dépit d'une partition qui n'aura finalement duré que quarante ans, ont été synonymes d'épreuves et d'interrogations en particulier pour les populations de l'Est. Il faut noter, de plus, avec les treize années de nazisme entre 1932 et 1945 puis les vingt-huit années de communisme entre 1961 et 1990, que ces populations furent sans relâche sous le joug de deux totalitarismes, bien que très distincts dans leur nature et l'ampleur de leurs crimes. Certes, lors de la réunification en 1989, les Allemands de l'Est, retrouvant la liberté de circuler et fascinés par ce qu'ils voyaient à travers la télévision du « *Western Deutsch way of life* », copie assez ressemblante de l'« *American way of life* », ont vivement éprouvé, du moins dans les villes et en tout premier lieu à Berlin, un sentiment euphorique évident de libération. Mais cela ne saurait faire passer par pertes et profits les angoisses profondes que pouvait générer le monde nouveau qui s'ouvrait à eux. Au sein de ce qu'on pourrait appeler l'Allemagne (de l'Est) « profonde », la joie de la libération n'a pas existé sans son contraire, l'angoisse des lendemains, voire une forme de rejet ou de méfiance devant cette nouvelle façon de vivre faite de performance, de productivité et de consommation ; un nouveau monde où il n'allait désormais plus être possible de tout attendre de l'État socialiste et où, au bout du compte, il allait falloir tout changer à marche forcée… sous la direction de nouveaux compatriotes, aux méthodes et *process* américanisés venus de l'Ouest voisin.

Ce comportement conquérant des Allemands de l'Ouest envers leurs homologues de l'Est, comme de juste, ne fut pas sans susciter jalousies, sentiments d'humiliation et complexes d'infériorité. Des réactions auxquelles s'ajoutait une autre affliction, parfaitement ressentie et même documentée médicalement dans les années postérieures à la chute du Mur : vivre à l'Est de la frontière impliquait en effet d'avoir non seulement souffert de la privation de libertés élémentaires, mais également de carences vitaminiques et protéiniques physiologiquement anémiantes. L'Allemagne réunifiée continue ainsi de subir, essentiellement et encore massivement à l'Est, une sorte de schizophrénie ténébreuse qui, trente ans après des retrouvailles parfois amères, n'a pas totalement disparu. Cette pathologie silencieuse n'est un secret pour aucun observateur scrupuleux de la scène politique allemande. Pour la bonne et simple raison que ce trouble de l'âme, autant que de la conscience politique du peuple allemand, se lit on ne peut plus clairement dans le fil des récents résultats électoraux. L'ouverture du Mur, redisons-le, n'a pas été que politique, de même que la réunification ne peut pas être évaluée dans ses effets que sous le seul angle économique.

Résumons : deux modes de vie, deux Allemagnes se sont retrouvées en 1989 après cet éloignement, d'abord purement interétatique entre 1949 et 1961, puis draconien, pendant vingt-huit longues années entre l'élévation du Mur en 1961 et sa chute en 1989. Depuis, tout se télescope et s'entremêle, car ce processus ne peut qu'être sourd et lent, avec le bonheur d'avoir retrouvé une patrie historique réunifiée, mais aussi les ambiguïtés, les non-dits, la méfiance de deux mondes opposés qui vont désormais revivre ensemble : un monde riche, efficace, aux accents souvent libertaires, face à un monde pauvre, improductif et totalitaire où la liberté individuelle avait été cadenassée jusqu'au sein même des familles, et où l'on pouvait finir par se méfier de tout le monde.

Les Allemagnes d'avant 1990 se menaient aussi, à leur corps défendant, une guerre culturelle. Sous certains aspects, la guerre froide, dont l'ex-Allemagne nazie a été, de fait, le cœur et le symbole le plus criant, a aussi été une guerre sociétale et civilisationnelle. Les systèmes de valeurs radicalement opposés des deux blocs se retrouvaient face à face sur le territoire de l'ancien Reich allemand, avec une population séparée depuis la capitulation du IIIe Reich.

Quel que soit le côté du Mur et du Rideau de fer où l'on se trouvait, le Mal était toujours de l'autre côté même si, de leur côté, les populations de l'Est avaient pour l'essentiel compris depuis plusieurs années les mensonges évidents de la propagande officielle de l'État socialiste. Schizophrènes, les Allemands de l'Est l'ont été profondément. Travailleurs socialistes encadrés par le Parti huit heures par jour, ils s'imprégnaient et rêvaient le soir, mis à part dans quelques vallées isolées, du mode de vie radicalement différent que leur donnait à voir la télévision de l'Ouest que, grâce à des antennes râteaux plus ou moins bricolées, ils parvenaient à recevoir… en noir et blanc. La télévision, rappelons-le, représentait alors ce qu'Internet et les réseaux sociaux sont à nos années 2010. C'est le spectacle télévisuel, même reçu dans de médiocres conditions techniques, qui a servi de principal loisir domestique à une population tenue au quotidien sous un joug idéologique et policier qui prétendait encore imposer une vie et une organisation économique et sociale à des années-lumière des réalités toutes proches du monde riche occidental. Ce contraste pouvait, certes, susciter une immense envie, teintée de frustration et de jalousie, mais il établissait, de fait, une distance considérable entre Allemands de l'Est et Allemands de l'Ouest dont, certains, rappelons-le, étaient de la même famille et dont tous avaient appartenu au même peuple et souffert des mêmes maux sous le régime nazi.

Good bye Lenin !

Quand, au début des années 1990, les Allemands de l'Est – *a fortiori* dans l'espace jusqu'alors clos de Berlin – ont découvert, cette fois en vraie grandeur et non plus à la télévision, la vie, le mode et le niveau de consommation de leurs compatriotes de l'Ouest, le choc fut considérable. On peut réellement parler de sidération, avec d'inévitables bouffées de nostalgie, voire de déni de réalité, comme le raconte avec tendresse et poésie le film *Good bye Lenin* de Wolfgang Becker, sorti en 2003. Le réalisateur y décrit comment un jeune berlinois de l'Est tente de cacher à sa mère que le Mur de Berlin est tombé, après qu'elle s'est réveillée d'un long coma intervenu juste avant les événements du 9 novembre. À cette fin, la reconstitution d'un univers de fiction est-allemand de carton-pâte est nécessaire. Pour sauver les apparences aux yeux de l'ancienne communiste, des cornichons ouest-allemands sont ainsi transvasés dans d'anciens bocaux est-allemands. Et pour occulter l'actualité réelle, sa télévision est branchée sur un studio de télévision fictif dont les émissions, manipulées à dessein, lui font croire que le régime de Berlin-Est est toujours en place. En découle un parfait vaudeville, divertissant, fertile en intrigues et rebondissements. Un coup de maître pour un premier film. Satire douce-amère autant que comédie, ce pastiche délirant ridiculise presque tendrement le régime totalitaire est-allemand qui vient de s'effondrer. Tout en décrivant la réalité du choc que furent ces retrouvailles post-totalitaires entre des *Ossies* (Allemands de l'Est), contraints, dans une absolue confusion, à une subite capillarité nationale avec les *Wessies* (Allemands de l'Ouest).

Qui n'avouera pas sa surprise au spectacle de ce film inclassable ? Il semble en effet si éloigné de tout ce que l'on imaginait jusqu'alors pouvoir naître de l'imaginaire cinématographique allemand. Nous sommes encore plongés, au moment de la sortie du film, en février 2003, dans un climat historique particulier où tout ce qui émane de l'ex-Allemagne de l'Est, condamnée à l'effacement, est perçu comme ne pouvant pas avoir le moindre intérêt. L'immense succès de ce film en Allemagne, quatorze ans après la chute du Mur de Berlin, en dit long sur la trace laissée dans les esprits des citoyens allemands par le choc culturel qu'a été la réunification. L'originalité de l'intrigue réside dans un rappel primordial. Celui que la chute du Mur du 9 novembre 1989 fut effectivement un Good bye Lenin pour tout le monde en RDA. Et que cette situation nouvelle, dans une apesanteur dictée par le passage d'un régime à un autre, ne pouvait que susciter une forme de douleur fantôme inédite.

La vie des autres

Un exploit cinématographique de même nature, mais sur un tout autre registre, plus grave et plus politique, provoqua une vague d'adhésion comparable. Le film *La Vie des autres*, sorti en janvier 2007 et réalisé par Florian Henckel von Donnersmarck, est un chef-d'œuvre accompli. Car rien, jamais, n'y déraille. Tant le ton est juste. Car fondé sur une familiarité intime du réalisateur avec les mœurs et méthodes des services de surveillance politique est-allemands. Oscarisé par Hollywood en 2007, le film nous fait pénétrer dans l'univers et la vie de cafard d'un capitaine de la Stasi, la police politique est-allemande, chargé d'espionner un auteur de théâtre soupçonné, comme sa compagne, d'hostilité militante au régime communiste. Dans cette confrontation lunaire entre volonté d'intrusion totalitaire d'un appareil d'État et résistance, sur fond de profond désarroi et d'intime panique d'un couple traqué, Donnersmarck nous entraîne dans une implacable chasse au plus faible. Que facilite, côté policier, l'omniprésente mobilisation des écoutes téléphoniques. Au total, *La Vie des autres* déroule une fable universelle que clôt, scène d'anthologie indépassable, la déambulation surréaliste de l'ex-agent de la Stasi reconverti dans la distribution de prospectus publicitaires dans les boîtes aux lettres borgnes de quartiers berlinois interlopes. Nous sommes dans une apesanteur de fin du monde que souligne, jusqu'au bout du bout, ce focus implacable sur l'un des plus terribles totalitarismes du XXe siècle.

Soulignons qu'entre les deux Allemagnes, la séparation intégrale n'a duré « que » 25 ans. Dans l'immédiat après-guerre, en effet, entre 1945 et 1949, l'année où furent fondées la RFA sous l'égide des Alliés occidentaux, puis la RDA sous tutelle soviétique, les deux Allemagnes étaient séparées mais pas totalement isolées l'une de l'autre. Qu'il reste encore, trente ans après l'ouverture du Mur, des traces mesurables de ce choc culturel ne peut cependant pas nous surprendre.

Existe-il toujours un sentiment identitaire propre à chacune des deux Allemagnes ? De toute évidence oui, même si ce sentiment ne peut s'assimiler véritablement à un clivage. Le niveau de développement économique des Länder issus de l'ex-Allemagne de l'Est n'a pas encore rattrapé totalement celui de l'Ouest. Avec pour conséquence que le populisme à l'allemande, si problématique, voire effrayant dans les réminiscences qu'il réveille, a d'abord surtout prospéré à l'Est. Il faudra donc sans doute, comme dans toute évolution historique profonde, l'extinction des plus jeunes générations qui ont vécu dans l'ex-Allemagne de l'Est pour que disparaisse ce qui perdure encore : un sentiment schizophrène de double identité ou plutôt de double appartenance. De fait, l'appartenance à une ex-RDA défunte avec ses valeurs d'égalité dans l'austérité, mais surtout cette fermeture hermétique, perçue comme confortable, à toute incursion exogène, continue de hanter les éléments les plus déshérités et les plus frustes de l'électorat populiste de l'ancienne zone soviétique.

Les stigmates de l'histoire

Il faut bien reconnaître que depuis 1933, *a fortiori* depuis 1939, et de toutes les façons après l'érection du Mur de Berlin de 1961, les Allemands confinés par des régimes totalitaires dans les zones orientales de l'Allemagne n'ont guère eu le loisir de côtoyer des gens de couleurs. Et il convient aussi de ne pas fermer les yeux devant le racisme qui renaît aujourd'hui, principalement, mais pas exclusivement, dans les régions de l'ex-RDA. Qui plus est, de manière radicale en retrouvant également, insulte suprême à l'Histoire, le chemin tortueux de l'antisémitisme. Des formes visibles de racisme sont revenues, avec une tendance à la hausse. Nourries par des événements ponctuels qui exacerbent les tensions, tels, commis par des enragés, les incendies volontaires, à Chemnitz (octobre 2018) et autres villes est-allemandes, de foyers d'accueil pour migrants. Avec pour autre conséquence, en terme électoral cette fois, les niveaux de performances qu'enregistrent les leaders de *Allianz für Deutschland* (« Alliance pour l'Allemagne »), parti ultra-droitier tout particulièrement en vogue dans l'ex-Allemagne de l'Est. Soit des niveaux, là encore en hausse, de l'ordre de quinze points.

Déclassement, déserts médicaux, paupérisation. Présentes partout ailleurs en Europe, ces plaies sont purulentes dans les terres rurales de l'ex-RDA. Quant à la désertification des campagnes, une étude statistique (*Ifo Dresden*) datée de mai 2019 révèle que, alors même que la population de la zone occidentale a plus que doublé avec 68,7 millions d'habitants, celle de la zone orientale stagne au niveau qui était le sien au début du XXe siècle, très exactement en 1905, avec 13,8 millions d'âmes. C'est un phénomène d'autant plus significatif qu'un rééquilibrage pouvait être escompté, en lien avec la réunification consécutive à la chute du Mur de Berlin, alors que c'est un mouvement contraire qui s'est produit. Ce qui est désormais considéré, en haut lieu étatique allemand, comme un phénomène d'autant plus inquiétant qu'il est le fruit des évolutions perverses de la deuxième partie du XXe siècle. Avec, tout d'abord, l'hémorragie démographique que fut l'exode massif des Allemands de la zone Est qui, de 1949 jusqu'à la construction du mur de 1961, eurent l'énergie de voter avec leurs pieds, en passant à l'Ouest. Avec ensuite, en lien avec cet exode et toujours en RDA, l'absence d'une relève démographique issue d'une immigration étrangère programmée, telle qu'elle fut initiée en Allemagne de l'Ouest du début des années 1960 et jusqu'au milieu des années 1970.

En résumé, retiennent les auteurs de cette étude, si l'exode rural des campagnes vers les villes avait, depuis la guerre, été le même à l'Est qu'à l'Ouest, le niveau de la population est-allemande serait deux fois plus élevé. Avec pour effet que des villes comme Leipzig et Dresde, qui recensent chacune quelque 550 000 habitants, seraient aujourd'hui deux fois plus peuplées.

Il n'y a qu'une seule consolation implicite à tirer de l'examen de ce tableau. La chute du Mur de Berlin et la réunification qui s'est ensuivie, au prix d'une vampirisation éhontée de l'ex-RDA, ont été compensées par un seul et unique phénomène non négligeable : une convergence grandissante, encore lente mais prometteuse, entre les deux sœurs jadis séparées, avec des niveaux de chômage à la baisse et un pouvoir d'achat en hausse constante.

La pomme de discorde migratoire

La chute du Mur de Berlin, sans qu'il y paraisse, modifia très en profondeur la perception des problématiques migratoires au sein des populations, surtout rurales, de l'Allemagne profonde. Avec pour effet collatéral de réveiller les pulsions xénophobes qui permirent l'apparition puis la structuration de partis populistes aujourd'hui fortement ancrés, avec des scores de 10 à 15 % des suffrages, dans le paysage électoral allemand.

Il y eut, dans un premier temps, une très large ouverture de l'Allemagne, alors en forte croissance, aux ressortissants des pays de l'Est, à la faveur des adhésions et intégrations à l'Union européenne des pays d'Europe centrale. Mais l'absence de possessions coloniales de dimensions anglaise, française, hollandaise, portugaise ou espagnole, explique la rareté des minorités visibles de couleur dans l'espace germanique, où la coloration « arc-en-ciel » des villes ne fut jamais aussi prégnante qu'au Portugal, en Angleterre, en Hollande ou en France.

Là où l'Europe vacille

La crise des migrants bouscule aujourd'hui les politiques migratoires des sociétés européennes. Elle investit aussi les consciences. Chaque pays européen réagit différemment en fonction de ses intérêts et de ses inclinations enracinées dans l'Histoire. Et il faut bien admettre que, concernant l'Allemagne et la France, ces orientations se marquent aux antipodes de l'un et l'autre pays, au risque d'un délitement fatal de l'Europe et du duo historique qui en constitue l'armature. Sans compter la question italienne, puis espagnole, et auparavant grecque. Le sud européen, dont on aime volontiers brocarder un supposé laisser-aller méditerranéen, est aux avant-postes face à la vague migratoire venue d'Afrique ou du Moyen-Orient et sa réaction face à l'urgence – qui, en Italie, provoque aussi le flux populiste et électoral que l'on sait – n'a pas, c'est un fait, rencontré de la part de ses collègues européens plus au Nord, ni des institutions européennes, un mouvement de solidarité très conséquent. Ce qui conduit à entendre avec distance et circonspection les leçons de morale sentencieuses venues des autres capitales sur ces questions. Ce ne sont ni des Français, ni des Allemands qui ont dû faire face, en 2013, au drame de Lampedusa – où les autorités locales se sont retrouvées bien seules… Aujourd'hui, l'Union européenne aide les gardes-côtes libyens qui se chargent de récupérer au large, quand ils le peuvent, les migrants en partance dans les conditions que l'on sait pour les côtes italiennes, pour les ramener en Libye où ils subiront les tortures et atrocités infligées à ces esclaves du XXIe siècle par toutes sortes de mafieux et milices libyennes dont la barbarie n'a, cyniquement, aucune limite. Une situation dramatique qui vient rappeler la réalité d'une autre crise, celle de ce pays livré au chaos depuis la chute du dictateur Kadhafi en 2011. Insensiblement, si l'on peut oser s'exprimer de la sorte, la Méditerranée, large frontière sud de l'Union européenne, est devenue en peu d'années un vaste cimetière qui, chaque jour, engloutit des êtres humains. Sous nos yeux ou presque, puisqu'en vertu de l'adage « ce qui ne se voit pas n'existe pas », la disparition quotidienne par noyade de migrants venus des côtes libyennes ou marocaines ne hante guère les opinions de la très riche Europe. Aiguillonnés cependant par les ONG, les dirigeants politiques, quand ils ne condamnent pas les organisations humanitaires comme l'italien Salvini ou certains responsables publics français qui ne sont pas tous d'extrême droite, peinent à trouver une solution de nature politique, viable et acceptable par les corps électoraux.

C'est pourquoi cette problématique mérite une analyse en profondeur.

Le cas français

Universalité, humanité, ouverture au monde : c'est bien sur la foi de ces valeurs que Saint-Exupéry, considérant aussi que « l'on ne voit bien qu'avec le cœur », concevait notre planète commune comme une *Terre des hommes*. C'est dans cet esprit que devrait aujourd'hui s'appréhender le drame humain qu'est la « crise des migrants ». Non sans feindre d'ignorer qu'en France, dès 1972, cette thématique avait surgi dans le débat public en des termes anxiogènes : dans son *Camp des Saints*, l'écrivain Jean Raspail imaginait en effet une invasion de migrants sur le littoral méditerranéen. Il anticipait ce cauchemar, celui d'un monde comptant en 2050 neuf milliards d'individus – avec une Afrique qui aurait doublé son milliard d'habitants actuel. Déjà, Raspail faisait sienne la perspective d'un grand bouleversement provoqué par plusieurs vagues d'« envahisseurs » issues du continent africain, du Moyen-Orient et des confins de l'Asie. À l'époque, nombre de Français considéraient qu'il reviendrait à leurs petits-enfants d'affronter – autant dire subir – ces migrations massives. Dans l'intervalle, c'est en termes plus explicites que l'ex-socialiste Renaud Camus, entre autres, s'est quant à lui fait le contempteur alarmiste d'un « grand remplacement ». Rien moins qu'un mouvement dont l'objectif viserait à provoquer la disparition progressive de la population historique française au profit de populations immigrées majoritairement extra-européennes. Vues de l'esprit ou assertions plausibles, ces projections fantasmatiques sont des casse-têtes pour la plupart des responsables politiques européens.

Souvenons-nous, en 1989, de la phrase du Premier ministre Michel Rocard, invité d'Anne Sinclair dans l'émission *7/7* sur TF1 : « Nous ne pouvons pas héberger toute la misère du monde. La France doit rester une terre d'asile politique… mais pas plus. » Une affirmation durement reprochée au locataire socialiste de Matignon mais qui est devenue, trente ans plus tard, le corps de doctrine d'une forte majorité de politiques, surtout lorsqu'ils accèdent aux responsabilités et endossent la charge de rechercher une solution opposable tout autant aux valeurs de la « France terre d'asile » qu'à une opinion surchauffée par toutes les surenchères que l'on sait.

Comment, se disent-ils, accueillir la « misère du monde » sans réveiller la peur de manquer d'une partie des déshérités ou des classes moyennes hantées par le déclassement formant une partie de leurs électorats respectifs ? Durant le premier semestre 2015, avec l'arrivée de plus en plus massive de migrants fuyant le bourbier syrien, la plupart d'entre eux se mirent prudemment aux abris. C'était avant que, début septembre 2015, la dépouille d'un enfant échouée sur une plage grecque ne suscite une vague mondiale d'émotion. Véhiculée par l'imagerie à la fois spectaculaire et compassionnelle de la grande actualité, la photo d'Aylan rejoignait celle de l'agonie, face à la caméra, de la petite Omaya, prisonnière des boues issues de l'éruption d'un volcan colombien. Une image terrible faisant aussi écho à ce célèbre cliché de 1972, tiré au plus fort de la guerre du Viêt Nam, où l'on découvrait la peur panique d'une fillette brûlée par le napalm d'une bombe américaine.

L'exception allemande

La loi des médias, implicite, non écrite, où priment le poids des morts et le choc des photos, avait à chaque fois joué son rôle paradoxal en déclenchant tout à la fois voyeurisme et compassion. Tout en renvoyant chacun à son devoir de solidarité et de miséricorde. À la surprise générale, seule l'Allemagne, que certains poncifs assimilent à un pays froid et calculateur, accepta en 2015 d'ouvrir ses frontières à plus d'un million de réfugiés. Par contraste, la frilosité des autres Européens, tout particulièrement celle des pays de l'ex-bloc de l'Est, n'en devenait que plus surprenante.

Cette subite générosité allemande n'a cependant rien d'improvisé. Au contraire, tout indique qu'elle s'inscrit dans une démarche réfléchie qui prend racine dans l'immédiat après-guerre. En effet, depuis 1945, les Allemands n'ont jamais cessé de remédier à leur faible désir de faire des enfants qu'en recourant à plusieurs vagues d'immigration délibérément suscitées. 4,5 millions de réfugiés issus de l'Europe centrale ont fui le joug soviétique au moment de la guerre froide. L'année 1961 marque une nouvelle initiative, spectaculaire et délibérée, sur le registre de l'immigration choisie. L'Allemagne de l'Ouest signe, à la demande des militaires turcs au pouvoir à Ankara, un accord ouvrant la voie à l'arrivée de plus de 600 000 *Gast-Arbeiter*, une formule qui se traduit, selon la délicate expression forgée pour l'occasion, par « travailleurs invités ». Objectif : amplifier la portée du « miracle économique ». Les Turcs constituent aujourd'hui la première communauté étrangère du pays, au point qu'Angela Merkel n'a guère besoin de prendre l'avis de ses voisins européens pour discuter, en direct, et au nom d'intérêts d'abord allemands, avec le si peu démocrate Erdogan qui règne à Ankara.

Tout aussi pragmatique, bien que contrainte, sera l'absorption par le boa capitaliste ouest-allemand de la mangouste collectiviste qu'était alors l'ex-Allemagne de l'Est communiste après la chute du Mur de Berlin. Le processus se prolongera par une évidente restauration de l'influence allemande sur toute l'Europe centrale. Avec pour conséquence notable, l'émergence d'un ensemble économique germano-slave représentant désormais, d'un seul tenant et sur 3 000 km d'Ouest en Est, une zone de sous-traitance industrielle très performante du *made in Germany* conquérant. Comment douter que l'actuelle vague de migrants syriens soit accueillie, au moins « sur le papier », comme une opportunité de régénération comparable à toutes celles qui se sont succédé dans l'après-guerre ? À vrai dire, l'Allemagne qui suscite l'ébahissement de l'ensemble du monde par ses performances de commerce extérieur, se survit à elle-même avec, depuis plus d'un demi-siècle, la terrible contrainte de devoir parer au plus pressé pour renouveler ses forces vives.

Pallier une dénatalité endémique reste en effet une préoccupation centrale de ses élites économiques et politiques.

Une mère allemande, dit la statistique, met au monde seulement 1,4 enfant. Pour la société allemande, le vieillissement de la population constitue une préoccupation majeure. Dès 2030 et selon un pronostic de l'ancien chancelier social-démocrate Gerhard Schröder, l'Allemagne connaîtra un problème de sous-capacité en bras et en cerveaux. À l'horizon 2060, il y aura vraiment péril. Si rien n'est fait, le pays décrochera pour devenir une puissance moyenne. Aujourd'hui forte de 82 millions d'âmes, la population de l'Allemagne se réduirait alors de 22 millions d'individus. Elle quitterait les radars de l'Histoire. Un deuxième facteur explique le ressort profond de cet accueil perçu parfois comme irrationnel de quelque 1,1 million de « travailleurs invités » pour la seule année 2015. Il est lié à la nature profonde et à l'histoire personnelle de Mme Merkel. Qui sait en effet que la chancelière, si réticente à exprimer le moindre sentiment, ne se ressent pas elle-même comme une migrante, ce qu'elle a quelque part été effectivement toute sa vie ? Et que cette condition intime explique son empathie pour les misérables qui ont fait de l'Allemagne une forme de terre promise ?

Revenir sur la première partie de la vie de la chancelière allemande doit permettre de comprendre, à cet égard, pourquoi elle pensa, début septembre 2015, qu'il était de son devoir moral d'ouvrir les vannes frontalières de la zone sud de l'Allemagne aux flux migratoires massifs issus du Proche-Orient, en particulier d'une Syrie en guerre. Née en 1954 à Hambourg, dans la partie ouest de l'Allemagne, Angela Merkel a quatre ans lorsque son père, un « pasteur rouge » que hérisse l'*American way of life* à l'allemande, décide de rejoindre l'Allemagne de l'Est communiste et de s'implanter dans une campagne perdue du Mecklenburg. Enrôlement tiède dans les Jeunesses communistes locales, puis migration à Berlin-Est pour y étudier la physique et la chimie : à l'inverse de son père, la jeune Angela – ainsi qu'elle le confiera un soir du Sommet économique mondial à Barack Obama – a rêvé d'une Amérique qu'elle ne découvre alors, comme les deux tiers des Allemands de l'Est, qu'en regardant la télévision ouest-allemande. Cette Amérique est pour elle un pays de cocagne inatteignable. En novembre 1989, la chute du Mur de Berlin la surprend à la sortie du sauna public, sans l'émouvoir outre mesure. Modérément politisée, elle s'engagera dans un micro-parti prudemment social-démocrate, avant de rejoindre la Démocratie chrétienne du chancelier Helmut Kohl, ce qui la contraint à migrer de Berlin à Bonn. Très vite, en fille de nulle part ambitieuse, elle choisit de compter au sein de cette *Pizza-Fraktion* regroupant les amateurs de cuisine italienne de la CDU. C'est donc au fil de ces quatre pénibles migrations que s'est forgée la personnalité, à bien des égards mal connue, de la chancelière allemande.

Un autre facteur, bien plus explicite, tient à l'éthique luthérienne qui inspire sa morale de vie. Celle-ci se résume en une citation de Vaclav Havel – dramaturge et chef d'État tchécoslovaque (1936-2011) – qu'elle sut exploiter comme un talisman face aux détracteurs de son parti qui lui reprochaient l'inconséquence de sa politique d'immigration : « L'espoir, lança-t-elle, ne se fonde pas sur la certitude qu'une chose se terminera bien, mais sur la conscience qu'une cause a du sens quelle que soit son issue. » Déclin démographique, inclination intime de Mme Merkel et prééminence d'un luthérianisme militant, sont les trois facteurs qui expliquent la décision d'accueil massif, à marche forcée, d'un contingent de migrants que l'on peut imaginer inassimilable à ce degré. Angela Merkel en paiera le tribut jusqu'à la fin de son mandat. Dans l'immédiat, en Allemagne, encore et toujours, toute une frange de l'opinion reste sous le choc. Jusqu'au sein du Parti chrétien-démocrate où persiste un climat de fronde. Cela avait porté Angela Merkel à tenir des propos sans équivoque dès septembre 2015 : « Ceux qui cherchent abri chez nous doivent respecter nos lois, nos valeurs et nos traditions et apprendre l'allemand. » Elle ajouta même : « Le multiculturalisme conduit à des sociétés parallèles. En ce sens, il est un leurre. » Mais elle ne gagna pas en crédibilité dans la mesure où la mise en application de la procédure de renvois des migrants n'ayant pas obtenu de permis de séjour est en panne depuis la première tentative d'exécution de cette mesure. Un terrible défi qui mine la confiance des citoyens et déstabilise le pouvoir.

Dans ce contexte, la notion d'assimilation, purement rhétorique, mais inapplicable et inappliquée, l'emporte sur celle d'intégration. Même si, pour la fervente luthérienne que reste la chancelière, « chaque homme dispose de la dignité que Dieu lui a offert ». Depuis 2015, année du surgissement de ce défi, près de huit milliards d'euros ont été débloqués pour inculquer aux migrants les fondamentaux d'un civisme à l'allemande. Un parcours d'obstacles très sévère, d'ores et déjà pris d'assaut par les réfugiés, surtout par les jeunes femmes migrantes. Les nouveaux arrivants doivent satisfaire à tout un train d'épreuves : se familiariser avec la géographie, l'histoire, le modèle politique, la culture et les droits et devoirs des citoyens de l'Allemagne ; apprendre la langue de Goethe pendant entre huit et dix mois, à raison d'un programme de 600 heures de cours. Baptisé « La vie en Allemagne », un examen est de rigueur en fin de stage. En cas d'échec, la citoyenneté est refusée.

Mais il fallait aussi compter avec la « ruse de l'Histoire », cette « vieille taupe » qui, selon Hegel, creuse son « sillon inexorable dans les sous-sols des sociétés ». Le 31 décembre 2015, a lieu l'inimaginable : en pleine nuit de la Saint-Sylvestre, à quelques pas du parvis de la cathédrale de Cologne, des fauves en maraude, dont il s'avérera qu'ils comptaient dans leurs rangs des migrants maghrébins et proche-orientaux, commettent des exactions sordides et des agressions sexuelles. Chez une écrasante majorité d'Allemands, les actes commis par les fauteurs de troubles ont accrédité l'idée que les migrants pouvaient se comporter en barbares inassimilables. L'Église catholique n'en continue pas moins d'inviter ses fidèles à faire preuve de générosité. « Une personne qui veut construire des murs et non des ponts n'est pas chrétienne », saura dire à ce sujet le pape François. Dans ce pays pourtant de moins en moins religieux (encore moins que la France), l'accueil des migrants fait la démonstration que l'origine de la civilisation occidentale est chrétienne. Car les gens, même s'ils ne vont plus à la messe, réagissent en chrétiens. Notons qu'en France, la générosité de l'accueil allemand portera Martine Aubry, les « frondeurs » du PS ainsi que Daniel Cohn-Bendit, à prendre fait et cause pour la chancelière allemande, contre François Hollande et Manuel Valls : « Non, disent-ils, Angela Merkel n'est pas naïve. Non, elle n'a pas commis une erreur historique. Non, elle n'a pas mis en danger l'Europe, elle l'a sauvée du déshonneur qui aurait consisté à fermer totalement nos portes à toutes ces femmes, ces hommes et enfants fuyant les persécutions et la mort. »

Ce fait est indéniable et Angela Merkel mérite les louanges que lui ont adressées ces grandes consciences. Sauf qu'ils n'ont pas, comme la chancelière, payé au prix fort, politiquement s'entend, une décision humaniste qui lui a littéralement « pourri » sa fin de mandature entre 2015 et 2017, avec pour conséquence, lors des élections générales de 2017, de végéter près de six mois. Après avoir tenté de former un gouvernement dit « Jamaïque » – en référence aux couleurs verte, jaune et noire du drapeau de ce pays– associant sociaux-démocrates, Verts et libéraux, Merkel se résignera à former un gouvernement de grande coalition rouge-noir avec les sociaux-démocrates. Le pire imaginable dans un pays où le soupçon de collusion entre castes, clans et partis suscite des réactions populistes extrêmement violentes. Qui plus est dans une Allemagne sans passé colonial qui, comparativement au Portugal, à l'Espagne, la Hollande, l'Angleterre, la France et la Belgique, est peu ouverte aux vents des ailleurs coloniaux favorisant l'émergence de sociétés « arc-en-ciel » un tant soit peu harmonieuses.

Une Europe profondément divisée

La crise des migrants interpelle profondément les consciences, tout en mettant à l'épreuve des lignes de fractures des sociétés. C'est ainsi que nombre de luthériens allemands, incurablement messianiques, voient le monde en marche : pour eux, l'Histoire et ses ruses, une fois encore, invitent les peuples à opérer ce détour par lequel la raison finira par s'imposer. Partout ailleurs, à commencer dans la très pieuse Pologne, d'aucuns préconisent de se durcir le cœur et de supprimer en soi toute forme de compassion. Dans la plupart des autres pays d'Europe centrale et orientale, la générosité unilatérale d'Angela Merkel n'a pas manqué de froisser les dirigeants au pouvoir, qui n'ont pas accepté qu'elle tente de leur forcer la main. Tant il est vrai que, longtemps en situation d'isolement totalitaire, ces anciens communistes, qui ont pourtant eux aussi connu la disette avant d'être secourus par la main de l'Histoire, venue de l'Ouest, ne sont pas disposés à laisser leurs sociétés se transformer du jour au lendemain en pays « arc-en-ciel » à la française ou à l'italienne. L'onde de choc de Cologne n'en a pas pour autant épargné d'autres États moins potentiellement « réactionnaires ». En Autriche, c'est une fermeture sèche des frontières, assortie d'une limitation du quota de réfugiés à moins de 40 000 pour 2016, qui a été appliquée. Au Danemark, il a même été envisagé de confisquer les valeurs des migrants en instance d'intégration et de durcir les critères de regroupements familiaux. En Suède, c'est un régime d'accueil hyper généreux qui est en passe d'être remis en cause et le renvoi de 80 000 migrants dans leurs pays d'origine est planifié.

Pour l'Europe, mais surtout pour Angela Merkel qui marche désormais sur du verglas, le temps presse. En Allemagne, sur fond de violences anti-réfugiés, le Parti chrétien-démocrate reste profondément divisé. Son refus du multiculturalisme et du communautarisme, de même que sa proclamation d'une primauté de l'assimilation posée par la chancelière en tant que condition à l'accueil des migrants, n'a nullement calmé le jeu. C'est peu dire que le mouvement radical anti-islam *Pegida* et le parti d'extrême droite *Allianz für Deutschland* ont le vent en poupe, comme l'illustrent de façon spectaculaire des résultats supérieurs à dix points lors des élections régionales de mars 2016 dans trois Länder. Même mouvement vers la droite extrême, en Autriche, au prix d'un laminage spectaculaire des partis traditionnels. En Allemagne, il n'est pas pour autant question de se barricader. Avec un chômage au plus bas, un excédent de 3,2 milliards des caisses d'allocations aux demandeurs d'emploi et avec des PME qui, fortes de 30 millions d'emplois, représentent 62 % des effectifs de l'économie allemande, les capacités d'absorption de l'Allemagne sont plus que notables.

Malgré la difficulté dans laquelle elle s'est mise, Angela Merkel continue de jouir d'une cote de popularité honorable avec des sondages plaqués or frisant les 55-60 points. De quoi faire rêver tout dirigeant politique français. Au seul regard de la santé économique de l'Allemagne, il lui serait, pense-t-elle, parfaitement possible d'absorber quelque 800 000 migrants par an d'ici 2025. Mais rien n'indique que le pays, alors en passe de devenir un zeste plus « arc-en-ciel », sera en mesure de l'accepter sur le plan culturel. Dans l'immédiat, Mme Merkel doit sa fragile tranquillité à un accord euro-turc qui, en fermant radicalement « la route des Balkans » qui conduit les pauvres gens du Proche-Orient jusqu'au pays de cocagne qu'est l'Europe, calme le jeu en Allemagne. Et il revient désormais aux Turcs, moyennant six milliards d'euros et autres concessions, de récupérer dans leurs camps les migrants qui relèvent du droit d'asile et ceux qui, Afghans, Africains et Maghrébins, n'y ont pas droit.

Le grand écart est déplorable. C'est bien l'ambition européenne qui, née sur les ruines de deux guerres mondiales fratricides, décide, encore et toujours, du maintien de la paix sur le vieux continent. Au-delà, la solution de la crise passera obligatoirement par la pacification du guêpier que reste le Proche-Orient où chiites et sunnites se livrent une interminable et implacable guerre interreligieuse. Une guerre qui peut être aussi mafieuse, avec une myriade de milices et de clans parfois inclassables que seule l'odeur des dollars motive réellement. Difficile, en outre, de ne pas pointer des responsabilités occidentales à répétition. Comment oublier que Daech s'est agrégé sur la base des lambeaux épars de l'armée de Saddam Hussein, dont les soldats vaincus avaient été torturés dans les sinistres prisons d'Abou Ghraib ? Ou que ce fut dans le camp irakien de Bucca que des officiers sunnites ayant servi le régime de Saddam, imprudemment internés ensemble par les Américains, ont pu rejoindre l'État Islamique dès leur libération, animés par la haine qu'ils portaient à leurs geôliers, pour participer à la naissance d'un califat panarabe fantasmé, unifié face à l'Iran. Cette crise des migrants, tout comme l'apparition de cet État, misérable et sanguinaire, que voulait être Daech, relève-t-elle du « choc des civilisations » décrit par l'universitaire américain Huntington ? Tout l'indique. Sauf qu'elle n'atteint en rien l'ampleur de ces grandes invasions que conduisirent les Arabes, avant que l'une d'entre elles, en 732, soit enrayée au niveau de Poitiers par Charles Martel. Ou encore, bien plus tard, en 1529, lors du siège de Vienne que conduisaient les spadassins de Soliman le Magnifique. Terrifiée, la population de la ville avait eu écho des atrocités commises par les forces ottomanes sur les populations civiles abandonnées à leur sort par l'archiduc Ferdinand et l'empereur Charles Quint : de quoi réveiller une farouche volonté de résister et repousser les Turcs sous les ordres du comte de Salm, un mercenaire allemand de soixante-dix ans.

En regard des terribles fragilités que met en lumière la situation actuelle de l'Europe communautaire, le défi migratoire pose la question existentielle de l'avenir de l'Union. Deux visions s'imposent : l'une considère que les crises ont toujours été, depuis l'origine, les élixirs de vie de cet attelage incertain entre plusieurs anciens ennemis héréditaires ; et l'autre estime que l'alliance s'approfondit paradoxalement grâce aux épreuves qui l'ébranlent épisodiquement. Mais qui pense sérieusement à raser l'édifice ? La mariée européenne, parce qu'elle est bien trop belle, reste et restera, pour longtemps, très enviée et convoitée dans le monde entier. Pour peu qu'elle n'étale pas aux yeux du monde une incapacité à rester unie, cohérente et proactive face aux nouveaux défis du siècle.

Mais la confiance en l'avenir, estime Jean-Marie Cavada, fort de longues années de journalisme européen et de quinze années au Parlement de Strasbourg, ne saurait éluder la question du fonctionnement de l'UE. « L'Union, rappelle-t-il, a été construite sur un projet. Les pères de l'Europe visaient un projet de civilisation pour lequel on a créé un outil. Les questions de la deuxième moitié du XXe siècle (les années 1950-2000) étaient celles des frontières, qui étaient un obstacle à l'échange économique, ainsi qu'à l'échange humain parce qu'il existait entre les peuples de très anciennes détestations ; on a donc construit une machine qui répondait aux questions de l'immédiat après-guerre : panser les plaies, apprendre aux Européens à travailler ensemble, substituer un effort commun de paix à l'ancien effort de guerre des uns et des autres, apprendre aux peuples européens à se connaître, s'estimer, échanger dans tous les sens du terme. Il resta de tout ce processus le grand projet humaniste européen, mais nous n'avons plus la bonne machine. Les enjeux d'aujourd'hui, qui se pensent en termes de blocs et de pôles, comme les États-Unis ou la Chine, nécessitent désormais en Europe une organisation régalienne qui traiterait les grandes questions communes à cette Union délimitée par ses frontières extérieures. »

Partie IV

LA GLOBALISATION DU MONDE

1989-2019 :
L'ÉMERGENCE DU MONDE D'APRÈS

L'année 1991 marquera le début d'une décennie exceptionnelle : celle de l'apogée des quatre siècles du règne de l'Occident sur le monde, et de la fin d'un siècle de luttes idéologiques entre l'Est et l'Ouest. L'occident américain triomphe, l'économie de marché règne sans partage. Et il faut se référer à l'ère des grandes découvertes, puis de l'essor des empires coloniaux, pour comprendre qu'il s'agit bien là, avec l'ouverture des frontières et des marchés en Europe de l'Est, en Chine et au Viêt Nam, d'une troisième ère de mondialisation de l'économie.

L'Occident au zénith

Cette globalisation de l'économie est accélérée par deux révolutions irrésistibles : celle, spectaculaire, technicienne et sophistiquée, des technologies numériques mais également, plus sourdement et, pour tout dire, plus prosaïquement, celle des conteneurs et des porte-conteneurs dont la mobilisation désormais massive, réduit de façon drastique le coût et le temps de transport des marchandises. Ceci, alors même que la Chine, ayant adopté un mode de production et de développement économique inspiré des quatre dragons asiatiques que sont la Corée du Sud, Hong Kong, Singapour et Taïwan, s'impose depuis plusieurs années comme la « ruche-atelier » du monde.

En ce début des années 1990, les États-Unis, idéologiquement vainqueurs, dominent sans partage la scène mondiale. Ils sont, dans un monde désormais devenu unipolaire, l'hyperpuissance de l'heure. L'Europe n'est certes pas en reste. Entité originelle de six pays ne comptant alors que 180 millions d'habitants, face à l'Empire Soviétique qui en rassemblait 300 millions, cette Europe est devenue, par des élargissements successifs, un ensemble de 28 pays totalisant désormais 500 millions de citoyens, alors même qu'une Russie, désormais rabougrie, n'en compte plus que 143 millions. Au grand dam de Vladimir Poutine.

Pour ajouter au trouble et clore cette séquence, il y eut, le 11 septembre 2001, le choc profond de la destruction des tours jumelles du World Trade Center de New York, cueillant l'Amérique au faîte de sa puissance et lui faisant découvrir son extrême et très paradoxale vulnérabilité. Ce qui ne l'empêchera pas, les années suivantes, d'aller s'ensabler en Afghanistan, puis en Irak : deux conflits qui mettront en évidence les limites de la toute-puissance du gendarme du monde que croient encore être les États-Unis.

C'est donc bien la chute du Mur de Berlin qui a été le déclic d'une décennie 1991-2001 où les Occidentaux étaient à leur zénith, habités par la conviction que tous les pays allaient adopter, non seulement leurs modes de vie, mais aussi leur économie de marché et les valeurs qui sous-tendaient ce mode de domination mercantile et financière. D'où, cette idée que l'Histoire allait s'arrêter là, rivée à un unique modèle perçu comme « idéal », en quelque sorte.

Les fractures

Première crise d'un monde désormais entièrement financiarisé et titrisé, l'alerte rouge boursière et monétaire de l'année 2008 a menacé, par un jeu de dominos vertigineux, d'emporter l'ensemble du système bancaire mondial. Sans que le capitalisme financier, pris dans son habituelle amnésie, en tire les conséquences pour l'avenir.

Choc terroriste dans un monde unipolaire, crise financière de 2007-2008 : ces deux séquences ébranlent le monde occidental et s'accompagnent d'un processus d'émergence baptisé BRIC, en 2006, pour désigner le Brésil, la Russie, l'Inde et la Chine, devenu BRICS en 2011 avec l'entrée de l'Afrique du Sud dans ce club spécifique (qui n'est pas une alliance) de cinq États qui ont en commun de se distinguer des autres pays dits « émergents », d'une part, grâce à leur poids économique et démographique, de l'autre, par leur capacité à peser sur la scène politique internationale. Autant d'atouts qui permettent à ces pays ouverts à la modernisation et à la mondialisation de l'économie, de renier l'occidentalisation à tout-va de leurs sociétés et de contester, sur des modes différents, les normes et les valeurs qui fondaient depuis quatre siècles l'ordre occidental du monde. C'est ainsi que M. Poutine rêve de renouer avec Catherine la Grande et M. Erdogan avec Soliman le Magnifique, tandis que les mollahs iraniens rêvent du chiisme des origines et M. Xi Jinping de l'empire du Milieu.

À l'est de l'Europe, le vent de liberté qui souffle a permis à l'économie de marché de s'imposer partout. Les systèmes politiques plus ou moins démocratiques qui se sont installés au début des années 1990, se sont accompagnés de vagues de privatisations qui ont imposé la liberté d'entreprendre et de commercer, même si ces privations sont parfois passées sous le contrôle d'anciens caciques du système appelés à devenir de puissants oligarques milliardaires.

Le mode de vie occidental et son hyperconsommation se sont imposés partout. La force d'attraction des séries télévisées américaines, fournies quasi gratuitement aux télévisions des ex-pays de l'Est, a d'ailleurs été plus convaincante que toutes les opérations de propagande politique pour séduire des consommateurs longtemps privés des objets et attributs du confort occidental capitaliste. Où quand l'industrie de l'*entertainment made in Hollywood* vole au secours du modèle économique dont elle est elle-même issue et dont elle assure avec ses productions une gigantesque promotion.

La RDA sous perfusion

En Allemagne, l'œuvre de réunification institutionnelle et politique équivaut, après la réunification, à une course de vitesse visant à mettre les nouveaux Länder de l'Est au niveau de performance économique de leurs nouveaux compatriotes de l'Ouest. C'est un chemin de rapprochement, certes enthousiasmant mais également long et pénible, qu'entame alors toute la nation allemande réunie. D'entrée de jeu, une bonne surprise se présente néanmoins : l'ex-RDA n'est pas, tout compte fait, dans une situation financière aussi désastreuse qu'on l'imaginait. Il n'en va évidemment pas de même de l'état global de l'économie et de ce qui était alors le standard de vie, sans parler de l'état sanitaire pitoyable des populations, aux insuffisances liées directement, depuis le milieu des années 1970, à la régression d'activités vitales comme l'industrie alimentaire, passée d'un taux d'obsolescence de 50 à 61 %. Idem pour les industries mécaniques et la construction, tandis que le taux d'obsolescence des transports avait augmenté de 53 à 67 %. Même le secteur de l'électronique, des *microchips* ou du numérique balbutiant, un succès d'exportation dans les pays du pacte de Varsovie, voire chez le grand frère soviétique, réserva de bien mauvaises surprises dans la mesure où il fut établi que ces productions un tant soit peu sophistiquées, en général quatre fois plus chères que celles de leurs concurrents occidentaux, étaient fortement subventionnées par l'État, à raison de 3 milliards de marks est-allemands par an.

Aussitôt après la chute du Mur, l'effort de solidarité consenti par les Allemands de l'Ouest pour remettre à niveau l'ex-RDA, souvent avec une certaine mauvaise grâce, fut considérable. Une mise sous perfusion massive de l'économie des nouveaux Länder fut orchestrée par force fonctionnaires, chefs d'entreprise et investisseurs issus de l'ex-RFA, au prix, rappelons-le, d'une contribution fiscale moyenne supplémentaire des contribuables ouest-allemands de 7 % pendant une quinzaine d'années.

Plein emploi, soins gratuits, loyers très faibles : la RDA était un parfait village Potemkine financé à crédit, sans le moindre pfennig pour entretenir le mythe d'un État nourricier et protecteur, garant de soutien social sans contrepartie économique. Comment quitter un tel monde, six mois à peine après la chute du Mur, et remettre à niveau un tel ensemble fallacieux ? La productivité de l'économie y était trois fois inférieure à celle de sa sœur ennemie occidentale. Le succès de la réunification de l'Allemagne de l'Ouest avec un système est-allemand légitimement refondé semblait en sursis en ce mois d'avril 1990.

La Treuhandanstalt, l'Agence nationale chargée de privatiser de fond en comble la RDA, entrera en action dès avril 1990, après l'élection de la nouvelle Volkskammer. L'objectif est d'adapter le collectivisme industriel de l'ex-RDA au monde capitaliste par des privatisations à marche forcée. Ce sera une mission titanesque nécessitant la mobilisation de 3 000 employés et de 15 bureaux régionaux pour façonner l'Allemagne de l'Est sur un mode libéral. Pour 3 DM versés par l'État allemand dans la reconversion d'une entité industrielle de l'ex-RDA, l'investisseur privé, souvent un Allemand de l'Ouest, qui en faisait l'acquisition, était tenu d'y investir 1 DM. L'effort est colossal : chacune de ces opérations augmentait continûment le déficit de la *Treuhand* qui, rien que pour l'année 1991, atteindra quelque 500 milliards de DM, totalement au frais du contribuable ouest-allemand. Près de 13 000 entreprises ou entités d'État est-allemandes seront, cette année-là, sauvées de l'effondrement. Entre 1990 et 1994, la Treuhand procédera au total à la refondation de 110 000 nouvelles unités entrepreneuriales. Avec pour conséquence, fatalement catastrophique, une chute en 1990 de 18,5 % du PIB de l'Allemagne de l'Est, qui était alors transitoirement toujours souveraine. Cette mutation économique et sociale allemande fut une prouesse paradoxale sans équivalent dans l'histoire du XXe siècle et, peut-être, même dans toute l'histoire humaine.

En matière d'emploi, de 1990 à 2005, le nombre de chômeurs dans l'ex-RDA n'a cessé de grimper, jusqu'à atteindre les 11,2 % avant de se stabiliser depuis à un niveau de 9,4 % ; alors que, dans le même temps, il est passé de 5,8 % à 5,1 % dans l'espace dans l'ex-RFA. Il est à noter aussi que ce dernier territoire accueillait en continu des étrangers, souvent des Européens venus s'installer dans la zone ouest car ils étaient sûrs d'y être mieux accueillis qu'à l'Est. Un phénomène paradoxal puisque c'est pourtant bien à l'Est que s'offraient des opportunités en raison de la tâche immense de réforme à conduire. Tout comme est aussi paradoxale, mais individuellement compréhensible, la migration d'une proportion notable des jeunes diplômés de la zone est vers la zone ouest de l'Allemagne où les salaires étaient notablement plus avantageux.

Autant de raisons qui expliquent, concernant les Länder de l'Est et en regard des incertitudes économiques et sociales, une moindre natalité motivée par la prudence, soit un recul de 25 % des naissances à compter de 1989 et une moyenne de 0,77 enfant par femme en 1994. Depuis, le taux est remonté jusqu'à 1,5 enfant par femme en 2015, soit une performance comparable à celle des mères des Länder occidentaux. Quant aux chiffres mesurant comparativement la mortalité de part et d'autre de l'Elbe, ils indiquent une convergence évidente à compter de 2015, résultat d'une équivalence Est-Ouest du niveau de soins prodigués sous la même égide médicale unitaire. Cela aura pris un quart de siècle.

Nier l'extraordinaire métamorphose économique de la RDA depuis trente ans serait une imposture. Pour autant, un retard certain continue d'exister entre les Länder de l'est de l'Allemagne – de 20 % moins performants – et ceux de l'Ouest. Globalement et sur le plan mondial, la productivité moyenne allemande n'en atteint pas moins un bon niveau, se classant tout de suite après celle des États-Unis. Bien que s'étant réduite au fil du temps, la dépendance des petites entreprises de l'Est aux subventions versées par l'État fédéral expliquerait le fossé économique qui sépare encore les deux parties de l'Allemagne. Le manque de personnels formés et qualifiés reste aussi un handicap, alors même qu'au moment de la réunification, l'Allemagne de l'Est disposait d'employés formés en plus grand nombre qu'à l'Ouest.

Les dirigeants des pays voisins, en l'occurrence les dirigeants français, n'ont rien vu venir de ce boom économique qui s'opérait à quelques centaines de kilomètres seulement de leur frontière. Ils ont sans doute, et assez honteusement, spéculé sur un affaiblissement, voire un affaissement allemand dont ils pensaient pouvoir bénéficier, en sous-estimant la capacité économique, industrielle, administrative et financière des Allemands à relever le défi de la réunification. La France voisine n'a donc pas su profiter de cette conjoncture pour progresser en compétitivité. Elle a opposé une sorte de passivité ou d'indifférence au moindre effort, croyant sans doute pouvoir bénéficier mécaniquement d'un effet d'aubaine sans avoir à bouger. Nous étions dans une attitude comparable à celle des années 1960-1970 où l'on croyait que les « dévaluations compétitives » suffiraient à rétablir la compétitivité française. Un manque de clairvoyance qui n'aura pour effet que de permettre aux Allemands de vendre, avec efficacité, des productions haut de gamme et chères, typiques du *made in Germany*, reléguant ainsi de fait les produits d'exportation français aux registres du moyen et bas de gamme moins onéreux. Ces données structurelles, qui restent aujourd'hui prégnantes, permettent à l'Allemagne de caracoler en tête des autres pays de la zone euro et d'être en mesure de parer plus efficacement aux aléas et retours de conjoncture qui ne sont nullement à exclure dans les prochaines années.

Quant à la construction européenne, elle s'est accélérée au début des années 1990 avec la renaissance de la grande Allemagne, mais aussi avec l'intégration progressive d'anciens pays du pacte de Varsovie, pendant qu'au sud de l'Europe, l'éclatement de la Yougoslavie débouchait directement dans les Balkans sur une guerre multiforme, nationaliste, ethnique et religieuse qui a fait resurgir des haines séculaires.

Les ex-pays de l'Est qui frappaient à la porte des institutions européennes sont donc à l'origine de ce processus d'élargissement que beaucoup considèrent, deux décennies plus tard, comme ayant été trop rapide et… trop vaste. Et pourtant, comment résister à la tentation d'intégrer dans une Union porteuse de valeurs à la fois économiques, démocratiques et humanistes, ces pays écrasés pendant plusieurs décennies par le monstre soviétique ? Ce projet d'élargissement avait un sens. Au risque d'aller trop vite.

Constatons-le : l'Europe de ce début du XXIe siècle ne se décide toujours pas à se constituer véritablement en une grande puissance, alors qu'elle est plus peuplée que les États-Unis et infiniment plus forte économiquement que l'ensemble sous influence russe. La chute de l'empire soviétique et l'élargissement européen n'ont pas fait émerger, loin de là, ces fameux « États-Unis d'Europe » dont certains des pères fondateurs rêvaient. Et la faiblesse soviétique n'a pas entraîné, paradoxalement, la force politique de l'Europe…

Au total, la chute du Mur de Berlin, les attentats du 11 septembre 2001 et l'arrivée d'Internet, sur laquelle nous reviendrons, auront été les trois événements majeurs de portée mondiale qui ont marqué le tournant du millénaire. Nous voici désormais dans un monde dispersé et multipolaire dont les éléments de compréhension nous échappent encore partiellement tant il peut receler de surprises à venir.

Après une période de tolérance inquiète de la part des Américains, qui se préoccupaient bien plus de la Chine en matière de performance de commerce extérieur, la réapparition de l'Allemagne parmi les géants industriels et grands exportateurs de la planète rencontre la franche hostilité de Donald Trump. L'excédent commercial vis-à-vis des États-Unis, supérieur à ceux de la Chine et du Japon, ayant été de 283 milliards d'euros en 2017. Pour le président américain et son « *America first* » c'est une « escroquerie » appelant une riposte frontale et la remise en cause de coopérations assimilées à des marchés de dupes.

De la « guerre des étoiles » à la « guerre des échanges »

Aussi méritoire que soit le bilan de la gestion de crise du chancelier Helmut Kohl, il n'y aurait aucune pertinence à limiter la chute du Mur de Berlin à un épisode germano-allemand, ou même européo-européen impliquant l'Union européenne et le bloc soviétique déliquescent. Bis repetita : si la conséquence majeure de la chute du Mur fut la retrouvaille des deux Allemagnes, elle a autant été, voir bien plus, celle de l'effondrement pour obsolescence incurable, d'ores et déjà avéré, de l'URSS. Déjà, sur un plan systémique, le décrochage économique, technologique et scientifique de la Russie par l'Amérique était une réalité. Intériorisée, qui plus est, par les élites du Politburo moscovite, au sein duquel se distinguaient le président du Conseil des ministres Alexis Kossyguine et le chef du KGB de l'époque, Iouri Andropov.

Le début de la fin

C'est sous Ronald Reagan qu'intervient, en mars 1983, le lancement de l'Initiative de défense stratégique (IDS), dite aussi « guerre des étoiles », étrangement gommée des mémoires quant à son impact sur le cours de l'Histoire. L'initiative consistait à dresser un dispositif antimissiles infranchissable par toute forme de nuées fatales de fusées nucléaires stratégiques intercontinentales russes, qu'elles aient été décochées depuis la Russie ou depuis un sous-marin tapi au fond d'un océan à portée de tir des États-Unis. Dans le fil d'un discours où, le 8 mars 1983, il avait apostrophé l'URSS comme « l'empire du mal », Ronald Reagan expliquait : « Il s'agira d'ériger un bouclier spatial, capable de détecter et d'anéantir tout missile venu de la haute atmosphère. » Avec pour effet d'irréversiblement installer un « équilibre de la terreur » devant, en principe, inhiber raisonnablement toute forme d'agression.

Cette séquence historique est d'une importance considérable. Car l'un de ses effets, sous-évalué *a priori* par ceux-là mêmes qui l'avaient articulée à Washington, fera que, entraîné dans une nouvelle course aux armements, l'ours guerrier soviétique se laissera en quelque sorte écraser sous sa propre armure. Alors même que, après trois ans de mise au point, les experts de la prestigieuse Société américaine de physique finiront par juger que le bouclier ambitionné n'était pas réalisable avec la technologie d'alors et qu'il faudrait encore dix années de recherches avant de pouvoir seulement déterminer sa faisabilité. Quand cet aveu tardif intervient, nous sommes à deux ans de la chute du Mur de Berlin, une année où l'effritement du bloc soviétique marquait l'actualité mondiale, de sorte que l'affaiblissement d'un ennemi en déclin invitait à ce que les Américains s'autorisent à baisser leur garde et à ne prolonger, qu'à petit feu, un projet que la disparition de l'ennemi d'hier, dans le monde ancien et binaire de l'équilibre de la terreur, avait rendu superfétatoire. Ce « go-no go » américain explique largement que l'IDS ait quasiment disparu des radars de l'histoire, en gommant ce qu'a été sa véritable et redoutable efficacité : consacrer, aux yeux des dirigeants soviétiques, la suprématie américaine, à l'heure où l'URSS, plus préoccupée de nourrir ses populations que de sophistiquer sa boîte à outils militaire, avait parfaitement compris qu'elle n'avait plus les moyens financiers de rattraper les États-Unis.

Porter son regard sur les conséquences de la chute du Mur de Berlin nécessite modestie et lucidité. Ne pas se laisser emporter par les faux-semblants d'une fougue romantique monocausale ! Cette vigilance relève d'une hygiène intellectuelle élémentaire, tout comme il convient aussi de se pencher sur la fin de la guerre froide avec distanciation. C'est ce que nous a prouvé un entretien serré avec notre ami et confrère Jean-Marie Cavada, déjà cité et avec qui nous avons, l'un et l'autre, longtemps travaillé. En se retournant sur quarante ans de passions et de bourlingues audiovisuelles de terrain, assortis d'une méfiance constante envers les « jus de crâne » de sciences politiques, puis sur quinze ans à parcourir l'Europe en tant que parlementaire, il constate qu'est restée intacte sa constante passion pour la défense des droits fondamentaux, la culture et, particulièrement dans le cadre de son dernier mandat, les questions éthiques posées par la société numérique. Échappant à un aimable et innocent panurgisme, il est donc revigorant, concernant la surprise majuscule que fut la chute du Mur, de l'écouter relativiser cette césure magique, hyperbolique et métaphysique. Revenons donc sur terre pour admettre que, moment paroxystique très émouvant, l'effondrement du bloc de l'Est ne fut jamais qu'une péripétie si on l'observe dans le fil de ce que les historiens nomment le « temps long » de l'Histoire. Péripétie dont l'une des conséquences fut de nous faire effectivement « zapper » cette séquence historique majeure que fut, durant les années Reagan, l'interaction, jusqu'alors minorée, voire ignorée, entre la métaphysique reaganienne de la « guerre des étoiles » et l'idéologie mathématique, spéculative et économique des « *Chicago boys* » de Milton Friedmann. Ces économistes de l'École de Chicago, tenants du libre-échange absolu, pensaient que si cette frontière et cet obstacle que constituait le Rideau de fer disparaissait, on allait pouvoir imposer le libre-échange au monde entier. L'influence américaine sur ce cours de l'histoire s'exerçait donc, d'entrée de jeu, sur la conjugaison de deux « guerres » gigognes et simultanées, soit « la guerre des étoiles et la guerre des échanges », selon l'expression de notre ami Cavada. Objectif de ce double mouvement : prolonger et accentuer, dans la logique de la « guerre des étoiles » mythologique, cette « guerre des échanges » libérale qui, prenant corps sur l'essoufflement économique ultime de l'Union soviétique et de ses satellites, en particulier le plus emblématique d'entre eux, l'ex-Allemagne de l'Est, déclenchera, avec la fin d'un monde bipolaire, une nouvelle mondialisation, globalisation et financiarisation planétaires dont nous mesurons aujourd'hui l'ampleur.

Sur ce registre, inutile de moraliser ou de déplorer quoi que ce soit. Une analyse clinique des processus engagés suffit à mesure l'ampleur de ce qui n'est ni une conspiration, ni une monstruosité, mais l'exploitation de l'arme financière au service d'un dessein de guerre totale. « Je pense, nous dit Jean-Marie Cavada, que la vraie cause de ce que le monde a vécu à compter des années Reagan est né d'un concept géopolitique forgé par une conjugaison de penseurs et militaires américains de haut niveau. Ce concept était d'abord d'imaginer les outils visant à dominer militairement l'espace. Cette "guerre des étoiles" n'a pas fait un seul mort et ne fut, au vu et au su de l'ennemi potentiel, qu'une forme de guerre psychologique totale dont l'objectif était de le déstabiliser en profondeur en lui annonçant un potentiel conflit dans lequel l'Amérique pourrait se protéger sans difficulté des missiles russes. Or, les Russes n'auraient en aucun cas, ni l'énergie, ni le PIB à la mesure de l'effort considérable qu'allait générer cette guerre inédite de l'espace. L'effet de déstabilisation fut au rendez-vous. Scellant un rapport de panique dont l'effet sera, dans ce véritable nouveau Yalta d'ordre psychologique, de littéralement plonger l'élite russe dans un état de panique absolu. Moins avec la menace d'une nuée de missiles qu'avec le constat d'une supériorité occidentale invincible. »

Rappelons que, déjà, un antécédent exemplaire avait illustré une compétition de même nature avec le placement, sur orbite terrestre, d'un premier satellite Spoutnik. Nous étions en 1957, moment où, au zénith de sa puissance en raison du niveau scientifique éminent de ses physiciens, atomistes et experts de l'espace, l'Union soviétique avait réussi à devancer les Américains et leurs alliés. Avant que ces derniers ne finissent, à un coût que seule une méga-économie libérale pouvait assumer, par être les premiers à alunir. Il n'en était plus ainsi en 1983. Et le stress provoqué par ce défi de la « guerre des étoiles » était à son maximum au sein du Politburo. Il ne s'agissait plus seulement d'une question de présence dans l'espace mais d'un choix politique qui, en 1982, après la mort de Léonid Brejnev, avait entraîné Constantin Tchernenko et le chef du KGB, Iouri Andropov, dans une lutte pour le pouvoir qui déchirait la vieille garde du Parti communiste. On devine la confusion moscovite d'alors. De fait, ce leurre qu'était aussi cette proclamation de « guerre des étoiles », avait déjà atteint son objectif : prouver aux Russes que, sans réarmer à mort, ils ne tiendraient jamais face aux défis occidentaux.

« La "guerre des étoiles", reprend Jean-Marie Cavada, fut un facteur d'épuisement économique décisif de l'URSS. Et la cause de l'implosion d'un système qui ne sombra pas à la suite d'une révolte de type idéologique, mais parce que le peuple russe voulait d'abord pouvoir manger et vivre normalement. Dans un même temps, au spectacle de ce désastre, poussant leur avantage, les dirigeants américains, forts des théories économiques de l'École de Chicago, se sont dit que si la frontière européenne du bloc de l'Est s'effondrait, une nouvelle avancée pourrait, dans cet espace et bien ailleurs, esquisser un monde en adéquation avec leur doctrine. En laissant le libéralisme faire tache d'huile et en augmentant le volume des échanges commerciaux. »

Avant d'ajouter : « À partir de là, l'effondrement à l'Est – en particulier la chute du Mur dont nous aimons célébrer les anniversaires – a été vécu à nos yeux d'Européens comme quelque chose de très proche, de typiquement continental, alors que ce n'était que la conséquence d'un mouvement globalisateur quasi mondial bien plus large. Avec un hic d'ampleur, dans la mesure où les « *Chicago boys* » n'avaient visiblement pas mesuré combien la Chine était, elle aussi, en train de s'organiser économiquement. Quand le Mur s'ouvre, la Chine a, certes, des ambitions économiques mais elle n'a pas alors les moyens de cette ambition et elle ne pèse pas très lourd dans l'économie mondiale. Ses leaders communistes disposent par contre de la machine centralisée qu'est le Parti communiste. Et celle-ci sera mobilisée à marche forcée pour former massivement des ingénieurs sur la base des compétences nécessaires à une démarche de rattrapage des Occidentaux. » On connaît la suite : les Chinois, désormais régis par un capitalisme d'État qui est un outil pour satisfaire leurs besoins intérieurs tout en dominant commercialement le monde, sont venus bousculer ce rêve unipolaire américain de l'après-soviétisme.

« Aujourd'hui, dit le désormais ex-député européen, on voit bien que la doctrine du libre-échange mondial et accéléré a deux conséquences : une, intérieure, pour chacun des pays qui l'a appliquée de la façon la plus vigoureuse et une, extérieure, dans le poids de chacun dans le commerce mondial. Sur le plan intérieur, cela a eu un effet : l'intention de contrebalancer la puissance des États par la puissance financière des grands groupes de taille mondiale. La dépendance à la finance devient primordiale. C'est là que commence dans nos pays le tassement des salaires, parce qu'il fallait désormais privilégier des dividendes. C'est là qu'arrive la paupérisation des classes sociales les moins favorisées dans des pays pourtant riches et développés. C'est ce qui est arrivé aux États-Unis, ce qui est arrivé en France, ce qui peut arriver en Allemagne, c'est en œuvre en Italie, etc. En outre, cette guerre économique du libre-échange a trouvé tout à coup un champ clos qui, subitement, s'était ouvert après la chute du Mur de Berlin à des pays d'Europe centrale disposés à adhérer à ce mode de fonctionnement ultralibéral, tant ils étaient fatigués par près d'un demi-siècle d'économie étatique et de pénurie latente. D'où cette distance méfiante, émaillée de polémiques, que ces États nouvellement entrés dans l'Union, souvent tentés par des dérives populistes, manifestent généralement envers les règles communautaires, qu'ils jugent trop tatillonnes ou trop contraignantes. »

Le *reluctant sheriff* de l'hyperpuissance américaine

Il n'y a pas, qu'on se le dise, de mondialisation ou de globalisation indéfiniment heureuse. Et même les plus vieilles alliances civilisationnelles, telle celle qui, au pivot des XVIIIe et XIXe siècles, fusionna les destins de l'Europe et de l'Amérique, sont ou devraient être, dans le fil du processus de déliquescence accélérée de nos univers familiers, sujettes à révisions. Ce nouveau monde qu'est l'Amérique fit un temps, en *reluctant sheriff* (« shérif réticent »), une ultime fois illusion. Cette formule, reprise du diplomate américain Charles Haas par l'excellent Hubert Védrine, est d'une pertinence infaillible. Et elle porta l'ancien sherpa de François Mitterrand, devenu plus tard ministre des Affaires étrangères, à considérer, vers la fin des années 1990, que l'Amérique s'affirmait en « hyperpuissance » du monde. Moins pour éloigner du monde libre occidental les désordres asiatiques, proche-orientaux, africains et sud-américains qui le menaçaient, que pour continuer, avec une puissance décuplée, à imposer aux démocraties amies les iniques et unilatérales vertus d'une globalisation et d'une financiarisation internationale dérégulée.

Au passage, ce jeu de *sheriff* ainsi décrit provoquera les déstabilisations massives, par pans entiers, de sociétés et d'États occidentaux amis déboussolés. C'est donc d'abord à son propre camp géopolitique que, paradoxalement, s'est attaqué le capitalisme américain des années post-chute du Mur, en prétendant naturellement faire l'exact contraire, c'est-à-dire convertir les anciens marxistes aux vertus du marché et du mode de vie à l'occidentale, démocratie élective incluse. Les amis du camp occidental, en particulier les Européens, se sont retrouvés ainsi livrés, sur fond d'angoisse envers l'avenir, aux frustrations et désespoirs disqualifiants de populismes multiformes. La tentation du Brexit britannique en étant l'une des plus éloquentes illustrations. Une angoisse que ne soude plus, de part et d'autre de l'Atlantique, comme du temps de la guerre froide et du pont aérien anglo-américain qui permit à Berlin de survivre à un blocus soviétique, cette communauté de destin qui était alors une réalité ressentie. Un éloignement se manifeste, accentué par l'indécence des saillies que se permet, envers ses homologues européens interloqués, le grand *twittos* qu'est Donald Trump.

Chacun a ainsi pris sa part, après l'effondrement du bloc de l'Est, de l'erreur d'analyse générale. Hubert Védrine l'explique en ces termes dans son ouvrage *Le Compte à rebours* (Fayard 2018) : « Nul ne conteste aujourd'hui que les Occidentaux, à commencer par les États-Unis, se sont lourdement trompés quand ils ont cru, au cours des années 1990, avec Francis Fukuyama, que la démocratie libérale – la démocratie de marché, disait Bill Clinton – avait gagné, grâce à eux et avec eux, la bataille de l'Histoire. Le très raisonnable George Bush avait même cru pouvoir annoncer l'avènement d'un “nouvel ordre international sous la conduite éclairée des États-Unis”. Ces derniers s'apprêtaient à devenir les shérifs du monde [...]. Or, on voit maintenant que c'est dans ce moment de myopie triomphaliste que les États-Unis ont commencé à perdre le quasi-monopole de la puissance et de l'influence qu'ils avaient exercé au XXe siècle, après trois siècles de domination du monde par les Européens. Dans ces années 1990, ces mêmes Européens ont vraiment cru, avec ferveur, entrer dans un monde post-tragique, ce qui s'est révélé une illusoire espérance de Bisounours dans un monde plus proche de *Jurassic Park.* »

La fameuse « date-césure » de novembre 1989 est, on le sait, largement symbolique et certainement pas, en tant que tel, le point de départ de l'effacement du monde bipolaire. La chute du Mur n'était en réalité qu'un effet de réplique tellurique du séisme premier qu'avait été l'effondrement, de fait, du communisme en tant que système politico-économique apte à assurer le développement des pays et le bien-être des populations. C'est donc bien l'« effacement-extinction » de l'URSS et de l'État est-allemand ruiné qui ont permis la chute du Mur de Berlin, en tant qu'effet de conséquence et non point de déclenchement initial. Une constellation de laquelle découleront les deux aggiornamentos économiques les plus spectaculaires du XXe siècle qu'ont été, d'abord, la privatisation à marche forcée, mais toujours inachevée, de la nouvelle Russie, puis, bien plus aboutie, la fusion-acquisition puissamment cavalière que fut l'absorption pure et simple d'une Allemagne de l'Est communiste, exsangue et démonétisée, de 17 millions d'habitants, dans les rets libéraux d'une sœur ennemie occidentale indécemment prospère. Côté post-soviétique, le symptôme, plus que le symbole, de l'omnipotence américaine dans la gestion de cette mue extravagante a été, comme nous l'avons dit, l'enrôlement de l'économiste américain Jeffrey Sachs par le Kremlin. Objectif : administrer à la Russie, sans anesthésie, la « thérapie de choc » qui, permettant à des poignées d'oligarques de s'enrichir sur les dépouilles du complexe militaro-industriel soviétique, plongeait concomitamment plusieurs millions de Russes dans une pauvreté encore plus profonde. À Moscou, Sachs, qui prétendit longtemps avoir sauvé le monde en conseillant plusieurs secrétaires généraux de l'ONU, a en tout cas sévèrement failli, sans pour autant renoncer à ses honoraires. Terrifiant épisode que cette mise sous perfusion de l'économie d'État soviétique et ceci en symbiose avec les principaux responsables de l'effondrement de l'URSS : Gorbatchev, à la fin de son pouvoir, puis Eltsine, y compris lorsque, ivre, il soliloquait, perdu dans ses délires, devant l'Américain Bill Clinton. Mais bien moindrement avec Poutine, tellement germanisé par son séjour de diplomate guébiste à Dresde qu'il tourne mille fois sa langue dans sa bouche avant de livrer le moindre de ses propos à qui que ce soit. Imposé au pouvoir par Boris Eltsine dont il fut l'irremplaçable bras droit, Poutine est un froid calculateur qui, en dépit de ses allures rauques et peu amènes, reste encore populaire dans son pays à qui il veut donner à penser qu'il lui a redonné une fierté. L'autre acteur non expulsable de ce jeu pipé des privatisations post-soviétiques a été le crime organisé moscovite. Qui sut participer, uniquement pour prendre sa part, à ces opérations de reconversions massives et expéditives généreusement financées par des fonds occidentaux. En application de cette loi non écrite voulant que, à bien y regarder, ce type d'aides étrangères s'assimile à un transfert de capitaux des pauvres des pays aux pays pauvres. C'est ainsi que sont apparus les oligarques, personnages redoutables et puissants rendus ivres par un afflux d'argent totalement hors de portée auparavant, même chez les individus les plus corrompus de la Nomenklatura. Les relations incestueuses entre le nouveau pouvoir politique et les oligarques ont défié, aux yeux de la planète, les lois les plus permissives du monde capitaliste. Et amoindri, voire anéanti, par voie de conséquence, les aspirations démocratiques les plus élémentaires.

QUELS FUTURS POUR LES FUTUROLOGUES ?

À vrai dire, un désarroi grandissant se manifestait déjà, dans un monde dont les nouvelles complexités effrayaient et déboussolaient les peuples. Ce constat, bien moins irénique que celui qu'il avait fait lors de la chute du Mur de Berlin et au début des années 1990, est aujourd'hui amplement partagé par le très influent Francis Fukuyama, à la fois philosophe, économiste et collaborateur du département d'État. Sacrifierait-il à un nouvel effet de mode ? C'est probable. Puisqu'il prétend aujourd'hui avoir mal été interprété à l'époque. « Karl Marx était convaincu que le marxisme allait mourir et que la fin de l'Histoire serait une victoire du marxisme. Et mon argument était que nous n'en arriverions pas là. » Très bien. Francis Fukuyama consent aujourd'hui à prédire la victoire de la démocratie libérale. Même si, ici et là, à commencer par l'Amérique, les éruptions populistes actuelles l'inquiètent fort. Ce qui l'a porté, toujours sur le même registre qu'en 1989, mais en plaçant une issue heureuse et libérale comme fin des fins, à publier un nouveau livre intitulé *Identity : The Demand for Dignity and the Politics of Resentment*, que l'on pourrait traduire par « Identité ou Comment la perte de notre dignité menace nos démocraties ». Les Trump, Orban et autres Le Pen y sont clairement pris pour cibles et dénoncés comme les acteurs réactionnaires d'un mouvement antimondialiste issu du fond des campagnes de la planète. Y compris lorsqu'il arrive que celles-ci soient prospères. Il en discerne la cause dans une redistribution insuffisante des richesses et dans la marginalisation ressentie par des populations jalouses des commodités urbaines, que ne compenserait pas nécessairement le privilège que constitue le fait de vivre à la campagne. Ce dernier phénomène, analyse-t-il comme nombre de géographes, sociologues ou économistes, n'étant pas seulement limité aux pays riches. Mais aussi à la Russie ou la Turquie... Sans oublier la Pologne qu'il érige en « pays-parangon » où, malgré une prospérité permise par la fin du régime marxiste, un populisme antimigrant très ancré s'est fortement développé. Ayant perdu le lien avec leurs peuples, les gauches socialisantes mondiales ne bénéficient pas électoralement de ce mécontentement. Et elles en sont réduites à attirer des groupes sociaux sur fond de discours identitaire (les femmes), ou des minorités multiculturelles. « Les droitiers, avance Fukuyama, ont réussi à capter le mécontentement des perdants, jadis partie intégrante des classes moyennes. » Non sans ajouter, en mettant l'accent sur le déficit de dignité ressenti : « Dans les films hollywoodiens, sont exposés des femmes fortes, des homosexuels, des Afro-américains, mais plus jamais de blancs issus de la classe ouvrière. »

Notre professeur de la Hopkins University se montre par ailleurs très critique envers ces réseaux sociaux qu'il juge tout désignés pour enflammer des guerres identitaires et déclencher des campagnes venimeuses de désinformation. On découvre avec surprise en lisant *Identity* que, dans son « meilleur des mondes », le futurologue « totémise » les frontières comme une donnée géopolitique centrale. « Nous avons besoin, proclame notre professeur, d'États nationaux construits sur des valeurs démocratiques et qui acceptent la diversité ethnique. Mais une démocratie ne peut survivre sans strictement contrôler ses frontières. » Il en découle qu'Angela Merkel aurait, en 2015, « commis une lourde faute en ouvrant les frontières aux flux de migrants issus du Proche-Orient. Ce qui a provoqué les réactions xénophobes que l'on sait ». Argument avancé : « Rien qu'en Europe, il n'y a pas d'avenir possible au principe de liberté de mouvement et d'effacement des frontières. [...] Je passe beaucoup de temps en Europe de l'Est, dans les Balkans et en Ukraine. Ces pays se sont vidés. L'Ukraine a perdu un quart de ses habitants de la dernière génération ; près d'un million de Polonais ont quitté leur pays durant les deux dernières années pour émigrer en Grande-Bretagne. Ces mouvements, directement issus de la chute du Mur de Berlin, sont économiquement et culturellement très disruptifs. Et fatalement nuisibles, autant pour les pays d'où partent les migrants que pour ceux qu'ils rejoignent. »

Les conclusions du futurologue quant à l'avenir de l'Europe sont tout aussi radicales. Pour lui, Américain, « l'identité européenne est un mirage ». Sans qu'elle soit pour autant appelée à se dissiper ou « sombrer corps et biens ». Même réserve sur bien d'autres points : « Une politique de défense européenne commune est certes théoriquement une bonne idée. [...] Mais les avis sur la question sont bien trop disparates. » Ce qui n'est pas faux. Là encore, Fukuyama nous laisse l'embarra du choix. Libéral sur tout, le professeur de la Hopkins University ne l'est plus lorsqu'il affirme que la seule identité qui vaille se situe à « l'échelon national ». « Mais à la condition que la démocratie et la laïcité, *a contrario* des états nationaux du XIXe siècle, restent une valeur centrale. » Il prêche des convaincus. Pour mieux avoir raison ? C'est d'évidence le cas. Mais rien, nulle part, ne sera plus compliqué à rétablir. Et, comme de juste, on se pince en découvrant qu'un thuriféraire du libéralisme puisse être un adversaire aussi farouche du droit à la liberté de circulation. Sur l'essentiel, nous serons donc d'accord avec M. Fukuyama lorsqu'il nous dit que la chute du Mur de Berlin signa la fin du communisme. Mais nullement lorsqu'il prétendra que cet événement cardinal aurait signé la fin de l'Histoire.

« Choc des civilisations » : c'est dans une intention délibérément provocante qu'en 1996, Samuel P. Huntington a d'évidence adopté cette formule comme titre de son livre. Bien plus sagement, il a surtout voulu s'exercer à une forme de spéculation modélisée sur la virulence de ces tensions, toujours latentes, entre les diverses familles idéologiques de cet après-guerre froide que signa la chute du Mur de Berlin. À cette fin, il décrète un peu hâtivement que les conflits entre les différentes cultures (porteuses de valeurs) et les civilisations (génératrices de savoirs techniques et de niveau de vie), plus que de s'exercer par l'intermédiaire des États, interviendront de plus en plus directement entre elles. Ce faisant, Huntington a l'intelligence d'en appeler aux sages de la Grèce antique : c'est l'occasion pour lui de mieux préciser sa pensée en se référant à un modèle qui « totémisait » les liens du sang, de la langue et de la religion. Huntington n'omet pas de préciser qu'une culture n'est jamais aussi expressive que lorsqu'elle entre en congruence avec un art de vivre, une architecture, une cuisine particulière, des mœurs familiales spécifiques et des arts plastiques originaux. Mais, par-dessus tout, notre géopoliticien des cultures du monde monte en épingle l'expression culturelle d'une société que sont, bien avant les croisades et les nuits de la Saint Barthélémy, les faillibles religions humaines. Une terrible découverte ! Développée sur tout un kaléidoscope érudit, mais plutôt sélectif, des cultures religieuses planétaires. À commencer par le confucianisme chinois et l'hindouisme indien. Sans oublier le christianisme et l'islam, considérées comme des religions pour le moins intercontinentales. Mais en ne mentionnant à aucun moment le bouddhisme et la religion orthodoxe.

Nous sommes, hélas, plongés dans un permanent recours aux litotes : Huntington annonce un choc des cultures, mais finalement pas si dangereux que cela. Ce qu'il se propose alors de nous détailler par le menu, non sans oublier de décrire cette hyperpuissance américaine qui, au milieu des années 1990, règne alors sans partage sur le monde. Moins, d'ailleurs, par le biais du messianisme de ses prédicateurs baptistes ou presbytériens, que par la domination de l'anglais, la puissance de pénétration économique et technologique des États-Unis, le rayonnement de ses universités et les performances de cet OVNI inclassable que représente la Silicon Valley. S'y ajoute l'universalisation d'un mode de vie nord-américain conjuguant, encore et toujours, pêle-mêle, les modes alimentaires avec le fast-food, les modes vestimentaires avec le jean et l'actualité musicale avec le rock et le jazz. Un « effet retard » paradoxal ? Alors que l'anglais est globalement en recul face au chinois. Et que Pékin renforce sa mainmise sur le commerce mondial. Mais que personne n'a encore osé siffler la fin du match !

Au final, Huntington dresse un tableau décliniste qui, vingt ans plus tard, aurait pu inspirer le rétablissement risqué et improvisé auquel Donald Trump procède depuis 2017. Huntington est principalement convaincant lorsqu'il désigne l'islam comme une culture religieuse offensive, dont les fidèles forment une population en forte croissance démographique. Au point de dépasser le nombre des chrétiens à plus ou moins court terme. D'où la naissance de conflits dans un contexte où les pays islamiques sont, pour beaucoup, à la traîne en matière de développement économique et n'ont pas les moyens de faire face. Le fondamentalisme aidant, migrations et intranquillités seront à l'ordre du jour. La mondialisation de la terreur, aujourd'hui islamiste, n'est pas née de la chute du Mur de Berlin. Car le terrorisme, dans sa forme générique contemporaine, préexistait déjà dans le cadre des luttes menées, au nom de la cause palestinienne, par les activistes, par ailleurs fervents guévaristes, de la « bande à Baader » allemande. Et aussi dans le cadre des mouvements autonomistes, au pays basque espagnol et en Irlande. Il n'en reste pas moins que, sur le plan strictement monétaire ou boursier, aucune puissance ne peut inquiéter aussi peu la suprématie des places financières anglo-saxonnes de New York et de Londres. Ce qui soulage visiblement notre auteur. Oui, admet-il, l'Ouest perdra du terrain sur le plan démographique et il tombe sous le sens que la part de l'économie occidentale dans le PNB mondial se réduira notablement. Les Américains ne pourront plus s'offrir ce statut de gendarme du monde capable de punir d'une frappe un ennemi, quand et où il le veut. Pourtant, pronostique Huntington, l'Occident, ancré sur sa base américaine, se maintiendra à un niveau de puissance défendable parce qu'il maîtrise toutes les technologies militaires et industrielles essentielles et, tout autant, celles du numérique et de l'intelligence artificielle. Au-delà, le fait de souligner l'existence de lignes de rupture entre diverses civilisations et cultures relève d'un lieu commun. Qui fait apparaître accessoirement ce fait : le choc des cultures, sinon des civilisations, plus qu'une hypothèse futuriste, est d'ores et déjà une réalité. Face à laquelle Huntington s'inquiète des risques futurs que représentent la Chine, l'Inde et la Russie, sans oublier l'islam, pour la pérennité de l'« *America first* » du futur.

Marx superstar à éclipse

Oserons-nous, trente années après la chute du Mur de Berlin, rappeler que l'idéologie de Karl Marx, celle-là même qui avait permis à l'URSS de prospérer dans le cours du XXe siècle, sur fond de disette et de famine, avant cette échéance fatale, est à vrai dire une miraculée de notre XXe siècle ? Une thèse qui, comme de juste, mérite, certes au galop, un court développement argumenté. En évoquant un processus historique, sinon occulté, mais négligé dans ses conséquences. À notre avis, sans malice et pour ainsi dire par inadvertance. Qu'aurait en effet été le sort du marxisme si le libéralisme américain, libéré du joug qu'avait été, entre 1861 et 1865, une guerre de Sécession meurtrière, avait bénéficié, comme ce ne fut point le cas à l'époque, d'un champ libre minimal ?

La globalisation, effet rebond et retard

Déjà, à la fin du XIXe siècle, cette guerre fratricide avait été un coup d'arrêt économique pour une jeune nation qui, indépendante depuis 1793, s'était hissée parmi les espaces prospères, productifs et compétitifs du monde. Sans pour autant se soustraire aux devoirs de solidarité que les Américains s'imaginaient avoir envers les différents peuples européens en mémoire de leurs origines. Il en résulta cet effet de freinage qui, sans pour autant compromettre l'élan global d'une Amérique économiquement libérale, obéra sensiblement ses capacités réactives intrinsèques face aux assauts idéologiques du marxisme-léninisme. Cette dissipation des énergies aurait-elle été susceptible de laisser du champ libre aux agitateurs bolcheviques russes ? La réponse est oui dans la mesure où, jusqu'à la chute du Mur de Berlin, l'Amérique libérale s'est sentie obligée, au prix d'une déperdition notable d'énergie, d'endiguer les avancées d'un marxisme-léninisme qui avait eu la voie libre dans l'espace soviétisé puis dans une Europe mise en coupe réglée idéologique par les agents d'un Komintern (la IIIe Internationale) très vivace sinon efficace. Ce qui impliquait, au titre de l'anti-trotskisme et dans une logique d'endiguement laborieux, une surveillance constante des partis communistes prosoviétiques européens.

Indubitablement, Marx fut l'un des premiers à envisager cette évolution du capitalisme, autant que du marxisme, vers une globalisation. Ce qui le remet à la mode. Selon Hans-Ulrich Wehler, théoricien allemand de ce qu'il nomme « l'impérialisme social » de Marx, Lénine et Mao, c'est en approfondissant l'étude de ce capitalisme globalisé et globalisant que Marx finit par sacrifier cet eurocentrisme qui avait longtemps été le sien, quand il était encore sous l'influence d'avis recueillis dans les livres de quelques « ânes anglais ». Par ailleurs, ses lectures l'avaient également porté à penser que le marxisme était susceptible d'être adopté par la Chine, l'Inde ou d'autres pays d'Amérique du Sud. Un point de vue qui lui valut souvent d'être moqué par ses compatriotes allemands.

« Le déclic de cette globalisation, ainsi que nous la comprenons aujourd'hui, approuve Wehler, est effectivement consécutif à la fin de la guerre civile de Sécession. L'Amérique se pose en puissance économique. Première du monde dans le secteur agricole et tout juste derrière la Grande Bretagne sur le plan industriel. Les clefs d'une forte croissance qui, dans les deux premières décennies du XXe siècle, juste avant que ne se déclenche la Première Guerre mondiale, posera l'Amérique comme la puissance d'une toute première globalisation. C'est un processus que brisera terriblement, au prix de pertes colossales pour les pays développés de l'époque, une Première Guerre mondiale meurtrière, bientôt suivie d'une Deuxième Guerre tout aussi destructrice. À l'issue de laquelle, soixante ans plus tard, se reconstituera cette interactivité économique mondialisée d'avant 1914. »

La puissance de nivellement du capitalisme à son unique profit, en tant que force systémique irrépressible, telle que Marx l'avait prédit, fait partie désormais de notre réalité. Elle n'a fait qu'être retardée par deux guerres mondiales. Alors même que ce processus de mondialisation, associé au messianisme de prédation-résurrection « totémisé » par Joseph Schumpeter, pose, plus que jamais dans le passé, la destruction créatrice comme le moteur de l'innovation. Marx a raison, mais avec un « effet retard » considérable. Et il s'est néanmoins trompé sur l'essentiel car il est mort en croyant que cet égoïsme prédateur finirait par être domestiqué, dans le cadre d'une victoire totale du prolétariat. Point de vue qui, dès le début des années 1890, avait été contredit sèchement par Friedrich Engels. Il est vrai que, outre son rôle de bailleur de fonds du duo idéologique qu'il formait avec Marx, Engels, en fils matheux d'industriel, ne se faisait aucune illusion sur la rapacité de la classe à laquelle, bien que révolutionnaire patenté, il appartenait. Dans cette affaire, selon Engels, l'exalté que se voulait être Marx, en affirmant que le prolétariat serait inéluctablement invincible et ferait rendre gorge à la bourgeoisie, avait perdu son sang-froid au profit d'une fébrilité universaliste stérile et finalement frustrante.

C'est ce que confirme le sage historien de l'impérialisme social Hans-Ulrich Wehler : « Marx, souligne-t-il, avait alors épuisé ses capacités prémonitoires. Il ne pouvait donc pas imaginer que le marxisme de base se transformerait en un capitalisme réformiste qui n'aurait plus rien à voir avec ses représentations initiales. » Et il ne pouvait pas plus, dirons-nous, anticiper la radicalisation des nouveaux marxistes, devenus les damnés de la terre modernes. Lors de la chute du Mur, en regard de l'effondrement de cette idéologie et des régimes qui l'avaient incarnée tant bien que mal, il fut aisé de proclamer la mort conceptuelle du marxisme. Une idéologie cependant vivace, dont il semble bien que le cadavre continue de bouger. Ainsi en est-il des sismicités néo-marxistes que provoque une globalisation régie par la loi des plus forts. En rupture avec le libéralisme humaniste d'Adam Smith. Le seul système qui, fondé sur la mise en œuvre de la fameuse « main invisible », avait permis que l'ensemble des actions individuelles des acteurs économiques, même farouchement guidées par leurs intérêts personnels, contribue à la richesse de tous et donc un tant soit peu au bien commun.

La fin des frontières idéologiques

Billevesées que ces visions conciliantes ! Bénéficiaires de cet appel d'air libérateur que permit la chute du Mur de Berlin, les utopistes que sont aujourd'hui les nouveaux marxistes rêvent de l'émergence, après la liquidation du salariat et l'effacement des classes sociales, des États et des frontières, d'une société sans classe en tant qu'alternative au capitalisme mondialisé. Et ils abhorrent ce colonialisme universel que Frantz Fanon, au nom de tous les damnés de la terre, dénoncera non point comme « une machine à penser » ou un « corps doué de raison », mais comme « cette violence à l'état de nature qui ne peut s'incliner que devant une plus grande violence ». Organisés sous les fanions de l'altermondialisme, des groupes luttent pour la régulation des marchés financiers, la fermeture des paradis fiscaux, l'introduction de taxe globale pour financer les biens publics mondiaux, l'annulation de la dette des pays en développement, un commerce équitable et la mise en place de limites au libre-échange et aux mouvements de capitaux. Autant de causes, ou de vocations, qui recueillent un réel écho dans l'opinion et qui étaient impensables avant novembre 1989, dans un monde que verrouillaient en Allemagne, en Europe et bien ailleurs dans le monde, des lignes de démarcation inviolables, des glacis minés et des chevaux de frise infranchissables.

Nous savons bien que l'on ne refait pas l'Histoire avec des « mais ». Il reste néanmoins qu'une partie du potentiel économique dont disposaient les Américains s'est dispersée et dissipée, au cours du XXe siècle et pour une évidente bonne cause : au profit de ces Alliés européens incommodes et exigeants qu'il importait de soutenir, avec du sang et de l'argent, lors de deux guerres mondiales contre les forces de l'Axe. L'économie des États-Unis américaine fut certes renforcée par les profits que le pays tira de son implication dans la guerre de 1914-1918, en tant que vendeur d'armes et d'équipements. Et tout autant, capillarité monétaire oblige, ébranlée par la crise de 1929. En dépit du *New Deal* mis en place par l'administration Roosevelt, le *Nouveau Monde* ne sortit du marasme qu'à la faveur de la Seconde Guerre mondiale, dont il fut le grand vainqueur. La domination économique américaine était alors à son apogée. Cette hégémonie étant, dès la seconde moitié du XXe siècle, contestée par de nouvelles puissances telles que le Japon et l'Union européenne. Puis, à partir des années 1990, par ces nouveaux concurrents que sont la Chine, l'Inde et la Russie, plus franchement des rivaux potentiels.

Les deux guerres mondiales ont eu, à l'évidence, un effet-retard historique sur la logique libérale incarnée par l'Amérique. Alors même que cette dernière aurait parfaitement pu, égoïstement, oublier son devoir de solidarité envers les Européens. Une solidarité conditionnelle appelée à évoluer vers une indéniable détermination à fonder un ordre économique et monétaire international cohérent. Ce qui s'est réalisé avec les accords de Bretton Woods de juillet 1944, ratifiés par 44 pays. Il en est résulté la création d'un Fonds monétaire international (FMI), gardien des équilibres du nouveau système monétaire international, et de la Banque internationale pour la reconstruction et le développement (BIRD), d'abord chargée de faciliter la reconstruction des pays ravagés par la guerre. Dans ce système, les parités des monnaies sont fixées par rapport à un étalon qui est l'or. Mais le dollar américain est la seule monnaie de réserve convertible en or. Dès lors, il devient la monnaie de référence et la monnaie de règlement des paiements internationaux. Une manière de tirer toutes les leçons des conséquences dramatiques du traité de Versailles signé le 28 juin 1919 entre l'Allemagne et les Alliés à l'issue de la Première Guerre mondiale. Ce que Henry Morgenthau, l'un des artisans clefs de ces accords de Bretton Woods, a résumé on ne peut plus explicitement : « Les mesures collectives pour sauvegarder les peuples du monde de ce qui menace la paix, déclare-t-il, ne doivent pas être fondées seulement sur une machinerie internationale pour gérer les disputes et prévenir les agressions, mais aussi sur une coopération économique entre les nations visant à prévenir et supprimer les désajustements sociaux et économiques. » Du dollar dépendirent désormais la croissance et l'inflation mondiales, avec pour effet de générer ces Trente Glorieuses, qui, de 1945 à 1974, ont vu l'épanouissement de l'économie de marché et son corollaire, l'opulence du monde occidental. Suivie par la mondialisation irrépressible d'un capitalisme financiarisé.

Avec la chute du Mur, c'est tout le contre-système qui s'est effondré. Trente années plus tard, les liesses associées à l'événement se sont dissipées. Le modèle marxiste d'économie socialiste dirigée et planifiée est bien mort. Mais rien ne dit que le trop loin, trop fort, trop tôt sans partage de la loi d'airain outrancière d'une financiarisation débridée satisfasse le plus grand nombre. À commencer par ces hérauts du domaine que sont ces milliardaires désormais très critiques ayant pour noms Ray Dalio, Warren Buffett, Bill Gates… Tous trois membres de « *The giving pledge* » (« la promesse de don »), association qui compte une centaine de membres répertoriés aux États-Unis, mais qui entend trouver de nouveaux membres en Asie et en Amérique du Sud, et qui vise à promouvoir une philanthropie susceptible de « prévenir de nouvelles révoltes et révolutions ».

Riches, savants et indignés...

L'Américain Ray Dalio, né en 1949, doit sa fortune au capitalisme, ce qui ne l'empêche pas de le critiquer radicalement. Moins pour se proposer de le détruire que pour le sauver. Car il ne saurait oublier que c'est grâce à ce capitalisme qu'il juge potentiellement fauteur de révolutions, qu'il a pu accomplir son rêve américain consistant à passer du statut de plongeur à celui de millionnaire. As parmi les as des gérants de *hedge funds* new-yorkais, c'est depuis un deux-pièces du Queens qu'en 1975, ce surdoué a créé, avec *Bridgewater Associates*, l'un des fonds d'investissement parmi les plus performants d'Amérique, avec 160 milliards de dollars gérés.

Sauver le capitalisme ?

La fortune personnelle de celui qui est devenu l'un des milliardaires les plus iconoclastes d'outre-Atlantique est évaluée à 18 milliards de dollars. Dans un essai, au demeurant encensé par l'agence Bloomberg, Dalio pose le constat d'une inégalité criante et grandissante des revenus au sein de la population mondiale, alors même que le chômage endémique n'a jamais été aussi élevé. Et que les élites fortunées concernées, désormais peu véloces, sont en perte de vitesse en termes de compétitivité et de prestations économiques d'éclat. Dans le même temps, Dalio souligne qu'en Amérique, les salaires stagnent depuis des décennies et que les employés des classes moyennes gagnent désormais moins que leurs parents. Dans un pays où les niveaux de savoir ou d'éducation dépendent directement des revenus, de même que la bonne santé puisque les frais médicaux y sont les plus élevés du monde. L'effet de ce cycle infernal est que faible niveau d'éducation, santé médiocre et mort précoce sont plus que jamais corrélés : une situation contre laquelle Ray Dalio, Jeff Bezos, Warren Buffett et Jamie Dimon entendent lutter, à travers notamment la création d'assurances maladies abordables. Ancien ferrailleur, démocrate de cœur, Dalio exige, dans une logique de redistribution, une augmentation de la pression fiscale pour les riches et le subventionnement massif d'une politique de relance accompagnée d'une baisse des taux d'intérêt. Cette approche américaine socialisante, correctrice de la financiarisation à tous crins postérieure à la chute du Mur de Berlin que dénoncent ces iconoclastes, mérite certes d'être nuancée. Ce à quoi satisfait l'Écossais Niall Ferguson qui, dans le cadre de la prestigieuse université suisse de Saint-Gall, prodigue un cours sur « *Kapitalismus, Sozialismus und Demokratie* ». Une manière, pour ce jeune professeur sans tabous, de se référer au livre que Joseph A. Schumpeter, théoricien autrichien de la « destruction créative », publia en 1942.

La solution suédoise ?

On peut cependant être schumpetérien, comme l'est Ferguson et considérer que cette théorisation pertinente, mais inhumaine, sans mesures d'accompagnement social et humaniste, est inadmissible. D'accord donc pour tenir la destruction créative comme un processus inévitable, mais à la condition que ses effets soient traités humainement. Ce jeune professeur compte-t-il pour autant parmi les hagiographes d'un libéralisme financiarisé auquel la chute du Mur de Berlin aurait donné quartier libre ? Nullement. Il se veut tout simplement pragmatique : si le chômage consécutif à la destruction créative est cruel mais inévitable pour que l'économie et l'innovation avancent, le véritable problème aujourd'hui, c'est que le socialisme, en tant que doctrine qui, avec une prétention exorbitante, s'est longtemps proposée de résoudre le problème, s'est avéré un échec total sur le terrain. Pire encore : plutôt que de concilier effacement du passé avec ouverture et créativité, cette idéologie aurait, tout au contraire, freiné la productivité et l'innovation, tout en corrompant l'ensemble des acteurs économiques.

Changer de pied sera, estime Ferguson, le défi du XXIe siècle. Si les démocraties doivent choisir entre les modèles américain ou suédois, l'essentiel est qu'elles se présentent d'abord et surtout comme des antidotes à toutes formes de tentations totalitaires. Le problème ne devrait plus être de choisir entre capitalisme rhénan et libéralisme sauvage, mais de doser l'interventionnisme étatique régulateur en fonction des besoins et des conjonctures, en se gardant des rigidités idéologiques grâce à un pragmatisme bien inspiré. Un vœu pieux ? Peut-être que non. Car on ne voit guère quel autre choix pourrait s'offrir aux sociétés du spectacle, déboussolées par le projet de se « distraire à en mourir » généralisé, que celui exprimé par les mots de mesure, sobriété, ménagement, prudence, humilité, tempérance, pondération, précaution et réflexion. Le modèle européen, souvent critiqué pour son alignement sur le capitalisme mondialisé, va-t-il rester coi et pantois devant ces urgences ? Toutes les idéologies sont, à ce stade régressif, remises en cause.

Une autre voie possible ?

À un niveau plus politique, Dani Rodrik, l'économiste de Harvard, assimile la navigation actuelle de l'économie mondiale à celle d'un bateau ivre. Les lugubres simagrées d'un Donald Trump ne sont pour lui que les symptômes et non la cause des désordres actuels. Dans un même temps, il stigmatise l'impuissance des membres du G20. C'est tout juste s'il n'assimile pas cette instance à un club de colombophiles débordés. Sur le fond, il préconise une libéralisation marquée des règles qui régissent le commerce international. Afin que personne ne puisse, par exemple, s'arroger le droit de dicter à la Chine sa politique économique et commerciale. Ou que, dans une logique comparable, la Chine puisse regretter que l'Europe et l'Amérique défendent leurs standards économiques et commerciaux. En convergence avec Ferguson, Rodrik considère qu'il serait urgent de faire son deuil d'une Chine susceptible d'adopter les mêmes logiques que celles des Occidentaux. L'essentiel consistant à refonder un ordre international prévisible. Selon un modèle permettant que la prospérité des uns facilite celle des autres. Rodrick, dans un même souffle, déplore le reniement de cette référence vertueuse que sont les critères et références des accords de Bretton Woods, définis il y a soixante-quinze ans, (1944). Tout cela pour satisfaire des investisseurs âpres au gain aux dépens des générateurs de richesses réels que sont les entrepreneurs et leurs équipes. Et laisser prospérer ce que Rodrik qualifie une hyper-globalisation perverse. Même constat désabusé sur ce qui se passe au niveau de l'Union européenne, qui fonctionne de manière de plus en plus politique et technocratique. Une façon de regretter la distance prise avec les fondamentaux des sommets économiques mondiaux dont on a perdu de vue les objectifs essentiels. La création, en novembre 1975, sous l'impulsion du président Giscard d'Estaing avec l'appui très net du chancelier Schmidt, du G6 – devenu G7 l'année suivante, puis G8 en 1997, pour redevenir G7 en 2014 – a été une étape importante dans la gouvernance mondiale. Dans le contexte de l'époque, un sommet des principales puissances économiques de la planète s'imposait par la nécessité de trouver une réponse coordonnée aux désordres monétaires et économiques apparus depuis la suppression, en août 1971, de la parité fixe entre le dollar et l'or et la remise en cause du système de Bretton Woods. En octobre 1973, le premier choc pétrolier secouait les économies occidentales qui devaient faire face à un ralentissement de l'activité industrielle, une montée du chômage et une hausse des prix. Les échanges habituels entre ministres des Finances des cinq pays les plus industrialisés (États-Unis, Japon, Allemagne, Royaume-Uni et France) dans le cadre du FMI ne suffisaient plus pour stabiliser le cours des devises, qui connaissaient d'importantes variations. Il fallait donc se réunir au plus haut niveau pour donner une visibilité internationale à l'action des six pays les plus industrialisés contre la crise. Les participants à la rencontre de Rambouillet étaient l'Américain Gerald Ford, le Japonais Takeo Miki, les Européens Valéry Giscard d'Estaing, Helmut Schmidt, Harold Wilson et aussi Aldo Moro, invité pour que la représentation européenne ne paraisse pas trop faible face aux États-Unis et au Japon. Plus tard, les États-Unis imposeront la présence du Canada et le G6 deviendra alors le G7.

Les trois jours de rencontre débouchèrent sur une déclaration finale où les Six se définissaient comme des « démocraties industrielles » vivant dans « un monde marqué par une interdépendance croissante » qui obligeait à une « coopération internationale accrue ». Ils réaffirmaient leur attachement au libre-échange et au refus du protectionnisme.

Nous sommes alors toujours en pleine guerre froide et le mot « mondialisation » n'est pas lâché. Mais on en prend le chemin, sans savoir que quelques années plus tard, l'effondrement de l'URSS et le ralliement de l'Est à l'économie de marché feront la suite. La Russie rejoindra le G7 devenant G8 en 1997, plus pour son influence politique, d'ailleurs, que pour son poids financier, négligeable. En termes de coopération internationale, on a parlé « d'esprit de Rambouillet », ce qu'a parfaitement résumé la déclaration finale qui indiquait notamment : « Dans un monde marqué par une interdépendance croissante, nous sommes décidés à assumer pleinement nos responsabilités et à développer nos efforts en vue d'une coopération internationale accrue et d'un dialogue constructif entre tous les pays, dépassant les disparités de leur développement économique, l'inégalité des ressources dont ils disposent et les différences de leurs systèmes politiques et sociaux. »

Rambouillet fut ainsi, à l'échelle du monde occidental et dans le contexte de l'époque, la première manifestation d'une forme de gouvernance économique mondiale : les grandes puissances auront désormais recours à des négociations multilatérales au sommet pour tenter de trouver des solutions aux défis du moment. La meilleure façon peut-être de tenter de maîtriser la nouvelle complexité économique, devenue ingérable au niveau des simples États et économies nationales. À la condition évidente que la monnaie américaine, servant de référence sacrée, ne soit pas égoïstement et impérialement rendue flottante, en toute déloyauté, pour finir en monnaie de singe.

Une nouvelle destruction créatrice ?

En Europe, la mission de vigilance de l'Eurogroupe implique des réunions régulières des ministres des Finances des États membres de la zone euro, sans compter les réunions informelles qui permettent ajustements et réglages. Il arrive à ces austères aristocrates d'État, histoire d'affiner leur acuité intellectuelle et de rester *up to date*, d'inviter des contributeurs extérieurs de talent. Philippe Aghion, professeur au Collège de France, spécialiste de la « croissance et des inégalités », ancien professeur assistant au MIT, puis professeur à Harvard et à la London School of Economics, a fait partie des invités de l'Eurogroupe courant mai 2019. Une séance vivifiante, sur le thème : « Comment stimuler la croissance économique sans pour autant creuser les inégalités ? » Un sujet hautement sensible. Allait-on, une fois encore, se lamenter sur le scandale, bien réel, des disparités de fortune et de richesse au niveau de la planète ? Et présenter les politiques de redistribution, par essence insuffisantes et difficilement applicables, comme d'inévitables panacées. Miracle, ces vœux pieux nous furent épargnés. Et Philippe Aghion avait eu, d'entrée de jeu, le cran de se reconnaître dans une approche schumpetérienne de l'économie. Ce qui est courageux car il n'est jamais aisé de se poser en observateur, prosaïque et lucide, de cette monstruosité inqualifiable que reste la loi, barbare en diable, de « destruction créatrice ». Une bonne et rare surprise dans une France où de grands clercs sans expérience de terrain ne raisonnent qu'en termes de nouvelles taxes et sanctions. Ce qui incite les nantis visés à fuir la France depuis trois décennies. Avec un tel bruit de fond, il est heureux que l'on puisse entendre des analyses un tant soit peu différentes. Oui, une économie conduite à la Schumpeter, augmente *de facto* les inégalités sociales par le haut en servant copieusement des innovateurs créatifs qui gagnent beaucoup. L'exemple suprême étant donné par les petits génies inventifs des GAFA (acronyme de Google, Apple, Facebook, Amazon). L'innovation est incontestablement un facteur criant d'inégalités, mais seulement à la marge, celle des 1 % les plus riches. Pour la simple raison que l'innovation ne creuse en aucun cas les inégalités globales.

Il reste que l'innovation, outre qu'elle fabrique des riches, a pour vertu, d'augmenter la mobilité sociale, les nouveaux innovateurs remplaçant les anciens. Et ce n'est pas négligeable. Aghion évoque ainsi avec poésie « la courbe de Gatsby le Magnifique ». Selon celle-ci, il existe clairement une corrélation entre le niveau d'inégalités et la mobilité sociale. Et ce sont bien les pays qui, sur la foi d'un indice dit de « Gini », sont reconnus les moins inégalitaires qui affichent les meilleurs taux de mobilité sociale. Ce qui est le cas dans les pays d'Europe du Nord : la Suède par exemple, est peu inégalitaire et la mobilité sociale y est bonne. À l'inverse, l'Angleterre est inégalitaire et la mobilité sociale y est faible. S'y ajoute le fait que la Suède, à en juger par le nombre de brevets déposés (rapporté au PIB), se révèle aussi innovante que le Royaume-Uni. Pour la bonne et simple raison que les responsables politiques et économiques ont su créer, depuis plusieurs décennies, des appels d'air vertueux entre les différents groupes sociaux. Cela a eu pour conséquence d'intégrer un nombre toujours plus grand de salariés dans le flux de la croissance et de multiplier progressivement par quatre la productivité suédoise. Une stratégie qui rend inepte cette réactivité de premier degré, d'inspiration punitive, consistant, dans les pays latins qu'animent et rongent encore envies et jalousies sociales, à sanctionner fiscalement les plus hauts revenus à un taux punitif de 75 %, ainsi que le recommandent les Thomas Piketty et autres Jean-Luc Mélenchon. D'autant qu'il arrive que ces affreux patrons aventuriers aient l'heur d'être efficaces sans forcément se comporter en monstres.

« Le problème, rappela Aghion aux ministres des Finances de l'Eurogroupe, c'est que, dans le monde schumpetérien, vous pouvez avoir été un innovateur et devenir un rentier protectionniste de son statut, cupide et égoïste. Il faut veiller à ce que les gens très riches n'utilisent pas leur fortune pour empêcher l'entrée de nouveaux concurrents en faisant du lobbying, ce qui peut réduire le dynamisme dans l'économie. Dans le passé, on a surtaxé le capital sans pour autant générer une mobilité sociale, donc il faut faire autrement. » Et d'ajouter : « Pour générer de la croissance, il faut donc encourager l'innovation et, par la même occasion, la mobilité sociale. Et mener une politique de lutte contre les rentes, c'est-à-dire une politique concurrentielle qui évite la persistance des monopoles. Et des rentes de situation dominantes. Commençons par faire le ménage avec les GAFA. »

En conclusion, pour concilier innovation, mobilité sociale et croissance, il importerait, sur le mode préconisé par Aghion, de mettre l'accent sur trois points : « L'éducation, la politique de la concurrence et un marché du travail flexible mais qui assure la sécurité des personnes (et non point des emplois) par des indemnités de chômage généreuses et une formation professionnelle performante. Car l'innovation entraîne de la destruction créatrice, ce qui nécessite parfois que les gens changent d'activité. Sans flexibilité, il est plus dur d'expérimenter et d'échouer. Il faut, d'un autre côté, que les gens puissent passer d'un job à un autre en y étant préalablement formé. Et avoir en amont, dans le courant de leur scolarité, avoir appris à apprendre. » C'est une des clefs de l'avenir ! À condition de ne point, tant l'urgence commande, trop accorder de temps au temps. Il faudra avancer avec volontarisme, et savoir maîtriser les impatiences qui naîtront du fait que les transformations auxquelles il faudra consentir se laisseront désirer. Enfin, ne pas oublier qu'une réponse brouillonne à l'impatience des peuples, comme celle portée par des incendiaires démagogues, de tout avoir, tout et tout de suite, à portée de bouche ou de cerveau, serait la pire solution imaginable dans ce premier quart du XXIe siècle.

PARTIE V

DE L'ÉMERGENCE D'UN PAYSAGE MULTIPOLAIRE

Quo vadis America ?

Longtemps envisagée, la guerre économique, qui s'inscrit désormais sur fond de décor de « cyberguerre », relève d'une volonté de *revival*, de relance des États-Unis, puissance menacée, mais résiliente. Et qui n'a d'évidence nullement l'intention de choir dans les « poubelles de l'histoire ». Ceci, soulignons-le, dans le même esprit que celui qui, en référence un zeste baroque à Léon Trotski, inspira le président américain Ronald Reagan, dans son discours du 8 juin 1982 devant la Chambre des communes du Royaume-Uni, lorsqu'il mentionna que « la liberté et la démocratie laisseront le marxisme et le léninisme dans les poubelles de l'Histoire ».

Il y avait déjà dans le style de ces propos la traduction orale, par anticipation, de cette combativité qui caractérise d'évidence le déroulement chaotique et brutal, mais pour le moins efficace sur le court terme, du premier mandat du New-Yorkais bruyant qu'est le président Donald Trump. La plupart des exigences du locataire de la Maison Blanche, qu'elles soient d'ordre économique ou commercial, ou qu'elles relèvent de la politique de défense avec l'exigence américaine de fixer les taux annuels de dépenses militaires, surprennent et froissent les Européens. Ce qui a pour effet un très sensible délitement des liens transatlantiques, une alliance qui, partant des grandes migrations anglo-saxonnes, germaniques et latines historiques du XIXe siècle en direction du nouveau monde, fut scellée par plusieurs sauvetages réciproques et des guerres menées solidairement. La relation de l'Amérique avec la Russie est, suite à l'annexion de la Crimée par Moscou, la pomme de discorde qui continue à miner une relation à peine pacifiée dans l'immédiat après-guerre froide. L'origine en est ce « trop fort, trop tôt, trop loin » des Américains qui, pour exploiter la décomposition du soviétisme et le déclassement de la Russie dépouillée de ses républiques slaves et caucasiennes, avancèrent leurs pions, y compris en termes militaires avec l'OTAN, en Europe centrale et orientale. Aussi grave que puisse être la situation sur ce front, c'est sur une autre aire, maritime et bien plus sensible, que se manifeste un expansionnisme d'influence marqué vers l'Asie. Mais à couvert, en maniant alternativement intimidations et signes de proximité amicale, de façon illisible ou à un haut degré, incompréhensible. En soufflant ensuite le chaud et le froid avec la Corée du Nord. Ceci sur fond de guerre commerciale en yo-yo, à intensité sans cesse variable avec la Chine. À Washington, tout ce qui se passe dans l'espace asiatique est scruté avec soin. Ainsi du Japon ou de la Corée du Sud, des pays dont les populations connaissent un effondrement de la natalité et de l'espérance de vie sans précédent. Car la région, traditionnellement dominée par le Japon jusqu'à la fin des années 1990, se trouve aujourd'hui déstabilisée par la montée en puissance de la Chine. Diplomatiquement, Trump joue à l'éléphant dans un jeu de quilles. Il brise tous les protocoles en discutant directement avec la présidente taïwanaise. Affirmant pour l'occasion que la « Chine unique » n'existe pas. Une provocation délibérée, alors que le régime chinois se veut partout chez lui à Hong Kong, Macao, Taïwan, au Tibet comme au Xinjiang. Les conditions de montée en charge belliciste sont fréquemment réunies. Notamment en janvier 2017, lorsque le secrétaire d'État américain, Rex Tillerson, déclare qu'il entend interdire à la Chine l'accès à sa base installée en mer de Chine méridionale. Trump a aussi annoncé par ailleurs qu'il allait revoir le budget de l'US Navy à la hausse, ce qui indique qu'il entend développer et utiliser les importants moyens de projection de la puissance militaire américaine. C'est dire si, dans l'intervalle, l'idée que le monde puisse être administré par un condominium États-Unis-Chine s'est évaporée. S'il y a un jour un condominium avec quiconque, ce sera avec la Russie. Le réalisme prime. Et les Chinois n'ont pas tardé à occuper tous les espaces d'influence encore négligés par Trump. Sur le plan économique et commercial, Xi s'est ainsi fait le chantre du libre-échange en réaction à la posture protectionniste de Trump. Est-il pourtant armé pour ce bras de fer ? À n'en point douter, et ce grâce à une formation accélérée. D'abord, il a dévoré l'œuvre de Mark Twain dans son intégralité tout en intériorisant, dès le printemps 1985, la nécessité que la Chine ouvre son économie au reste du monde. Xi est alors un jeune cadre de 31 ans au service du ministre de la Défense Geng Biao qui l'enverra en mission d'immersion au sein de l'Amérique profonde. Diplomatiquement, le président chinois joue l'entente avec des interlocuteurs aussi différents que les Européens, les Africains et les Palestiniens. Tout en se préparant au pire. Par exemple, dans la zone du détroit de Taïwan. Ce que documentent les déclarations d'un haut responsable de l'armée chinoise sur la possibilité d'une guerre avec les États-Unis. Personne ne veut la guerre, mais celle-ci se prépare. À titre dissuasif. Le risque majeur étant, comme avec l'assassinat d'un archiduc à Sarajevo, ou l'invasion de la Pologne par l'Allemagne, l'avènement de cette provocation de trop qui met le feu aux poudres.

Il reste que l'Amérique, bien qu'elle soit aujourd'hui en belle santé économique, n'a plus le tonus que l'on croit. Déjà, l'expansion asiatique, puis nommément chinoise, l'a affaiblie. De façon unilatérale, en raison du déficit commercial gigantesque qu'elle accuse avec la Chine et des pertes de secteurs industriels entiers provoquées par les délocalisations de sous-traitances vers l'Asie. L'Amérique a donc souffert profondément de la désertification industrielle de certains de ses États ou grandes villes. Tel Détroit, au passé industriel prestigieux, devenue une cité morte que la crise des subprimes aggravera encore en 2008, chassant dans la rue des milliers de foyers devenus en incapacité de rembourser l'emprunt de leur maison, titrisé et soumis à une spéculation assassine. Détroit se remet aujourd'hui à peine de ces traumatismes. Dans l'intervalle, il s'avère aussi que l'Amérique s'est mise à craindre le reste du monde. Certes moins militairement qu'économiquement et commercialement. Elle se retrouve fragilisée par les fleuves de biens de consommation ou autres produits manufacturés, desquels les consommateurs américains semblent irrémédiablement *addict*. Ce que traduisent les déficits du commerce extérieur qu'infligent les industriels allemands ou asiatiques à leurs homologues américains.

Déjà, Barack Obama avait compris que, plutôt que se focaliser sur l'horizon atlantique, l'Amérique se devait de veiller à son flanc pacifique. Aussi bien commercialement, industriellement que militairement. Trop tard. Trop faiblement. Et en oubliant son devoir de compassion pour les « oubliés » de la fête consumériste vivant dans les États de la *Rust Belt*, la « ceinture de la rouille » du nord-est du pays. Une erreur que n'a pas faite Trump, ce qui lui a permis, avec un slogan minimaliste, « *America first* », de rafler la mise électorale – alors qu'en démarrant sa campagne, il n'aurait pas envisagé, dit-on, avoir la moindre chance de gagner.

Quo vadis China ?

Quand le Mur de Berlin s'ouvre fin 1989 puis quand, les années suivantes, l'URSS s'effondre et avec elle, le bloc qu'elle contrôlait, il y a déjà dix ans que la Chine communiste a mis en œuvre des réformes économiques. Celles-ci, en s'accélérant, allaient la conduire à la place qu'elle occupe aujourd'hui dans l'économie mondiale.

Tout en contrôlant d'une main de fer sa population – comme en témoigne la répression féroce de la place Tian'anmen à Pékin, le 4 juin 1989, après de deux mois de manifestations pour plus de démocratie –, la République populaire de Chine, que sa constitution définit encore comme « un État socialiste de dictature démocratique populaire », c'est-à-dire une société communiste où le Parti décide, directement ou indirectement, de tout, s'est convertie au socialisme de marché, en réalité un « capitalisme d'État » très différent de celui de l'ancienne économie planifiée de l'ex-URSS.

Une puissance technologique ?

Sur ce modèle politique quasi immuable, combiné à un modèle économique mixte où la consommation exponentielle et l'élévation spectaculaire du niveau de vie sont au rendez-vous, la Chine communiste d'aujourd'hui produit pour le monde entier, innove à une rapidité technologique impressionnante, s'impose avec des géants économiques qui n'ont rien à envier à la plupart des grands groupes américains, et ne compte plus les nouveaux milliardaires, des entrepreneurs mondialisés qui renvoient à la préhistoire les apparatchiks russes et d'Europe de l'Est qui s'enrichissaient (bien que très relativement, vu d'aujourd'hui) au temps de l'URSS aux dépens de l'État. D'un point de vue militaire, bien que disposant de la première armée du monde (en nombre de soldat tout au moins), la Chine porte un regard singulier sur le monde extérieur : à l'exception de quelques manœuvres navales de gesticulation dans sa zone géographique et stratégique d'influence, elle ne déploie pas ses forces armées à l'extérieur de ses frontières. Ce n'est pas sa culture.

Si, sans égaler celle des États-Unis, sa puissance militaire est bien réelle et doit faire l'objet de toutes les attentions, la Chine a choisi d'autres armes que le conventionnel et l'arsenal nucléaire (dont elle dispose). Son arme (de guerre froide ?) est avant tout économique et technologique. S'il est courant d'affirmer qu'il n'y a pas d'impérialisme chinois, cela vaut peut-être pour les frontières territoriales contemporaines, mais cette affirmation est beaucoup moins exacte dès lors que l'on parle de commerce, domaine où le capitalisme d'État chinois s'est bel et bien lancé à la conquête du monde, rappelant ainsi le célèbre ouvrage du très visionnaire Alain Peyrefitte, paru en juillet 1973, *Quand la Chine s'éveillera !*

On doit d'ailleurs à la vérité de dire que pour le titre très explicite de son ouvrage (suivi en 1996 d'un autre livre, baptisé cette fois *La Chine s'est éveillée*), l'académicien, diplomate et ancien ministre du général de Gaulle, s'est appuyé sur une citation attribuée à Napoléon Ier : « Laissez donc la Chine dormir, car lorsque la Chine s'éveillera, le monde entier tremblera. »

Les affrontements de nature économique ne sont ni minces, ni rares. À l'image de cette partie de bras de fer que se livrent, aux yeux du monde, Américains et Chinois dans la foulée d'une guerre économique relancée et amplifiée par un Donald Trump soucieux de décliner sur tous les plans un « *America first* » auquel est sensible son électorat naturel.

Déjà devenue l'« usine-atelier » du monde entier, la Chine conduit et subit à la fois un affrontement dans le champ des nouvelles technologies, sans doute le plus important n'ayant jamais existé. En mai 2019, le président américain place Huawei, le géant chinois de la téléphonie, sur la liste rouge des entreprises suspectes. Raison invoquée : la place que doit prendre Huawei dans le déploiement mondial des réseaux 5G de téléphonie et de transmission de données numériques fait craindre le développement considérable du potentiel chinois en matière d'espionnage, à l'échelle mondiale.

Selon l'administration de Washington, il s'agit d'une question de « sécurité nationale », d'autant qu'une loi chinoise de 2007 oblige les entreprises du pays à collaborer avec les services de renseignement. Principe de la mesure adoptée visant Huawei : les compagnies américaines qui veulent commercer avec les entreprises inscrites sur la liste rouge (appelée « *entity list* ») doivent obtenir une autorisation de l'administration. Résultat : en quelques jours, Google lâche Huawei et, dans sa foulée, des fabricants de composants comme Qualcomm et Intel suivent le mouvement.

Concrètement, le lâchage de Google prive Huawei de nombreux débouchés commerciaux pour ses smartphones, dont le système d'exploitation Android est par ailleurs développé… par le géant américain. Dans ces jours agités de mai 2019, de nombreux médias ressortent le terme de « guerre froide », comme à chaque fois que les intérêts des maîtres du monde divergent frontalement. On ne sortira ni bombes ni missiles, mais la guerre fait rage, mobilisant les dirigeants de tous les grands pays, y compris en Europe, l'Allemagne, la France ou la Grande-Bretagne qui, sur des registres variés, préfèrent à la méthode Trump des solutions moins frontales et moins rugueuses. Contrairement à l'Italie de Matteo Salvini, alignée sur la position américaine.

Durant toutes ces années de mutation économique, la Chine, qui était encore il y a un demi-siècle une petite économie en dépit de son poids démographique, a appris – vite et sans bruit – à riposter sur le terrain de l'intimidation économique aux menaces occidentales.

L'exemple des terres rares en est l'une des illustrations. Considérées comme le « pétrole du XXIe siècle », les terres rares, ce sont 17 éléments métalliques aux noms mystérieux : praséodyme, dysprosium, ytterbium… Des métaux dont l'emploi est, pour l'heure, incontournable et indispensable au développement des nouvelles technologies. Panneaux photovoltaïques, éoliennes, voitures électriques, disques durs, smartphones, matériel d'imagerie médicale et même matériels militaires pour le guidage des missiles, intègrent ces métaux précieux qui ont pour particularité d'être à 80 % extraits… en Chine. Mieux encore, 90 % de ces métaux extraits de par le monde sont raffinés dans des usines chinoises, y compris ceux extraits aux États-Unis ! La Chine dispose donc d'un quasi-monopole mondial sur ces métaux précieux, dont le dysprosium qui n'existe qu'en Chine.

Certes, les terres rares sont abondantes sur la planète, mais leur exploitation très polluante a conduit bon nombre de pays à renoncer à leur extraction, préférant les acquérir auprès des Chinois en fermant les yeux sur les questions environnementales qui ont toujours moins d'importance quand elles se posent chez un voisin lointain. Ce qui a été le cas des États-Unis.

L'Australie et le Brésil, cependant, ont commencé à réexploiter assez timidement leurs propres gisements. La dépendance aux nouvelles technologies entraîne donc, de fait, une dépendance à la Chine. Des entreprises américaines comme Tesla et Apple, par exemple, sont littéralement « accros » aux terres rares.

Pékin l'a bien compris qui, en riposte à l'affaire Huawei et en lieu et place de gesticulations à l'ancienne, menace tout simplement de réduire de façon drastique ses exportations de terres rares vers les États-Unis ou en direction des entreprises américaines dans le monde. On objectera que la Chine n'a guère intérêt à réduire ses exportations, mais la demande mondiale est telle que la République populaire dispose là d'une arme de dissuasion terrible, de nature à déstabiliser lourdement le secteur américain des nouvelles technologies. Ce qui n'est pas rien car cela concerne directement la société numérique mais aussi les industries vertes en plein essor et promises à un avenir radieux. Les États-Unis, à leur tour, n'ont pas tardé à annoncer que le pays allait se doter de tous les moyens pour réduire de façon drastique sa dépendance à l'économie chinoise dans le secteur stratégique des terres rares. Affrontement de géants, à l'évidence, qui montrent leurs muscles à un niveau d'enjeux inégalé et usent, sans sortir les armes, d'une tactique de dissuasion.

Tout en sachant qu'une économie mondialisée rend toutes les économies, y compris la sienne, interdépendantes, la Chine d'aujourd'hui, bien qu'encore faible à bien des égards, sait manier l'arme de dissuasion économique avec talent, mais surtout avec une détermination à la hauteur de ce que le pays pèse dans le monde, et d'abord démographiquement. En réponse aux propos guerriers et aux décisions de Donald Trump, la Chine n'hésite ainsi pas à, elle aussi, monter le ton et oser le terme de « terrorisme économique ». « Nous sommes contre la guerre commerciale, mais nous n'en avons pas peur », déclarait au printemps 2019 le vice-ministre chinois des Affaires étrangères, Zhang Hanhui. « Nous nous opposons résolument à ce recours systématique aux sanctions commerciales, aux droits de douane et au protectionnisme. Cette instigation préméditée d'un conflit commercial constitue du terrorisme économique, du chauvinisme économique et du harcèlement économique à l'état pur. »

De tels propos, émanant des Affaires étrangères et au vocabulaire délibérément guerrier, en disent long sur le niveau de tension. On a souvent, dans l'Histoire, sorti les armes pour moins que ça. Parallèlement à cette déclaration, en pleine affaire Huawei et en réponse aux mesures commerciales et douanières de l'administration Trump, Pékin riposte encore en annonçant, à son tour, une « liste noire » d'entreprises étrangères non fiables visant implicitement les Américains, dans des termes particulièrement nets : « Les entreprises, organisations et particuliers étrangers qui n'obéissent pas aux règles du marché, qui s'éloignent de l'esprit d'un contrat, qui imposent des embargos ou cessent d'approvisionner des entreprises chinoises pour des motifs non commerciaux et nuisent gravement à leurs intérêts et droits légitimes seront placés sur une liste d'entités non fiables », indique alors le ministère chinois du Commerce. On ne peut être plus clair. Un climat de guerre froide.

Cela signifie-t-il que la Chine ait pour dessein d'imposer un ordre de valeurs chinoises universelles ? Nous ne le croyons pas de prime abord. Rejoignant en cela l'analyse d'Hubert Védrine au sujet de la Chine : « Rien dans son histoire ni dans sa vision du monde ne la porte à un prosélytisme missionnaire comparable à celui des chrétiens occidentaux ou des musulmans. Mais sa puissance est déjà considérable et ses Nouvelles routes de la soie, gigantesque projet lancé par Xi Jinping, vont concerner, si l'on y ajoute sa politique sur les pôles et en Afrique, au moins 70 pays… »

Le point de vue allemand

Dès lors, concernant la perception de ce nouvel impérialisme chinois, il n'est pas sans intérêt de nous arrêter sur la vision qu'en ont les Allemands. Ou plutôt les Allemandes, puisque, dans le monde germanophone, ce magistère asiatique est aujourd'hui le monopole de deux femmes. Il s'agit d'Ingrid Fischer-Schreiber, sinologue formée à l'Institut des langues de Pékin, qui est à vrai dire autrichienne. La papesse du domaine depuis deux ans. En rivalité avec Helena Legarda, du Mercator Institute for China Studies de Berlin. Faire la synthèse de leurs approches, plus convergentes que distinctes, n'est donc pas sans intérêt. Le constat de Legarda est clinique : « Nouvelles routes de la soie, réveil d'une surveillance navale discrète, diplomatie commerciale intensive, investissements de moins en moins discrets. Cela doit nous alerter. » Mais Fischer relativise : « Oui, certes, mais pour quelle hégémonie ? » Legarda tranche : « Le dessein est de rendre à la Chine la place qu'elle avait dans le monde avant l'atteinte européenne à sa souveraineté, au XIXe siècle. [...] Une démarche originale mais qui se passe des étapes obligées du colonialisme, du libéralisme et de l'industrialisation. » Fischer complète : « Il s'agit de sécuriser les approvisionnements, mais pas de pousser une idéologie politique, un modèle social ou économique. Leur seule conviction consiste à croire qu'ils partagent, en matière de développement, force similitudes avec les pays en voie de développement. Ce qui explique l'offensive de charme, ponctuée par des sommets à Pékin avec les dirigeants, surtout africains, de ces pays. » « Avec lesquels, prolonge Legarda, ils partagent de notables faiblesses : pas de monnaies impérialistes comme le dollar ou la livre sterling, alors même que la convertibilité du yuan reste un vœu pieux en raison du risque de fuite massive des capitaux inhérent à une initiative de cette nature. » Ajoutant : « Quant au facteur de puissance de projection militaire, inutile de croire qu'un changement offensif de court terme ait le moindre sens pour les dirigeants de ce "Pays du milieu" que reste la Chine. » Avant de conclure : « Une Chine que ses dirigeants actuels, bien qu'issus de l'aile militaire du Parti communiste chinois, rêvent de transformer en un gigantesque Singapour. »

La place de l'Afrique

La Chine dispose désormais d'une puissance financière qui rejoint le niveau de ses ambitions. Pékin s'est d'abord sérieusement attelée, depuis près de vingt ans, à la conquête, à la fois discrète et profonde, des ressources du continent africain. Bon nombre de dirigeants africains, confrontés à une explosion démographique, une pauvreté endémique (bien que l'apparition des classes moyennes soit une réalité dans ces pays en croissance), un manque cruel d'infrastructures et une situation sanitaire préoccupante, ne sont pas restés insensibles aux facilités de crédit offertes par les banquiers chinois comme à la réactivité des entreprises chinoises quand il s'agit de mener à bien rapidement des chantiers d'envergure. Et pourtant, l'Afrique avance, plutôt bien, malgré des modes de gouvernance encore minés par la corruption et cette somme de mauvaises habitudes entre amis que les anciens colonisateurs, dont la France, ont continué à entretenir, « à toutes fins utiles », dans leur relation avec les régimes africains issus des indépendances. Sans être encombrée d'une histoire commune avec le continent africain, la Chine a su convaincre, séduire et surtout, beaucoup donner. C'est ainsi qu'en échange de droits d'exploitation de ressources diverses, agricoles, halieutiques ou minières, les Chinois n'ont pas lésiné sur le financement et la construction d'infrastructures diverses, offertes « en cadeau » : ici, un centre ultramoderne de radio-télévision, là un port, un pont, une route ou une autoroute. Mais aussi des stades ou des lieux culturels. Un ancien président malgache nous rapporte ainsi que, dans son pays où l'électricité fait défaut sur la plus grande partie du territoire, ce sont les Chinois qui ont répondu présents pour le financement et l'installation de modestes entrepôts, réfrigérés par énergie solaire, à destination de pêcheurs contraints de stocker le poisson afin d'éviter de le perdre, faute de moyens disponibles quotidiennement pour l'acheminer vers les lieux de consommation ou d'exportation. Technologie, rapidité, financement ou… gratuité. Totale ou partielle, en échange de contrats d'exploitation minière, signes d'une « coopération » assez fortement à sens unique.

La politique chinoise sur le continent africain est ainsi proactive, alors que s'efface inexorablement l'influence des anciens colonisateurs qui, sans doute trop impactés d'un point de vue « affectif », n'ont décidément pas su gérer et transformer le complexe postcolonial teinté de repentance et l'affairisme « à la papa » en une réelle politique d'investissements durables, ni assumer, par crainte d'être accusés de néocolonialisme, une politique d'influence économique et culturelle saine et profitable aux deux continents ou aux pays respectifs. C'est ainsi que le célèbre Sommet France-Afrique créé en 1973 sous Georges Pompidou – rebaptisé Afrique-France en 2010 pour se montrer plus conforme aux valeurs de l'époque – subit, depuis l'année 2000, l'ombre portée du Sommet Afrique-Chine, plus exactement du Forum sur la coopération sino-africaine qui, tous les trois ans, permet aux dirigeants chinois et africains de se rencontrer pour mettre au point nombre de projets communs. Les chefs d'État africains s'y précipitent.

Les dirigeants chinois traitent avec soin leurs interlocuteurs africains, en permanence. Ainsi, lors de sa tournée africaine en janvier 2019, le chef de la diplomatie chinoise, Wang Yi, s'est rendu en Éthiopie, en Gambie, au Burkina Faso puis au Sénégal, fin du périple, où il a annoncé le financement de l'autoroute Mbour-Fatick-Kaolack (après celle, déjà financée, reliant Thiès et Touba), intégrée au projet de *smart city* de Diamniadio destiné à réduire la fracture numérique dans le pays. Le très beau Musée des civilisations noires de Dakar et une dizaine de stades régionaux ont déjà été financés et livrés par la Chine, qui financera et construira également le nouveau ministère des Affaires étrangères du Sénégal.

Pour autant, cet activisme chinois sur le « continent-eldorado » africain a fini par lasser certains dirigeants du continent noir. Des pays ont ainsi connu des déconvenues avec leurs partenaires chinois au sujet de contrats sans doute signés précipitamment et dans l'enthousiasme, mais finalement jugés défavorables au partenaire africain au regard des prestations fournies. C'est le cas en Mauritanie, au Ghana ou en Éthiopie où l'on prend soin, désormais, de lorgner aussi du côté de Moscou.

Pour certains pays, ce n'est ni plus ni moins que le début d'un – timide – retour de la Russie sur le continent africain, depuis la chute de l'empire soviétique qui y entretenait des zones d'influence dans le contexte de la guerre froide. Un retour qui s'opère principalement, pour l'heure, autour des activités de sécurité dans lesquelles les Russes excellent. Mais l'intérêt pour le continent africain, terre de nouvelles opportunités, est désormais bien présent dans l'esprit de Vladimir Poutine et des dirigeants russes. Et si la Russie reste aujourd'hui un nain économique en Afrique, la Chine devra très probablement compter à l'avenir avec ce nouveau compétiteur qui voit dans le continent africain un terrain géopolitique et géostratégique, en particulier la Corne de l'Afrique, qu'il serait dommageable, selon Moscou, de continuer à négliger.

Tout aussi révélateur de la concrétisation des ambitions chinoises est ce projet des Nouvelles routes de la soie, en référence à la célèbre route commerciale qui, du IIe millénaire avant notre ère et jusqu'au XVe siècle, reliait l'actuelle ville de Xi'an, ancienne capitale chinoise, à Antioche, la moderne Antakya, en Turquie, et par laquelle était acheminée la précieuse marchandise qu'était la soie.

Nouvelles routes de la Soie

Les Nouvelles routes de la soie constituent un projet titanesque, officiellement dévoilé en 2013 par le président Xi Jinping dans un discours à l'Université du Kazakhstan, de routes maritimes et ferroviaires qui devront relier la Chine au reste du monde, particulièrement à l'Europe, au prix de la construction de diverses infrastructures, notamment dans le bassin méditerranéen. Rencontrant l'hostilité évidente des États-Unis qui y voient la preuve de la volonté prédatrice de la Chine, ce projet permettra aux Chinois de s'approvisionner en matières premières et inversement d'accroître leurs exportations de biens de consommation. Le projet, multiforme et multimodal, axé sur les moyens de transport, concernerait 68 pays représentant 4,5 milliards d'habitants et plus de 60 % du PIB mondial. Autant dire qu'il s'agit là d'un projet gigantesque, porteur de promesses aux dimensions de la planète. Il illustre, à lui seul, s'il fallait encore en douter, le phénoménal appétit chinois pour les matières premières du monde tout autant que ses ambitions commerciales.

L'annonce des Nouvelles routes de la soie a été reçue avec crainte, dans la mesure où ce projet témoigne de la volonté féroce de l'expansionnisme économique chinois, mais parfois aussi avec un intérêt certain, voire avec gourmandise, par des pays qui en ont perçu tout l'intérêt pour leurs propres économies. Ainsi l'Italie, point de débouché maritime en Europe méditerranéenne des Nouvelles routes s'est officiellement associée au projet en 2019. De même, dans l'océan Indien, les départements français de la Réunion et de Mayotte, situés sur l'axe reliant l'Asie du Sud-Est et le cap de Bonne-Espérance qui ouvre la voie vers l'Europe et les États-Unis, ont manifesté tout leur intérêt pour ces

Nouvelles routes commerciales. Et en espèrent des retombées concrètes pour leurs ports. Ainsi, les observateurs estiment que, si le projet prend concrètement l'ampleur annoncée, il pourrait même bien évoluer… à la hausse et concerner directement plus d'une centaine de pays du monde.

D'ores et déjà, les massifs investissements chinois sont visibles en Europe. Tout particulièrement en Grèce où, dès 2005, le gouvernement de droite de Kostas Karamanlis a fait des clins d'œil à la Chine. Cinq ans plus tard, et après l'installation de Huawei, treize contrats de coopération économique sont signés entre les deux pays, cette fois entre Georges Papandréou et le Premier ministre chinois d'alors, Wen Jiabao, qui, flattant son hôte, qualifie la Grèce de « partenaire le plus crédible de l'Union européenne ». Rien de moins. L'installation des entreprises et commerçants chinois, même petits, est facilitée par une politique de visas opportune. Et c'est en 2008 qu'intervient le premier épisode de la prise de contrôle du Pirée, le port d'Athènes, par Cosco. Le géant chinois du transport maritime obtient pour 35 ans la concession de deux des trois embarcadères du Pirée.

Cette arrivée ne s'est pas faite sans heurt, en particulier avec les syndicats de dockers. Il n'empêche, l'activité s'est envolée, passant en dix ans de 1 à 5 millions de conteneurs par an. Aujourd'hui, Cosco est, avec 67 % du capital, l'actionnaire majoritaire du port et c'est tout naturellement son vice-président, Yu Zenggang, qui préside l'Autorité portuaire du Pirée. Les Nouvelles routes de la Soie ? Elles sont déjà une réalité pour la capitale grecque, puisque la majorité des échanges commerciaux entre la Chine et l'Europe passent désormais par le Pirée qui pourrait devenir bientôt le premier port de Méditerranée. À la clé, 2 000 emplois ont été créés, même si la réalité vécue par les salariés n'est pas aussi rose, avec des contrats précaires, un recours massif à l'intérim et, pour les permanents, des statuts assez éloignés des standards européens de protection sociale. Il faut dire que les difficultés d'une Grèce économiquement étranglée ont été une aubaine pour les Chinois à qui tous les Premiers ministres ont fait les yeux doux. Y compris, en 2015, Alexis Tsipras, arrivé au pouvoir dans les conditions que l'on connaît de crise extrême et de bras de fer avec l'Union européenne et les fonctionnaires internationaux de la Troïka (Commission européenne, Banque centrale européenne et Fonds monétaire international). Sachant ce que son pays doit à la Chine, Tsipras ira même, en juin 2017, jusqu'à mettre son veto à un communiqué commun des États-membres de l'UE condamnant la répression et les atteintes aux droits de l'homme en Chine.

Seuls, avec les syndicats de dockers, les archéologues oseront défier Cosco sur son domaine du Pirée en bloquant, au printemps 2019, un projet portuaire de l'actionnaire du port. Pot de terre contre pot de fer face à une Chine qui, n'en doutons pas, cherchera à exploiter toutes les faiblesses économiques de l'Union européenne pour avancer ses pions sur un espace qui compte 500 millions de consommateurs.

« *Quo vadis China ?* » Cela revient à dire « *Quo vadis Xi Jinping* ». Car jamais depuis Mao un dirigeant chinois n'a concentré autant de pouvoir, avec autant de poigne. « Dressé » par un père militaire, un compagnon de route à qui Mao infligera seize années de prison, Xi Jinping a grandi dans le culte d'un parti communiste ultra fort et incontesté. À 66 ans, il peut rester à vie à la tête de ce nouvel Empire du Milieu, la Constitution ayant été modifiée. Son autorité à conduire à la fois les affaires intérieures et l'expansion économique mondiale fait de ce nationaliste fervent un acteur redoutable que n'effraient ni le bruyant Trump, ni le mutique Poutine.

Quo vadis Russia ?

Début 2014, à Kiev, l'espoir des insurgés de la place Maïdan a été de favoriser un basculement à terme de l'Ukraine dans l'Union européenne. Un rêve impossible, aux yeux d'un Vladimir Poutine qui n'hésitera pas à riposter en annexant, au nom de l'Histoire, la Crimée. Restait que l'absorption de la Crimée par la Russie apparaissait, vue de Berlin, comme un moindre mal. Même si l'on doit bien admettre que, par la force des choses, un quart de siècle après sa chute au cœur de Berlin, un nouveau mur européen est en passe de se recristalliser, 1 200 kilomètres plus à l'est, entre les parties Est, pro-russes, et les parties Ouest, pro-occidentales, de l'Ukraine divisée. Dans l'immédiat, l'Allemagne, en se limitant à une industrialisation « pas-de-porte », veille à ne pas empiéter sur la zone tampon que l'Ukraine reste pour les Russes. Libre à ces derniers d'y voir l'esquisse territoriale de cette Eurasie mythique chère à Poutine. À cet égard, il n'a pas échappé aux stratèges de Berlin que le budget de la Défense russe, passé de 48 milliards d'euros en 2003 à 79 milliards en 2016, n'a cessé d'augmenter annuellement d'un quart. Cela dans un climat où, moins que jamais, pour le Kremlin, et par contraste avec l'angélisme occidental, l'emploi de l'arme nucléaire russe n'est « ni improbable ni impossible ». Encore faut-il identifier un ennemi potentiel. Au niveau de l'espace eurasien, les relations entre Moscou et Pékin se sont tendues. Depuis vingt ans, les incidents de frontières sont légion. Et les convoitises chinoises sur la Sibérie et ses richesses minières et énergétiques se sont aiguisées, renforcées par les perturbations climatiques qui rendent, aux yeux des populations russes, les terres sibériennes de moins en moins fréquentables, alors que les Chinois ne craignent pas, eux, de s'y installer. Fin 2013, la Chine a tourné le dos à une politique démographique qui aurait permis, jusqu'en 2030, de contenir la population chinoise à un maximum de 1,5 milliard de personnes. Pour Moscou, cette stratégie de lutte contre le vieillissement n'a fait que confirmer la réalité du dessein expansionniste de cet « empire du centre » chinois qui, limité par l'Océan indien à son Sud, n'aurait pas d'autre choix que de submerger les déserts sibériens à son Nord. Au final, Vladimir Poutine est sur la défensive. Tout l'angoisse : la contrainte financière qui l'oblige à dilapider ses réserves de pétrole et de gaz, une créativité industrielle et scientifique anémiée, les ravages d'une dénatalité endémique, facteur d'un vieillissement auquel s'ajoute une morbidité qu'explique un alcoolisme atavique du peuple russe. Comment, dans de telles conditions, imaginer que, dans le meilleur des mondes tripolaire, la Russie retrouve son rang aux côtés de la Chine et de l'Amérique ?

Le nouveau tsar

Comme nombre de ses prédécesseurs, cet homme libéré du carcan idéologique de la guerre froide, que les Européens aiment tant haïr, entend garder les fenêtres ouvertes sur l'Occident, tout en sauvant son empire de ce que les grands tsars du passé appelaient la « barbarie asiatique ». En fervent germanophile, Poutine se veut la réincarnation d'un despote éclairé, conquérant et réformateur, à la Frédéric de Hohenstaufen, sa figure historique de référence. Dans l'immédiat, on ne peut cependant exclure qu'il puisse secrètement admirer en Angela Merkel l'avatar de cette Catherine II fantasmatique qu'il imaginerait bien, *ad absurdum*, voir prendre un jour sa relève. Il faudrait être aveugle toutefois, pour ne pas discerner que ce tsar implicite aspire à convoler, économiquement ou stratégiquement, avec la chancelière de Berlin. Ou celle ou celui qui lui succédera. Tout en s'offrant le luxe de traiter comme quantité négligeable les nations, à ses yeux avachies et par trop sentencieusement humanistes, de l'Europe atlantique.

À la mesure de l'« Europe-continent », la chute du Mur de Berlin, on le devine, n'a pas tout réglé. Tant s'en faut. Elle a certes marqué la fin de l'après-guerre. Mais tout autant, ne manquent pas de rappeler les pessimistes, le basculement dans une période d'avant-guerre, si l'on se réfère à l'histoire tumultueuse de l'humanité, n'a pas déserté le champ des possibles. *Quo vadis, Deutschland* ? La puissance allemande retrouvée, dans un contexte européen excluant toujours l'expression d'une hégémonie germanique, inquiète ici et là. Alors même que, sur le nouveau front russe, se repose la question cruciale de l'unité de l'« Europe-continent ». Et donc aussi celle de la cohabitation sur le long terme de l'Allemagne avec la Russie de Vladimir Poutine et de ses successeurs.

La construction d'un axe européen

En aval de la chute du Mur de Berlin, c'est bien la crise terminale d'un postcommunisme moribond qui continue de faire rage aux confins de l'Europe centrale et de cet espace eurasien que le pouvoir moscovite rêve sans grande passion, faute de mieux, de fédérer aux portes de la Chine. Cette crise étant surtout la conséquence directe d'un grave manque de lucidité et de sagesse des vainqueurs occidentaux de la guerre froide. De l'art de savoir ne pas aller trop loin ! La chute du Mur de Berlin a certes favorisé la mythification d'un capitalisme de financiarisation spéculative éhonté. Mais comment admettre que ses thuriféraires, estimant pouvoir régner sans partage sur un monde libre étendu à l'ensemble de la terre, se soient crus tout permis ? Ne nous y trompons pas. Les agitations et « artabaneries » de surface de Vladimir Poutine à propos de l'Ukraine soulignent la propagation inexorable, depuis les retrouvailles de l'Allemagne avec elle-même, d'une onde de choc autrement significative. Celle-ci s'inscrit en droite ligne dans le prolongement d'une prédiction d'Alexandre Kojève, ce drôle de Russe qui, après 1945, enseignait la dialectique du maître et de l'esclave de Hegel à ses étudiants parisiens. Ne prédisait-il déjà pas que l'Allemagne, redevenue démocratique et pacifique, retrouverait tôt ou tard un potentiel économique tel que la France serait refoulée au rang de « puissance secondaire au sein de l'Europe continentale » ?

Nous sommes loin d'en être là. Mais comment nier que trop de pro-occidentaux atlantistes offensifs, dans l'incapacité d'inventer la géopolitique que requérait le trou béant que laissait l'effondrement du soviétisme, soient allés bien trop fort, bien trop loin, bien trop vite en besogne ? Le réveil d'une zone de friction au cœur de l'Ukraine l'atteste : trente ans après la chute du Mur de Berlin, l'« Europe-continent » est à la recherche d'un équilibre géopolitique stable. Il est dès lors impossible de négliger le fait que, loin de ne concerner que l'espace compris entre l'Atlantique et l'Oural, cet

« espace grand continental », compte tenu de ses pathologies identitaires et des prurits que celles-ci génèrent, pourrait géopolitiquement englober l'ensemble du continent européen, de l'Atlantique aux mers de Béring, d'Okhotsk et de l'océan Pacifique.

Plus près de nous, les relations entre Vladimir Poutine et les présidents français ont connu des fortunes diverses. Elles sont sobres et directes avec Emmanuel Macron, furent affables, mais glaciales, avec François Hollande, complexes avec Nicolas Sarkozy, chaleureuses avec Jacques Chirac dès l'arrivée au pouvoir, en 1999, du chef du Kremlin. Le pire relationnel s'étant manifesté, en 2007, moins d'un mois après l'arrivée au pouvoir de Nicolas Sarkozy, à l'occasion du sommet du G8 de Heiligendamm. En marge d'une conférence de presse mémorable, alors que le président français l'aurait chatouillé sur la problématique des droits de l'homme, Poutine aurait malmené Nicolas Sarkozy en lui rappelant la différence de taille entre la Russie et la France, au point que le président français serait sorti littéralement abasourdi de son entretien.

Nous sommes bien là dans une séquence sans rapport avec la traditionnelle bienveillance du président Chirac envers les Russes, comme lorsqu'il avait cru devoir décorer son homologue, un an plus tôt, en 2006, des insignes de Grand-Croix de la Légion d'honneur, le grade le plus haut dans cette distinction. Une bonne entente prolongée, en 2008, soit un an après le départ de l'Élysée de Jacques Chirac, par la remise, en présence de Poutine, du Prix d'État à l'ancien président français, la distinction russe la plus élevée, par le président Medvedev. Le temps de l'amitié franco-russe restait d'actualité avec Nicolas Sarkozy. Mais c'eût été mentir que d'imaginer, pour l'occasion, un climat comparable à celui qui avait régné lorsque, huit ans plus tôt, Jacques Chirac, toujours aussi russophone et russophile assumé, avait reçu Vladimir Poutine à l'Élysée et plaidé pour des « relations de confiance » entre l'Union européenne et la Russie. Est-il imaginable qu'une inclination intime puisse jouer un rôle ou déteindre sur la qualité d'une relation d'État officielle ? On ne peut en douter dans ce cas précis. Ouvert et curieux de tout, Jacques Chirac est certes connu pour sa sympathie envers l'Amérique qui remonte à un séjour de jeunesse : il a passé alors plusieurs semaines sur la côte Est, gagnant sa vie comme plongeur. Mais c'est pourtant en Russie qu'il a avoué avoir vécu ses relations passionnelles les plus exotiques.

Cette attirance réciproque entre Chirac et Poutine ne s'est pas éteinte avec le temps. « Le leader qui m'a plus impressionné, après Pierre le Grand, premier empereur de Russie, reste l'ancien président Jacques Chirac », redira Vladimir Poutine au journaliste du *Financial Times* qui, lors du sommet G20 d'Osaka de juin 2019, lui demandait quelle était la personnalité qu'il admirait le plus. Ajoutant : « C'est un vrai intellectuel, un vrai professeur, un homme riche en savoir tout en étant très intéressant. Quand il était président, il avait son propre avis sur chaque question et il savait comment le défendre en respectant toujours les opinions de ses partenaires. »

Comment manier cet écorché vif, calculateur et fin stratège, qu'est Vladimir Poutine ? Entendons-nous bien. Manier ne veut pas dire manipuler. Quelle erreur ce serait, puisqu'il vous verrait venir du bout du monde tant ce guébiste exercé entendrait claquer vos gros sabots. Hubert Védrine, toujours aussi excellemment clinique, nous explique l'erreur que l'on fait en pratiquant une distance avec la Russie au degré où l'Occident le fait. « La Russie, avance-t-il, est traitée de façon inintelligente depuis la fin de l'URSS par les Occidentaux qui lui reprochent en quelque sorte d'être restée… russe et de ne pas être devenue une gentille démocratie de type social-démocratie scandinave. La Russie, sous Poutine III, à partir de 2012, a agi en Ukraine, en Syrie, en Géorgie ou en Europe de façon détestable, et aussi face à l'OTAN dont elle n'a jamais admis l'extension provocatrice… » Ajoutant : « La Russie a suscité des réactions occidentales vengeresses, notamment américaines. Quelle aubaine pour beaucoup d'Américains du puissant parti antirusse de retrouver un ennemi mobilisateur et de pouvoir rejouer à la guerre froide ! » Avant de plus encore affiner son propos. Sur la question de savoir si l'Europe se devait d'avoir une politique russe : « Oui. C'est vrai pour les États-Unis, l'Europe et la France…Ils ont besoin d'un politique russe qui ne peut pas se limiter à l'antipathie pour Vladimir Poutine. Depuis la fin de l'URSS en 1991, l'Occident n'a jamais cherché à établir un vrai partenariat avec la Russie. Et Vladimir Poutine, qui sait user d'un certain pouvoir de nuisance, ne l'a pas cherché non plus. Cela dit, on a eu la chance que du chaos d'après la chute de l'URSS ne soit pas sorti pire que Poutine. Aujourd'hui, malgré des provocations, tous les torts ne sont pas de son côté. Résultat : sur l'Ukraine, on est en train de s'enliser dans une sorte de bras de fer symétrique. Il faudra en sortir… » (*L'Opinion*, mars 2014).

Quo vadis Cuba ?

Bien malin sera l'observateur extérieur qui, dans le contexte présent, saura sur quelle ligne géopolitique concrète se fondent les États-Unis d'Amérique à l'égard de Cuba depuis la fin du règne du président Obama, où la tendance allait dans le sens d'un discret déminage. Même valse-hésitation du côté soviétique alors que, héritage d'un intense bouche-à-bouche historique entre Moscou et La Havane, 55 000 sujets d'origine russe vivent sur la grande île. Avec la prudence qui sied, afin de ne pas remettre pour l'instant le feu aux poudres, il y a néanmoins, de la part des Russes, des signes amicaux explicites. En juillet 2014, c'est l'effacement par Vladimir Poutine, lors d'une visite à Cuba, d'une dette de 31 milliards de dollars datant de l'époque où Moscou assurait la mise sous perfusion financière du régime castriste. Puis, début novembre 2018, deux ans, jour pour jour, après la mort de Castro, la visite à Moscou du nouveau président cubain Miguel Diaz-Canel, occasion pour ce dernier d'étrenner l'installation, nullement anodine, mais pas encore au point de froisser Washington, d'un dispositif spatial (dit GLONASS) de télécommunications et de télédétection de la terre.

D'évidence, aucun des deux acteurs locaux de la guerre froide d'antan et de celle qui s'instaure à pas de loup n'a encore été en mesure, sur ce pas-de-porte sensible de l'Amérique qu'est l'espace caraïbe, de formuler la doctrine adaptée. Même si tout indique que, sur un modèle assimilable à celui des années 1960, dans une forme de réponse du berger à la bergère, les locataires néo-soviétiques du Kremlin pourraient se piquer, en cornaquant de trop près les Cubains, de commettre en terres chaudes les mêmes imprudences du « trop vite, trop fort, trop tôt » de l'OTAN au niveau des pré-glacis occidentaux de la Russie. Il s'amorce en tout cas sous ces latitudes, à hauts risques, la quête, pour l'instant peu lisible, de possibles « lunes de miel » avec les amis d'hier. En refaisant de Cuba, considérée à Washington comme une chasse gardée de l'espace sud-américain hispanophone, la pomme de discorde d'une nouvelle exacerbation, d'une nouvelle guerre froide.

Une nouvelle guerre froide ?

Dans l'immédiat, nous en sommes, après la longue éclipse de la Russie, dans une version très affaiblie de la vieille guerre froide. Après tout un processus de déliquescence-restauration dont les termes, pour nous être familiers, n'en sont pas moins préoccupants. Les personnages et figures actuellement impliqués dans ces jeux d'intimidation étant assez proches d'un copié-collé de leurs prédécesseurs de jadis, un retour sur image minutieux n'est pas de trop pour mieux comprendre ces jeux mimétiques.

Le dénouement de la crise des missiles de Cuba, à l'automne 1962 ouvrira une période de détente américano-soviétique qui durera jusqu'en 1975. Elle renforcera le prestige de Kennedy et, inversement, affaiblira le crédit international, mais aussi intérieur, de Khrouchtchev qui – coïncidence ou relation de cause à effet – sera évincé du pouvoir exactement deux ans plus tard.

Quant à Fidel Castro, il faut bien reconnaître que la crise de 1962 s'est jouée, sur et autour de son territoire, largement, voire totalement, en dehors de lui. Prisonnier de l'hostilité américano-cubaine, de son alignement sur Moscou et, encore une fois, d'une position géostratégique tout à fait exceptionnelle, il a assisté, impuissant et amer, durant cette quinzaine d'octobre 1962, à un jeu de « Grands » au sein duquel lui-même, son pays et le peuple cubain n'étaient que quantité négligeable. Quelle visibilité, en revanche, et quelle notoriété pour la grande île des Caraïbes, jusqu'alors seulement considérée comme un terrain de jeu – contrarié à partir de 1959 – pour les compagnies américaines ! Humilié mais beau joueur – il n'avait pas d'autre choix –, Castro se rendit tout de même deux fois en URSS, en 1963 et 1964. Et renforça son rôle international en Afrique et en Amérique latine, au nom de la « libération des peuples ». Ce fut plus un jeu de rôle pour l'ex-guérillero haussé au rang d'idole de tous les révolutionnaires du monde qu'une réelle influence sur le cours de l'Histoire, car il a veillé, notamment en Afrique, à ne pas trop contrarier les axes stratégiques du grand frère soviétique.

De même, son attachement idéologique au communisme, dont on peut penser qu'il a été moins net que ne l'affirmait le *Lider maximo* dans ses discours, a constamment été nourri, au sens premier du terme, par l'aide massive de l'URSS qui, même après la crise des missiles, n'a jamais renoncé à sa présence, si utile en matière de rapport de forces, à portée immédiate des côtes américaines. Et même s'il n'y avait pas consensus à Moscou au sujet de Castro et son régime, un lobby moscovite procubain a toujours veillé à défendre les intérêts du poste avancé caribéen au sein même des couloirs du Kremlin. D'autant que, de site idéal de lancement de missiles menaçant directement les États-Unis, l'île était passée principalement au statut de site privilégié d'écoutes et de renseignement soviétique. Au prix d'une subvention annuelle de 200 millions de dollars, l'URSS faisait fonctionner une station d'écoute et de surveillance qui, au plus fort de la guerre froide, emploiera jusqu'à 1 500 agents, techniciens et ingénieurs soviétiques envoyés ainsi sous les Tropiques. La station ne sera démantelée qu'en 2002 pour devenir une université des Sciences informatiques.

La disparition de l'Union soviétique a, très logiquement, ouvert une crise économique et financière majeure à Cuba qui perdait d'un coup l'ensemble des privilèges de commerce et formes d'aide que Moscou avait maintenu, et ceci alors que perdurait l'embargo américain. Le PIB chutera de 35 % et de graves pénuries s'installeront dans un pays dont la performance économique propre a toujours été particulièrement médiocre. La disparition en juin 1991 du CAEM (Conseil d'assistance économique mutuelle), l'organisation – fondée par Staline – d'entraide économique entre les pays communistes sous influence directe de Moscou, fera chuter violemment de 90 % le commerce avec l'ex-URSS, qui importait à elle seule 80 % du sucre cubain et 40 % des agrumes. Privé de l'essentiel de ses moyens, le régime a dû réduire de 13 millions de tonnes ses importations de pétrole russe, acquis jusqu'alors à prix préférentiel évidemment. À la fin de l'Union soviétique, le soutien annuel de Moscou à l'économie cubaine atteignait encore 4 milliards de dollars. Économiquement et politiquement, Cuba, toujours sous embargo américain, s'est donc retrouvée bien seule dans ces années d'après-guerre froide. D'autant que son modèle politique, économique et social, toujours « pur et dur », perdait brutalement, avec l'effondrement de l'URSS, ce qui lui restait de crédibilité aux yeux du monde.

Des Cubains seuls, donc, à l'aube des années 2000. Jusqu'à ce qu'un certain Vladimir Poutine débarque à Cuba, précisément en 2000, quelques mois seulement après son accession au pouvoir. Le tout nouveau maître du Kremlin en profite pour dénoncer l'embargo américain, sachant bien qu'en dépit des restrictions intervenues au moment de l'effondrement de l'URSS, les relations économiques entre Moscou et La Havane restent privilégiées… à la mesure des moyens de la Fédération de Russie. La coopération économique s'intensifie à nouveau, tout particulièrement à partir de 2008 où, cette fois, c'est Dimitri Medvedev, devenu président « par alternance », qui met le pied à Cuba avec la ferme intention de conclure avec La Havane un accord de forage pétrolier russe dans les eaux cubaines. L'interlocuteur de Medvedev est désormais Raul Castro, frère de Fidel, à qui il a succédé par intérim, puis définitivement. C'est le début d'une nouvelle lune de miel entre Moscou et La Havane, avec, dès 2009, une série d'aides et de mesures de coopération qui accélèrent nettement à la suite, cette fois, de la visite officielle de Raul à Moscou.

Dix ans plus tard, et alors que Miguel Diaz-Canel a remplacé Raul Castro à la tête de l'État, la lune de miel semble briller un peu plus fort, mais sur des bases de coopération économique et stratégique radicalement différentes de la politique de subvention aliénante pratiquée autrefois par la vieille URSS. Cette fois, c'est d'Amérique qu'est venue la nouveauté : après le flirt américano-cubain des années Obama, voici désormais un nouveau train de sanctions décidées par Donald Trump contre La Havane, accusée de soutenir de façon trop visible le gouvernement de Nicolas Maduro, au Venezuela.

Refroidissement États-Unis/Cuba

L'occasion est trop belle pour Vladimir Poutine, allié de circonstance de Maduro. Car revenir plus visiblement dans la région sous le nez de Trump ne déplaît pas, loin de là, au maître du Kremlin. « Dans les rues de La Havane, peu d'indices encore de ce retour, hormis la flotte de nouveaux taxis, des Lada dernière génération, et de microbus Gazelle », écrit en mai 2019 Katell Abiven, de l'Agence France Presse, commentant cette scène de vie quotidienne : « Derrière une table de dominos – le passe-temps national à Cuba –, une Lada est garée tandis que vrombit en passant une vieille berline américaine, une image qui fait écho à la situation géopolitique actuelle… » Et l'agence française de rapporter également ces propos récents de l'ambassadeur russe à La Havane devant ses confrères européens : « Après des échanges commerciaux de 350 millions d'euros en 2018, les investissements russes vont permettre d'augmenter de 20 % la production d'énergie cubaine et de rénover les quatorze avions de la compagnie nationale Cubana de Aviacion. » Devenue seulement le troisième partenaire commercial de Cuba derrière l'Union européenne et la Chine – ce sont les nouvelles réalités de la mondialisation et du monde multipolaire –, la Russie de Vladimir Poutine dispose d'une réelle marge de progression, dans un esprit plus pragmatique qu'idéologique : d'ores et déjà, il s'agit d'un prêt de 38 millions d'euros pour moderniser l'industrie militaire cubaine, un milliard pour rénover les voies ferroviaires, ainsi que des accords dans le nucléaire civil et la cybersécurité.

Un contexte, certes, économique mais qui, politiquement et tactiquement, fait les affaires de Poutine, qui aime volontiers jouer au provocateur que l'on connaît, trop avisé pour ne pas profiter de l'occasion offerte par ce « spot » caribéen pour déstabiliser, à la mesure de ses moyens, l'Amérique de Trump. Du moins psychologiquement.

Au point que renaissent ici et là les fantasmes d'une nouvelle guerre. « Troisième guerre mondiale : Poutine rouvre des bases de l'époque soviétique à Cuba lorsque Trump fait accroître la menace nucléaire », titre ainsi, sans nuance, au printemps 2019 le Daily Star, affirmant que « Vladimir Poutine semble s'apprêter à rouvrir la station soviétique SIGINT à Cuba qui a été fermée en 2002. Cette perspective suscite déjà des préoccupations de l'Occident ». Des interrogations que la visite à Cuba de Youri Borissov, le vice-président du gouvernement russe pour les questions de défense peut, en effet, alimenter. Ce qui peut, certes, apporter de l'eau au moulin des fervents opposants au régime russe, mais n'a que bien peu de sens dans le contexte actuel. S'il est évident que Moscou peut trouver un réel intérêt à renforcer ses moyens d'écoute et de surveillance à quelques encablures de la côte américaine, tout autant qu'à s'agiter sous le nez de Donald Trump, on peut sérieusement douter que la réouverture de bases militaires à Cuba soit politiquement et financièrement d'actualité pour un Vladimir Poutine qui a, notamment à l'est et au sud-est de la Fédération de Russie, d'autres sujets d'insomnie autrement plus prégnants.

Quo vadis Europa ?

L'Europe institutionnelle de l'après-guerre, celle de ses pères que furent Robert Schuman, Jean Monnet et Alcide de Gasperi, fut d'abord, ne l'oublions jamais, celle des jardins-cimetières d'une Europe meurtrie par ses guerres fratricides. Un élan prolongé ultérieurement par une réconciliation franco-allemande engagée à point nommé par Charles de Gaulle et Konrad Adenauer. Dans les limites permises par la propension américaine à considérer l'Europe comme un espace de tutelle atlantique dans sa stratégie mondiale de rivalité avec l'URSS. La traduction de cette limitation se manifesta nettement dans le cadre du traité d'amitié franco-allemand de l'Élysée, signé en janvier 1963, qui se retrouva dénaturé dans son esprit par l'ajout d'un préambule, à l'occasion de sa ratification en juin 1963 par le Bundestag, spécifiant que cette convergence franco-allemande s'entendait dans un contexte où se manifesterait une étroite association entre l'Europe et les États-Unis d'Amérique, l'admission de la Grande-Bretagne et une défense commune dans le cadre de l'Alliance de l'Atlantique nord. Cet appendice, inspiré par des atlantistes bon teint, provoqua la fureur de Charles de Gaulle. « Les Américains, s'indigna-t-il, essaient de vider notre traité de son contenu. Ils veulent en faire une coquille vide. Tout ça, pourquoi ?

Parce que les politiciens allemands ont peur de ne pas s'aplatir suffisamment devant les Anglo-Saxons ! » C'était là un intermède significatif. Et qui anticipera d'un climat entre Européens qui persiste jusqu'à nos jours.

Un aléa qui n'a cependant nullement empêché que l'Union européenne, après avoir été à l'origine un simple marché commun, prenne la décision, toujours fragile, de constituer une « communauté de destin ». Une Europe à vingt-huit membres, et celle de l'euro à dix-neuf. Cette communauté doit aujourd'hui subir les coups de boutoir que lui portent ces illettrés de l'âme que sont des populistes à courtes vues.

Un rêve fragile

Refusons toute forme d'amnésie. L'Europe, c'est avant tout et surtout la paix retrouvée entre Européens. Et de manière primordiale, le désir de générer cette confiance qui, après tant de vicissitudes, doit être préservée entre Français et Allemands. Ici encore, nous l'avons démontré, rien n'est acquis. L'édifice reste fragile et plus précaire qu'on ne l'imagine, et les soins qu'il nécessite sont toujours indispensables. Car même son équilibre est instable. Ce que savent ces « bêtes immondes » qui rôdent à proximité du précieux mausolée, sous les voûtes duquel brûlent encore les encens d'une paix que l'on croit naturelle et éternelle. Ce qu'elle n'est pas. Car cette paix ne va pas de soi. Et rien, en matière technocratique, économique ou systémique, ne pourra jamais, en aucun autre lieu, garantir cette fonction vitale qu'est l'entretien d'un « rêve collectif » d'une telle originalité et ampleur, hormis le projet européen.

Telles restent les tâches prioritaires du remaillage qui attend les eurocrates des générations montantes. Aujourd'hui, le besoin de protection et de pédagogie collective porte largement sur l'amplification des marges économiques qu'un tel ensemble se doit, ce qu'il ne fait pas médiocrement, de dégager et de répartir équitablement. Pour peu que ce désir de « vivre ensemble » s'exprime enfin avec plus de véhémence et d'intelligence du cœur, qu'il ne l'a fait jusqu'à maintenant. C'est une désolation. Car en dépit d'une monnaie commune, d'un passeport commun, de la libre circulation des biens et des personnes, autant de privilèges auxquels s'ajoutent, avec Erasmus, des sessions d'études dans les universités des pays voisins, le sentiment d'appartenance à une collectivité européenne manifestant une réelle aspiration commune reste très insuffisant. On ne peut cependant pas exclure que ces générations Erasmus, ayant bourlingué plus loin en Chine, en Russie ou en Amérique, redécouvrent un jour cette envie d'Europe. La confrontation à ces vents d'ailleurs leur redonnera peut-être appétit et vigueur à l'endroit de ce désir d'Europe, que les jeunes ne ressentent aujourd'hui que confusément, en tout cas ceux, moins favorisés, qui n'ont pas eu la chance de sortir des frontières.

À l'heure actuelle nos nations respectives se doivent de rester rassurantes et, pense-t-on aussi, protectrices. Ce que les partis droitiers et populistes ont parfaitement ressenti. Tout en profitant financièrement du système, lorsqu'ils envoient leurs candidats se faire élire comme députés au Parlement européen. Mais pour quel dessein, sinon celui d'une prédation perverse, tout en dénigrant les institutions comme un « machin » inhumain, technocratique et éloigné des réalités quotidiennes ?

Réhabiliter l'Europe

L'Europe institutionnelle n'est pas parfaite. Loin de là. Mais en rejeter en vrac les apports est très injuste, tant les citoyens ignorent que nombre de ces décisions ou initiatives améliorant leur vie sont dues à des mesures d'origine européenne transposées au droit national. Voire facilitées par de larges financements européens. Tout cela dans un cadre où, pour assurément rester sobrement positif, l'Europe est certainement la région du monde où il fait le plus « bon vivre ». En raison de la diversité des sites et paysages, certes, de ses nombreuses traditions culinaires et de ses mœurs généralement civilisées, voire raffinés, mais aussi de ce multilinguisme qui n'est que la traduction de ces cultures qui s'enracinent dans une histoire millénaire, à bien des égards, exceptionnelle. Sans parler des libertés individuelles et publiques qu'elle offre à ses citoyens. Un cadre plus qu'enviable au regard de bon nombre des autres régions de la planète.

En paix depuis près de soixante-dix ans, ces privilégiés semblent pourtant souffrir, trente ans après cette chute du Mur de Berlin qui a offert la liberté aux peuples des pays de l'Est, d'une crise de confiance interne incroyablement délétère et oiseuse ! La crise des migrants, la protection des frontières, le défi de la souveraineté numérique et de l'ère de l'intelligence artificielle, la protection de l'environnement, sont des domaines relevant de l'urgence. Au cœur du dispositif, quoi qu'on en dise, le « couple » franco-allemand semble en panne d'inspiration. Tant il est vrai que la prévisibilité des réactions de Mme Merkel, que deux ans séparent désormais d'un inéluctable retrait politique, ne permet aucune forme de changement notable à court terme. Il s'ajoute que tout mouvement sur certains dossiers semble inhibé d'entrée de jeu. Y compris donner un aimable coup d'arrêt aux positions indisciplinées des pays du « groupe de Visegrad » (Pologne, Hongrie, République tchèque et Slovaquie), qui obligent Bruxelles à les marquer cependant de plus en plus sévèrement à la culotte.

Pour l'heure, aucune orientation stratégique de long terme n'est formulée et encore moins tranchée. L'Union européenne balance entre une intégration de plus en plus forte dans le cadre d'une fédération frappant monnaie en commun, et la perpétuation « petit bras » du « à hue et à dia » actuel ! L'autre projet consisterait à réinitialiser une Europe à la carte, ou à plusieurs vitesses, dont les États membres, rangés en cercles concentriques autour d'un noyau central lui-même constitué d'une poignée de pays, choisiraient leur degré d'intégration et de proximité monétaire, économique, stratégique dans le cadre d'une constellation européenne ainsi remaillée et vivifié.

On peut regretter enfin que l'Europe, dans un univers pourtant multipolaire, ne se décide pas à s'assumer en tant que grande puissance économique, scientifique et culturelle, alors qu'elle est plus peuplée que les États-Unis et que son niveau de vie attire toutes les convoitises. Aujourd'hui, l'Europe est en effet forte de 500 millions de consommateurs, dont l'existence n'a échappé ni à la Chine (projet des Nouvelles routes de la soie), ni au Canada (accord du Ceta), ni au Brésil, à l'Argentine, au Paraguay et à l'Uruguay (accord du Mercosur). Une Europe qui s'offre au commerce mondial mais qui ne sait pas parler d'une voix unique. Face à Donald Trump qui rêve de son implosion. Autant que face à Vladimir Poutine qui, fasciné par la germanité, a plus intérêt à traiter directement avec l'Allemagne qu'avec une Union européenne qui ne l'attire guère, globalement.

Partie VI

L'ère numérique et la problématique du climat

1989 : NAISSANCE D'INTERNET

C'est une curieuse coïncidence historique qui a aussi fait de cette année 1989, il y a trente ans, une année charnière, sur le plan technologique, cette fois. Revenons rapidement sur l'ouverture du Mur de Berlin, tout d'abord, avec ses conséquences considérables et bien connues : la réunification allemande après quarante-quatre ans de partition depuis la défaite nazie, l'effondrement du Rideau de fer qui maintenait fermement les pays sous domination soviétique – et surtout leurs populations – à l'écart du monde occidental et, naturellement, l'effondrement du système soviétique lui-même qui, à bout de souffle, se dissout très vite.

En cette même année 1989, quelques mois plus tôt, au printemps, un événement en apparence banal, et en tout cas passé totalement inaperçu du grand public, est intervenu : la naissance du World Wide Web, donc d'Internet, qui allait à une vitesse vertigineuse transformer en profondeur la planète entière sous les aspects les plus divers.

C'est, en effet, le 12 mars 1989 que le britannique Tim Berners-Lee, chercheur au CERN, l'Organisation européenne pour la recherche nucléaire, près de Genève, a présenté un « système de gestion décentralisée de l'information » : c'est la naissance du Web. Le World Wide Web n'était, à l'époque, qu'un outil de gestion informatique de documents destiné à permettre l'échange d'informations entre des chercheurs disséminés en Europe. L'outil en question, préfiguration de la Toile, sera ouvert au public en 1993. Les « navigateurs » deviennent alors les boussoles universelles, offrant, au fur et à mesure de leur développement, des outils de plus en plus rapides et faciles d'utilisation pour rechercher n'importe quelle information.

La naissance du Web, c'est d'abord le symbole et l'accélérateur du développement exponentiel des technologies numériques, jusqu'alors timides même si elles avaient déjà, dans la recherche, dans l'industrie, dans la défense, mais aussi à travers le développement de l'ordinateur personnel, commencé à prendre corps. La communication libre et instantanée entre ces outils, en revanche, n'avait encore aucune traduction à grande échelle. Le modèle de communication électronique grand public – essentiellement français – du « monde d'avant », c'était le Minitel, invention française géniale devenue très populaire, mais que l'on regarde aujourd'hui, si peu de temps plus tard, comme un objet préhistorique qui n'a pas dépassé les frontières hexagonales après être devenu dans les foyers français, en très peu de temps, un objet aussi culte que la TV. Naître et mourir si vite !

Un profond remodelage des relations internationales

On mesure aujourd'hui, seulement trente ans plus tard, la révolution que cette apparition de la communication et du transfert des données, à la fois en masse, de façon instantanée et sans limites de distance, allait entraîner dans le monde entier – et ce n'est peut-être qu'un début –, pour toutes les organisations, les sociétés, les vies individuelles et même les pratiques de gouvernance politique. Et cela, autant au plan technologique qu'au plan des usages et modes de vie.

Les relations internationales, qu'elles soient économiques, géopolitiques, stratégiques et même militaires, ne peuvent plus s'opérer sans la prise en compte d'un cyberespace envahissant. Et sans une action à la fois dynamique, créative et vigilante au sein de ce monde numérique où s'affrontent des géants : les grands États, toujours, mais aussi de nouveaux acteurs non étatiques, ces empires du numérique que l'on résume souvent sous l'acronyme de GAFAM (Google, Amazon, Facebook, Apple, Microsoft). Un terme qui ne désigne toutefois que les acteurs américains dominants. Ajoutons-y les BATX, leur équivalent chinois, (Baidu, Alibaba, Tencent, Xiaomi), mais aussi, pêle-mêle, le fabricant chinois Huawei, le coréen Samsung, l'américain Uber, son homologue chinois Didi Chuxing, la messagerie Twitter, etc. Ces géants, extrêmement influents à bien des égards, ont de nombreux petits frères dans leurs pays respectifs, sans compter les ambitions de l'Inde, la troisième base entrepreneuriale du monde qui entend bien, elle aussi, devenir un poids lourd du numérique à partir de sa « Silicon Valley » de Bangalore.

Nouvelles armes, nouvelles guerres

Si le numérique a profondément changé notre façon de vivre, de travailler, de communiquer, il a aussi changé la façon de s'affronter, de se concurrencer, et de... se faire la guerre.
Dans la guerre « physique » d'abord, avec une omniprésence des technologies numériques dans les systèmes d'arme, des matériels les plus lourds comme les aéronefs et les bâtiments

des marines militaires à l'équipement du simple fantassin, qui embarque sur lui aujourd'hui des systèmes et outils encore inimaginables il y a moins d'une génération, si ce n'est dans les ouvrages de science-fiction. Outils d'observation, de renseignement et aussi d'attaque et de destruction, les drones, ces engins de la guerre à distance, qui répondent à l'obsession au sein des armées modernes de risquer le moins possible les vies de ses propres soldats, sont les enfants aéronautiques du monde numérique. Ils ont rendu possible une autre façon de faire la guerre, même si des soldats de plus en plus spécialisés, et relevant d'abord de troupes d'élite, continuent de se sacrifier au combat pour leur pays et la cause qu'ils défendent.

« Avant, la souveraineté était assimilée à une question de défense ; il s'agissait de maîtriser librement ses équipements militaires », expliquait en mars 2019 au journaliste Laurent Ruez, Patrick Caine, le PDG du groupe Thalès, géant français de l'électronique de défense et de sécurité. « Aujourd'hui, les GAFA (Google, Amazon, Facebook et Apple) sont devenus aussi puissants que des États et certains craignent qu'ils prennent le contrôle de notre vie. La nouvelle question qui se pose est donc celle de la souveraineté numérique. Aux espaces de confrontation naturels que sont la terre, la mer et le ciel, vient s'ajouter l'espace Cyber. »

Et le président du groupe français de renchérir : « La France a énormément d'atouts pour assurer sa liberté d'agir, de se déplacer et de penser. Mais, pour assurer cette nouvelle forme de souveraineté, nous allons manquer de ressources financières. Il nous faudra donc la partager et nous engager dans une souveraineté numérique européenne. »

Pour l'heure, il n'est pas certain, disent tous les observateurs, même les plus optimistes, que la souveraineté numérique européenne soit en marche, à la fois par manque de vision commune des membres d'une Union trop divisée et par l'absence de volonté de se positionner en grande puissance. Cela reste un sujet central que les responsables publics européens ne peuvent plus éluder en se réfugiant derrière un raisonnement d'abord national. En attendant, les moyens considérables développés aux États-Unis, en Chine et, dans une moindre mesure, en Russie sont tels que l'Europe aura bien du mal à rattraper ce mouvement si des investissements massifs et coordonnés ne sont pas dédiés à cette souveraineté numérique.

Le cyberespace a aussi, on le sait, changé en profondeur l'univers du renseignement, de la surveillance et de l'espionnage, autant à des fins purement de sécurité nationale et de défense qu'à des fins économiques. C'est un domaine dans lequel les entreprises de secteurs de plus en plus variés ne peuvent plus se passer, aujourd'hui, d'utiliser des outils et ressources expertes d'intelligence économique dans le but de mieux se protéger, mais aussi, reconnaissons-le, de conquérir de nouveaux marchés.

Enfin, l'interconnexion mondiale des systèmes d'information et des réseaux rend de plus en plus vulnérables toutes les sortes d'utilisateurs. Que notre compte mail personnel soit « hacké » est, certes, très handicapant ; que nous soyons victimes d'escroqueries à la carte bancaire est insupportable. Mais cette délinquance issue de l'existence même des réseaux auxquels, qui que nous soyons, nous sommes tous reliés, même sans ordinateur ni smartphone, est finalement bien moindre que le champ des menaces, à la fois économiques et de sécurité, qui ont pu se développer à des échelles considérables impliquant directement les États.

En ce qui concerne la vie des entreprises, la sécurité nationale ou les conflits interétatiques, le cybermonde n'est plus seulement un outil d'observation ou de renseignement. Il comporte en lui-même de véritables armes d'attaque. Que ce soit à travers le hacking dont sont régulièrement victimes des entreprises, des administrations sensibles et des États, ou par le biais d'opérations gigantesques de désinformation visant à influencer une élection démocratique, à détruire la réputation d'une entreprise, d'une organisation ou d'un leader. Ces intentions de déstabilisation ne sont pas nouvelles : elles existaient avant Internet et les réseaux numériques. Mais les outils dotés de puissances de calcul de plus en plus astronomiques donnent à ces armes « froides » du XXIe siècle une capacité de destruction ou d'aliénation jamais atteinte. Depuis quelques années, l'actualité politique, électorale, économique, abonde d'exemples d'opérations de grande envergure destinées à influencer une élection, déstabiliser un État, détruire ou, au minimum, affecter gravement et en quelques heures une entreprise. Pratiquement toutes les grandes entreprises de taille internationale, toutes les grandes administrations ont subi et subissent encore régulièrement des attaques de leurs systèmes informatiques. D'autant plus visibles quand elles impactent le grand public, certaines attaques sont immédiatement connues, via les réseaux sociaux. Beaucoup d'autres restent inconnues, en particulier quand la victime – par hypothèse, une entreprise ou un site administratif sensible – veut éviter l'impact négatif sur sa réputation et sur le degré de confiance que l'on peut accorder à ses systèmes d'information. C'est un sujet de préoccupation qui n'est plus l'apanage des plus grandes et plus riches entreprises : de plus en plus de PME sont victimes de ces attaques en ligne, soit parce qu'elles détiennent des données d'innovation technologique de pointe, soit parce que leur part de marché, la spécificité de leurs productions et leur potentiel de croissance déclenchent, au mieux de la curiosité, au pire de l'agressivité destructrice.

Au passage, on observera que les risques de la société numérique ont fait naître de nouveaux et florissants business, d'abord dans la cybersécurité, avec la mise en œuvre de système de protection et de sécurité informatique de plus en plus sophistiqués, ou encore dans le domaine de l'e-réputation, la réputation sur Internet. Ainsi, des sociétés, typiques de ces nouveaux métiers du monde numérique qui se multiplient dans tous les pays, pratiquent au service de leurs clients à la fois l'activisme et le contre-activisme sur Internet pour construire ou détruire une « e-réputation ». Elles le font en toute discrétion et à des échelles qui dépassent amplement les inepties souvent déversées sur les réseaux sociaux où prolifèrent les fameuses *fake news* (les « fausses informations »), qui ressemblent à un salmigondis souvent folklorique au sein duquel, toutefois, se nichent parfois de fausses informations à caractère très sensible. C'est pourquoi plus personne ne prend à la légère ce phénomène des fake news, même si l'art de la désinformation est vieux comme le monde. Là encore, tout est question de puissance et d'ampleur : il ne faut que quelques minutes pour écrire et mettre en ligne une fausse information, et pas beaucoup plus pour qu'elle fasse le tour de la planète. Si l'information, même grossière, est vraiment sensible, l'affolement des réseaux sociaux sera immédiat et incontrôlable. Quand elles sont conçues à des fins de manipulation, ces *fake news* sont des éléments d'influence des opinions publiques (ou des places boursières) à même de provoquer de considérables dégâts dans la vie publique, économique et sociale.

Georges Orwell vous salue bien...

Dans ce contexte, les États et organisations internationales ont commencé à s'emparer de la cruciale question des données personnelles (les fameuses *datas*) dont la collecte, à laquelle nous participons tous, même en pratiquant une parcimonie délibérée et paranoïaque, confère à leurs détenteurs une puissance de feu à la fois marketing, commerciale, mais aussi civique et politique. Que ces données constituent un levier commercial et économique considérable est bien connu, puisqu'elles permettent de connaître nos centres d'intérêt... voire nos opinions sociétales et politiques (à travers les réseaux sociaux notamment), nos modes de vie et de consommation (à travers le e-commerce, la grande distribution et... l'utilisation de nos cartes bancaires), nos déplacements (par la géolocalisation de nos terminaux mobiles), notre vie privée et familiale. Nous laissons en ligne, à travers des formulaires bien anodins, une quantité considérable d'informations. Déjà, notre carte Vitale, à elle seule, peut permettre de savoir tout de notre profil médical et pharmaceutique. Et le DMP, Dossier Médical Partagé, en cours de déploiement en France (version 3.0 du vieux carnet de santé qui dort souvent au fond d'un tiroir), sera demain notre carte d'identité médicale et sanitaire, stockée quelque part... Pratique pour les professionnels de santé et les patients eux-mêmes mais, en tant que tel, potentiellement inquisiteur pour le citoyen. Imaginons qu'une compagnie d'assurances ou une banque puisse s'emparer de ces données de santé que nous maîtrisons mal, quelles que soient les lois de protection au demeurant indispensables, on voit aisément de quels moyens de pression ou de rétorsion ces acteurs privés pourraient user auprès de certains de leurs clients. Ainsi, toutes sortes d'opérateurs officiels et officieux, publics ou commerciaux, accumulent dans le monde entier des milliers d'informations qui, séparées les unes des autres, peuvent encore sembler inoffensives aux plus naïfs. Leur regroupement et leur interconnexion, toujours possibles et de plus en plus répandus, constituent le système de traçage et d'espionnage individualisé le plus complet et le plus puissant que l'humanité n'ait jamais inventé. Un système donc infiniment plus sophistiqué que ce ne fut le cas par le passé dans les dictatures les plus féroces en matière de quadrillage et de surveillance des populations. Et nous sommes actuellement, en Europe du moins, en temps de paix.

Tout ceci ne relève pas de la politique-fiction ou du marketing-fiction : c'est déjà une réalité qu'incarnent, par exemple, pour les besoins du commerce et, peut-être demain, pour d'autres besoins infiniment plus sensibles, Google, Amazon et Facebook… avec, le plus souvent, notre assentiment, explicite ou implicite. À une échelle planétaire.

Technologies à double tranchant

Le phénomène est le plus souvent masqué tout simplement par l'attrait des services que nous apportent ces nouveaux géants. En l'espèce, la croissance et l'élargissement des activités et services d'un acteur comme Amazon sont très révélateurs.

Amazon, distributeur de... livres à l'origine, s'attache à devenir le grand distributeur universel : quoi que nous voulions, où que nous soyons, un hypermarché à l'échelle planétaire. Avec les moyens appropriés, dans un contexte de concurrence féroce, puisque la course est d'ores et déjà engagée entre Amazon et Google pour proposer au plus vite des livraisons individuelles par drones. Google a déjà, à titre expérimental, réalisé avec succès plus de 3 000 livraisons en Australie où l'isolement des habitats, on le sait, peut être extrême. Pendant qu'Amazon conduit des expériences aux États-Unis, au Royaume-Uni ou encore en France. Le panier de courses qui atterrit dans le jardin, c'est pour demain matin. Et il serait bien naïf de penser que cela « ne marchera jamais ».

Mieux encore, après avoir dévoilé son futur drone de livraison, Amazon entend bien se lancer dans des missions de surveillance par drone des habitations. À l'instar des sociétés privées de sécurité, les drones équipés de caméras à vision nocturne pourront effectuer des tours de garde pour vérifier l'éventuelle présence d'intrus chez les clients du géant de la distribution. Imparable !

Autant dire que tous ces services les plus innovants, sur lesquels travaillent des centaines de milliers de start-up à travers le monde, séduisent les publics : smartphones et applications en sont les outils et vecteurs. Bien pratiques en matière de mobilités, de santé, de loisirs, de commerce, d'usages bancaires, de déclarations administratives, de communication... Accessibles dans le cadre d'un Internet gratuit où, selon l'adage post-moderne, « si c'est gratuit, c'est vous le produit », ces services toujours plus innovants constituent, aux yeux des observateurs les plus inquiets, une menace dont « les victimes sont consentantes ». D'où l'effet de rouleau-compresseur que représente le développement exponentiel de ces usages au bénéfice des quelques grands opérateurs globaux que symbolisent les GAFAM. Derrière chacun de ces services que le plus grand nombre plébiscite, sont stockées des données personnelles. Les nôtres. Par milliards.

Pour une nouvelle Déclaration universelle des droits de l'homme

Il y a donc urgence à traiter au niveau politique le plus élevé la question de l'utilisation des data. Non pour prétendre éliminer totalement cette forme de cybersurveillance généralisée au service d'intérêts divers – ne soyons pas totalement naïfs –, mais pour en encadrer le mieux possible l'utilisation et contraindre les organisations diverses, en premier lieu, les entreprises et les administrations, à adopter à la fois des règles de conduite et des normes ou standards communs d'utilisation, à l'image des milliers de normes internationales existant déjà dans le monde industriel ou dans celui des produits de consommation. Au-delà de ce travail de juristes experts, qui requiert à l'évidence une forte volonté politique en appui, certains acteurs, telle la Privacy Tech, organisation européenne d'initiative française, réfléchissent à l'élaboration d'une nouvelle Déclaration universelle des droits de l'homme, dite de « quatrième génération », qui poserait les principes et droits fondamentaux de l'humanité dans ce monde numérique. Si l'on se remémore les enjeux qui ont présidé à l'élaboration des Déclarations précédentes, l'idée d'une telle Déclaration n'est pas une utopie, tant les périls d'un monde numérique hors de contrôle sont grands, à l'échelle de l'humanité tout entière. Encore faut-il que des leaders politiques de premier plan s'emparent de cette intention pour la faire prospérer. On peut penser que, patrie des Droits de l'homme et héritière des Lumières, la France est assez légitime à être l'aiguillon au service d'un tel projet.

D'autant que la question d'une réelle gouvernance concertée des données ne décrit pas, à elle seule, l'intégralité des dangers potentiels de l'ère numérique. Les GAFAM s'intéressent depuis bien longtemps à d'autres sujets que la collecte d'informations. Leur créativité exceptionnelle, leur puissance de développement et de calcul qui a ouvert la voie, en parallèle ou avec l'industrie, à l'intelligence artificielle, et leur puissance financière ont déjà conduit ces géants sur d'autres pistes, où les possibilités d'innovation et de développement sont là aussi infinies. Santé, mobilités, agro-alimentaire, assurance, immobilier : les GAFAM nouent des accords de recherche et développement avec les plus grands acteurs de tous les secteurs. Tel le géant pharmaceutique Sanofi qui a annoncé, à l'été 2019, une alliance stratégique de premier plan avec Google autour de la recherche : promesse de nouveaux médicaments, sans doute, mais aussi de recherches en génétique, plus probablement. Même approche pour l'agro-alimentaire où l'ambition est de maîtriser tout le cycle : de la production à la transformation et à la distribution. Proposer une solution à tout et pour tout... C'est l'origine du mouvement consistant à explorer conjointement des domaines aussi différents que le foncier, l'immobilier, les mobilités (des *smart cities* de demain), l'agro-alimentaire et la santé : tout est lié. Ce qui revient à dire : « Citoyens du monde, ne vous inquiétez de rien : votre smartphone peut régler toute votre vie, répondre à tous vos besoins. Nous savons vous nourrir, vous éduquer, régler votre vie quotidienne, et même professionnelle, dans les moindres détails tout autant que vos questions financières. Et même vous soigner... ! Pour cela, nous devons, pour vous assister, savoir tout de vous. Rendez-vous sur votre réseau social préféré... » Exprimée comme cela, la réalité est invasive mais encore incomplète. Déjà, avec une telle puissance et des milliards d'utilisateurs, comment s'étonner que les jeunes, brillants et cyniques patrons de ces géants du numérique, rois du lobbying et de la communication d'influence, ne soient plus reçus, dans le monde entier, par tel ou tel ministre du Numérique ou du Commerce comme lorsqu'ils étaient des petits génies prometteurs, mais soient désormais accueillis directement par les chefs d'État les plus puissants ? Au-delà d'une fascination bien compréhensible, les États prennent désormais très au sérieux la puissance démentielle de ces géants du numérique qui, de fait, défient leur autorité. En témoigne l'inquiétude officielle des ministres du G7 Finances, réunis les 17 et 18 juillet 2019 à Chantilly. À la source de cette alarme, le déjà sulfureux Libra, la cryptomonnaie que veut lancer, en 2020, Facebook, fort de ses... 2,3 milliards utilisateurs actifs dans le monde (soit l'équivalent de 1,7 fois la population de la Chine, pays le plus peuplé de la planète). Devant ses collègues du G7, Steven Mnuchin, le secrétaire du Trésor américain, a fait état de « très grandes inquiétudes sur le Libra, qui peut être mal utilisé pour blanchir de l'argent ou financer le terrorisme ». En le Français Bruno Le Maire n'a, lui non plus, pas mâché ses mots et caché sa méfiance. Enfin, les chefs d'État savent parfaitement que l'avenir sera marqué par le développement – aux limites indéterminées – de l'intelligence artificielle. L'IA, comme on l'appelle, est en train de dépasser, pour le meilleur et pour le pire, l'être humain lui-même, basculant vers les horizons inconnus et effrayants d'un transhumanisme qui pose tant de questions à la fois biologiques, technologiques, humanistes, éthiques et philosophiques. Ainsi va ce monde totalement inimaginable en novembre 1989. Il y a une éternité...

La question du climat

Comment évoquer ce « monde d'après », multipolaire et numérique, où se joue désormais l'avenir de l'humanité, sans inscrire l'enjeu climatique à l'agenda ? Inutile de réexposer en détail la question climatique en tant que telle. Tout simplement parce que la focalisation quasi exclusive des médias et du débat public sur le seul réchauffement, qui se traduit par la polarisation sur la recherche de modes de vie « décarbonés », occulte, hélas, trop souvent, de graves enjeux environnementaux où tout est lié. Tels l'invasion du plastique sur terre et dans les océans, l'effacement de la biodiversité végétale et animale, l'accès à l'assainissement dans de nombreuses régions d'un monde en pleine urbanisation. Ainsi que la nocivité, y compris hors des villes, de ces particules fines émises directement par l'industrie et les transports qui, émissions de CO2 ou pas, affectent directement la santé humaine. Laquelle subit, en outre, l'impact de ces produits chimiques, baptisés du nom générique de pesticides, abondamment utilisés en agriculture intensive.

Toutes ces nuisances et ces périls, certes, existaient déjà il y a trente ans. Des « écologistes » visionnaires, alors qualifiés de gentils utopistes gauchisants, les dénonçaient. Leur approche systémique n'était pas nouvelle. Mais ils étaient peu nombreux, politiquement marginaux, et finalement inexistants sur l'échiquier. Sauf, peut-être, en Allemagne, pays où les *Grünen* (les « Verts »), panthéistes instinctifs, voire adeptes du *Deus sive natura* de Spinoza, avaient déjà, au cœur des années 1970, investi le débat public et posé en pionniers les premiers jalons conceptuels de l'écologie politique. Il n'en est plus de même aujourd'hui. Et cette manière de penser et de ressentir l'intérêt général ne peut plus échapper aux responsables publics. Y compris à Donald Trump aux États-Unis, ou à Jair Bolsonaro au Brésil. D'évidence, leur déni de réalité sans nuance ou, plus cyniquement, leur négation volontaire de ne pas en tenir compte sont devenus insupportables. En majuscule, à une puissance incalculable, se pose urgemment la question de savoir si la planète Terre, pourtant douée d'une incroyable capacité de régénération, sera capable de supporter encore longtemps, sans craquement fatal, les gabegies que de près de 8 milliards d'humains font peser sur elle ? En 1900, la Terre comptait 1,6 milliard d'habitants. Vu de nos années 2000, c'est un chiffre quasi magique, laissant entrevoir un eldorado écologique rêvé, puisque perdu. Aujourd'hui, avec 7,7 milliards d'habitants recensés, et avec en perspective pour 2050 une population de 9,8 milliards, la pression de l'espèce humaine sur la planète a radicalement changé de dimension.

Déséquilibres

Combinée à cette croissance démographique, l'amplitude quasi exponentielle des prélèvements opérés par l'homme dans la très fine écorce de cette boule de feu que reste notre planète, paraît, elle aussi, irresponsable. Même si ce verdict va à rebours de cet autre constat : en dépit des saignées que furent les deux guerres mondiales, le XXe siècle s'avère représenter, dans l'histoire de l'humanité, une période exceptionnelle et inédite de croissance et d'amélioration des niveaux de vie. Tout cela associé à une révolution des modes de transports et de circulation qu'illustre, par exemple, l'invention médiévale du gouvernail d'étambot, planche de bois fixée à la poupe d'un navire permettant de contrôler sa direction et de réduire l'espace nécessaire aux manœuvres tournantes. Un progrès technique décisif, à la hauteur de ce que représentent les inventions de l'hélice et du réacteur pour notre époque, qui a permis aux colonisations portugaises et espagnoles des XVe et XVIe siècles de gagner les mondes extra-européens.

C'est donc désormais grâce au jet – et au porte-conteneurs – que peut s'effectuer cette ouverture au monde d'une Chine dont Alain Peyrefitte nous annonçait le « réveil ». La voracité humaine contemporaine, à travers ses modes de vie, surtout à l'occidentale, est de toute évidence prédatrice. Car elle est devenue bien plus consommatrice de ressources naturelles (énergies fossiles, eau…) que par le passé. Selon l'ONU, 9 humains sur 10 ont accès à l'eau potable. Mais 1 habitant sur 4 boit une eau considérée comme dangereuse pour la santé. Ces chiffres globaux recouvrant des disparités considérables en matière de consommation : 600 litres par jour pour un Américain, contre seulement 10 litres pour un habitant de l'Afrique subsaharienne.

Il est évident qu'avec seulement 1,6 milliard d'habitants, la question de l'eau ne pouvait pas se poser en ces termes en 1900. Puits de carbone et de biodiversité, la forêt couvrait à cette époque 50 % de la surface du globe. Aujourd'hui, elle n'en couvre que 9,4 % et représente une surface totale de 4 milliards d'hectares, soit un tiers de la surface des terres émergées. Déforestation et urbanisation aidant, la forêt mondiale recule encore chaque année de 3,3 millions d'hectares. Il en va de même pour les réserves mondiales de pétrole, qui étaient un sujet dominant de l'actualité du début des années 2000, quand l'angoisse planétaire n'était pas tant d'imaginer l'ère de l'après-pétrole pour cause de réchauffement climatique, mais de craindre benoîtement à l'inéluctable disparition de cette ressource ! Ce qui est évidemment pertinent. Les réserves prouvées de pétrole ont certes bien été multipliées par 2,3 dans le monde lors des trente dernières années mais l'humanité, pour autant, et au rythme actuel d'extraction et de consommation, ne disposerait plus que de cinquante et un ans de production mondiale. Autant dire que, sur la base de ces projections, les années 2040, 2050 et suivantes, donc demain matin, s'avéreront plus que problématiques. Sauf à se hâter sagement, dans l'intervalle, sur ces chantiers du futur.

La lente prise en compte de l'environnement

On doit au Suédois Svante Arrhenius (prix Nobel de chimie en 1903) d'avoir été le premier homme de science, en 1896, en pleine deuxième révolution industrielle, qui a identifié le lien probable entre la combustion fossile et le réchauffement global. Ce précurseur fut, en son temps, parfaitement inaudible en dehors de petits cercles scientifiques. Et il faudra attendre les années 1970 pour que s'esquisse une prise de conscience, très lente, très timide, de la problématique du réchauffement climatique. La première manifestation collective et politique sérieuse sur le sujet remonte au Sommet de la Terre de 1972, à Stockholm. En terre de pionniers suédois, très en avance sur le reste du monde dans la prise en compte des enjeux environnementaux. C'était encore l'époque du « tout-pétrole » et ces préoccupations d'écologistes vertueux n'étaient absolument pas de nature à émouvoir les grands dirigeants de la planète. Bien au contraire : c'est un coup de force purement économique et politique, celui de l'OPEP en 1973, qui leur fera prendre conscience que des économies d'énergie sont nécessaires ; pas du tout pour des raisons d'extinction prévisible des gisements connus, et encore moins de réchauffement climatique mais, très simplement, en lien avec le prix de « l'or noir ». Ce premier choc pétrolier ne concerna que les pays riches vivant alors à l'heure du « toujours plus ». Et tout ce beau monde regarde alors les écologistes comme de doux rêveurs. Car il est vrai que ceux-ci sont souvent des enfants du *flower power* et des révoltes estudiantines de 1968, mais qui ont déjà compris les enjeux à long terme.

Autant dire que, lorsque s'abat le Mur de Berlin, en 1989, la préoccupation environnementale n'est pas un sujet. Pour la forme, néanmoins, les gouvernements des pays les plus développés ont, depuis une vingtaine d'années, commencé à se pousser pour accueillir, à la table des Conseil des ministres, des collègues en charge de ces questions écologiques. En France, c'est le ministre Robert Poujade qui, en 1971, sous Georges Pompidou, inaugurera la fonction avec un modeste portefeuille de ministre délégué. Signe des temps : il faudra attendre 2007, avec l'arrivée au pouvoir de Nicolas Sarkozy, pour que l'environnement mérite d'être placé sous la tutelle d'un ministre d'État. Et 2017, avec Emmanuel Macron, pour qu'un militant et missionnaire écologiste, le très médiatique et populaire Nicolas Hulot, accède à ce rang au plus haut dans le protocole gouvernemental, soit directement après le Premier ministre. Son successeur, François de Rugy, sera également numéro 2 du gouvernement, mais à son défaut, en juillet 2019, le poste redeviendra un portefeuille ministériel « normal ».

Après Stockholm, les lignes ne bougeront que vingt ans plus tard. C'est à Rio, en 1992, lors du Sommet de la Terre auquel participe François Mitterrand, que la communauté internationale reconnaît officiellement et explicitement l'existence du dérèglement climatique et la responsabilité humaine dans ce phénomène. 196 nations, parmi lesquelles tous les membres de la Communauté européenne, y ratifient une convention-cadre impliquant de se concerter désormais au plus haut niveau sur ces questions, chaque année. Le principe des *Conferences Of Parties* est né. COP : un acronyme que les Français ne connaissent vraiment que depuis 2015 grâce à la COP21 du Bourget (21e du nom), qui s'est conclue par l'Accord de Paris. Mais qu'en fut-il de la première du genre, la COP1 ? Elle s'est tenue vingt ans plus tôt à Berlin, le 28 mars 1995. Présidée, peu s'en souviennent, par une jeune ministre allemande encore très peu connue en Allemagne autant que dans le grand monde. Angela Merkel, car c'est bien d'elle dont il s'agit, est alors ministre de l'Environnement, de la Protection de la nature et de la Sécurité nucléaire au sein du cabinet Kohl 5. Y excellera-t-elle ? Un peu, mais sans plus. Tout en y acquérant, cinq ans après la réunification, cette expertise qui lui permettra néanmoins bientôt, devenue chancelière et en bousculant son cabinet, de décréter l'abandon du nucléaire en Allemagne. En 1995, lors de la première COP, le monde n'est plus divisé en deux blocs politiques, Est et Ouest. Il est divisé, sur ces questions de climat, en pays riches et pays pauvres, lesquels refusent de porter la responsabilité du réchauffement climatique, en sachant que leurs populations et leurs économies en seront les premières victimes. Techniquement, cette COP1 n'aboutira à rien de concret, mais elle lancera un processus de prise de conscience. Celui-ci, année après année, va s'inscrire – c'est du moins ce qu'espèrent les défenseurs de l'environnement – en lettres de plus en plus marquées dans les agendas politiques. Et, électoralement, en lettres vertes pour un certain nombre de pays qui, très lentement, découvrent ce qui peine à s'incarner vraiment en écologie politique et en rapport de force. La COP1 de Berlin ouvrira ainsi la voie au Protocole de Kyoto qui sera signé en décembre 1997, au Japon, lors de la COP3. Des objectifs chiffrés de réduction des émissions de CO2 y seront pris. Sans lendemain.

« Notre maison brûle et nous regardons ailleurs », s'exclamera Jacques Chirac le 2 septembre 2002, devant l'assemblée plénière du IVe Sommet de la Terre, à Johannesburg. Un coup de théâtre soigneusement préparé sous la plume de l'universitaire et historien de l'écologie Jean-Paul Déléage. Et qui a eu l'immense mérite, par son impact médiatique, d'accroître la prise de conscience des opinions. À Johannesburg, tout ce qui appartient au développement durable fut passé en revue : eau, agriculture, énergies, biodiversité et situation sanitaire, et même la culture. Mais ce sommet de sensibilisation souffrait déjà manifestement d'un certain désintérêt américain. George W. Bush, représentant de la première puissance économique du monde, avait décidé d'y briller… par son absence. Rien ne s'arrangera par la suite, offrant un spectacle politique affligeant où l'égoïsme des grandes puissances saute aux yeux. L'environnement et le développement durable mobilisent encore insuffisamment, et sans grande cohérence. On pourrait même dire que ces thèmes sont traités « à hue et à dia », selon cette expression du XIXe siècle évoquant les cris des charretiers à leurs bêtes, *hue* signifiant

« en avant » et *dia* « à gauche », pour faire avancer l'attelage dans deux directions différentes. Au titre d'un comportement erratique ou incohérent qui n'est que l'expression, à la fois, du manque de conviction profonde et de la soumission de court terme aux intérêts économiques et à leurs lobbies.

On saura plus vite encore ce qu'il en sera avec Donald Trump. À peine arrivé à la Maison Blanche, il décidera que les États-Unis se retirent de l'Accord de Paris (COP 21), qu'ils avaient pourtant signé sous Barack Obama.

Pour autant, beaucoup d'initiatives sont prises, parfois par les États, parfois, et de plus en plus souvent, par des acteurs privés, ONG, certes, mais surtout entreprises. Beaucoup de ces dernières, y compris aux États-Unis, comprennent que l'économie verte est une source potentielle de développement et de profit. D'où une présence de plus en plus forte des secteurs économiques dans les rencontres internationales sur le sujet, y compris les COP.

Pour Hubert Védrine, le sujet relève désormais, pour les décideurs des pays de la planète, du domaine des urgences qui affectent la planète. Et trois « comptes à rebours » sont déjà déclenchés, explique-t-il, pour éviter des catastrophes annoncées : « l'urgence climatique, l'explosion démographique et le choc numérique ». Bon gré mal gré, la course aux solutions est lancée autour de la « transition énergétique », sujet politique désormais placé en tête de gondole des supermarchés électoraux de force pays. Qui dit transition vers une société « décarbonée », dit recherche de solutions autour des énergies renouvelables. Celles-ci existent, exposées dans des discours que l'on veut croire sincères, mais à tâtons. Sans perdre le nord. Et savoir admettre, par exemple, que ces coûteuses éoliennes qui, objectivement, ont l'immense inconvénient d'enlaidir les paysages, ont surtout un rendement énergétique assez moyen. Ou dire aussi que l'énergie solaire, phénoménale, inépuisable, est aujourd'hui captée à travers des panneaux photovoltaïques qui nécessitent l'emploi de métaux précieux et sont des catastrophes écologiques en matière de recyclage. Le véhicule électrique est certes idéal en termes d'« émission zéro » de CO2 et de particules fines. Mais les particules fines émises par un véhicule ne proviennent pas seulement du moteur : tout aussi dangereuses pour nos poumons, elles naissent aussi de l'usure des pneus et des plaquettes de frein, voiture électrique ou pas.

De nombreuses études établissent par ailleurs que le bilan global du véhicule électrique ne serait pas aussi mirobolant : batteries polluantes et difficiles à recycler et surtout, l'électricité nécessaire provenant, jusqu'alors, de quelque part, elle a souvent été produite dans des centrales thermiques à combustible fossile. En Allemagne, après la décision d'abandon du nucléaire, la première des réalités a été celle du retour aux centrales thermiques, en attendant que les renouvelables soient en mesure de s'y substituer totalement. La Pologne a fait mieux : juste avant d'accueillir la COP 24, en 2018, les autorités ont autorisé la construction d'une centrale de 1 000 MW… à charbon (l'or noir polonais) ! Deux pas en avant, un pas en arrière…

LE MONDE D'APRÈS : NOUVELLE GUERRE CHAUDE

C'est cela, aussi, ce « monde d'après » : une estimation, à l'horizon 2050, de 250 millions de réfugiés climatiques, des populations obligées de s'exiler pour cause d'inondations, tempêtes, submersions, extrêmes sécheresses, dégradations des sols, baisse dramatique du rendement des cultures. Rien moins qu'une amplification des phénomènes migratoires actuels, avec des réfugiés que le droit international ne reconnaît pas aujourd'hui. Car, à l'heure actuelle, la Convention de Genève, signée en 1951 et relative au statut international des réfugiés, précise que ce statut concerne toute personne faisant l'objet d'une « crainte bien fondée de persécution », excluant de fait les réfugiés du climat. Les discussions sur la reconnaissance d'un nouveau type de réfugiés ont plus ou moins commencé, mais le consensus est probablement encore loin, étant donné la vitesse où vont habituellement les négociations internationales, toujours décalées par rapport au biorythme de la planète.

La géographie de l'origine des problèmes environnementaux n'épousant pas la géographie de leurs impacts, autrement dit, surtout en matière de réchauffement, les victimes étant souvent éloignées de l'émetteur ou de la cause des dégâts, des enjeux géopolitiques considérables se profilent à l'horizon et vont continuer de s'imposer. Avec le risque de nouveaux conflits, voire de guerres pas « froides » du tout, pour l'acquisition de ressources élémentaires, à commencer par l'indispensable eau potable.

Aucun responsable politique ne peut plus ignorer ces enjeux, qu'ils soient géopolitiques globaux ou simplement locaux. C'est peut-être de là, d'ailleurs, du local, de la réalité du terrain, que partira la vraie mise en mouvement, portée par la pression des opinions publiques, souvent en avance sur leurs dirigeants et pour qui les dégâts environnementaux, petits ou grands, locaux ou globaux, sont devenus une préoccupation de premier plan. Des opinions qui, relayées par les réseaux sociaux, ont de plus en plus de mal à tolérer le grand écart de certaines décisions politiques. Celles-ci sont toutes scrutées désormais, non plus seulement sous l'angle économique, mais aussi sous l'angle de l'impact environnemental. Y compris quand il s'agit de décisions d'ampleur internationale tel, dernier en date, l'accord du Mercosur entre l'Union européenne et les pays sud-américains (dont le Brésil, principalement), signé le 28 juin 2019. Emmanuel Macron le sait bien, lui qui a essuyé une volée de bois vert après s'être réjoui, en marge du G20 d'Osaka, de la signature de cet accord économique « bon pour nos entreprises et nos emplois ». Un dossier explosif, tant sont fortes les oppositions, à commencer par celle de son ancien ministre d'État, Nicolas Hulot, qui s'insurgeait dans *Le Monde* du 2 juillet : « Il y a des textes que l'on ne peut plus signer [...]. Je ne comprends pas qu'on puisse en l'état signer cet accord. Ce type de décision politique montre qu'on n'a aucune approche systémique, globale de la lutte climatique. [...] Cet accord est complètement antinomique avec nos ambitions affichées. [...] On laisse un président, Jair Bolsonaro, saccager la forêt amazonienne, sans laquelle on n'a aucune chance de gagner la bataille climatique. Elle représente à elle seule dix années d'émissions mondiales de gaz à effets de serre. »

Le président français, qui sait à quelles réticences et oppositions profondes il peut s'attendre sur ce type de dossier, n'a pas d'autre choix que d'annoncer « une évaluation indépendante, complète, transparente de cet accord, notamment sur l'environnement et la biodiversité ». Illustration parfaite du nouveau paradigme politique que tous les chefs d'État, ou presque, n'ont désormais guère le choix d'ignorer.

Épilogue

De nouveaux murs ?

Ainsi que nous l'avons relaté, l'effacement du « Mur des murs » dans le paysage berlinois fut la conséquence, et non la cause, de la fin déliquescente du bloc de l'Est. Et il nous est apparu, en tant qu'événement avant tout hautement symbolique, prodigieusement romantique. Et prometteur. Dans l'intervalle, la vie a continué. Les frontières en tant que telles n'ont pas disparu. À l'inverse, de nouvelles séparations physiques et frontières infranchissables sont réapparues entre les humains. Ici et là, et de plus en plus. Des miradors en garnissent les murailles et des chiens dressés à l'attaque hantent leurs glacis et leurs *no man's land.*

Le rêve éveillé de paix, modèle 1989, ou de patriotisme universel ne s'est ni propagé, ni réalisé. Par contre, ce qui s'est dessiné relève, là ou ici, d'une explosion des attitudes paranoïdes. La peur de l'autre prospère. Et Donald Trump, président des États-Unis, pays réputé rester la première démocratie du monde, a fait de la construction d'un gigantesque mur, séparant les États-Unis et le Mexique (en réalité, la prolongation de ce qu'on appelle aussi le « mur de Bush »), un enjeu électoral, puis politique, majeur. En même temps qu'un signal de repli de portée planétaire.

Élisabeth Vallet, enseignante à l'Université du Québec, à Montréal, fait métier d'observer ces tendances. Pour la politologue, aucun doute, les murs ont de l'avenir. « Nous comptons aujourd'hui, énumère-t-elle, 70 à 75 murs "construits ou annoncés" dans le monde, s'étalant sur environ 40 000 kilomètres, soit la circonférence de la planète. Les séparations physiques de populations, grillages ou authentiques murs de béton ou de sable, concerneraient, selon les estimations des uns et des autres, entre 6 et 18 % des 250 000 kilomètres de frontières terrestres du monde. Ce tracé discontinu de béton (parfois même "végétalisé", comme à Calais), de grillages ou barbelés, électrifiés ou non, de fossés, de sable, de miradors, de caméras de surveillance, mais aussi de radars ou de mines antipersonnel offre un bien triste "voyage" ».

Mur entre l'Afrique du Sud et le Mozambique, barrière électrifiée de 500 kilomètres entre le Botswana et le Zimbabwe, mur des sables de 2 700 kilomètres au Sahara occidental entre le Maroc et la Mauritanie, mur entre l'Algérie et le Maroc, mur israélien de séparation avec les Palestiniens, mur entre Israël et l'Égypte contre les immigrés clandestins, mur entre le Brésil et le Paraguay, l'Inde et le Bangladesh, la Hongrie et la Serbie, la Hongrie et la Roumanie, Peace Wall d'Irlande du Nord ou « barrière verte » de Chypre qui, l'un et l'autre, coupent des quartiers de Belfast ou de Nicosie, grilles à Ceuta et Melilla (enclaves espagnoles au Maroc) ou à Gibraltar (entre le Royaume-Uni et l'Espagne), ou encore sas à Calais, à Lampedusa, aux Canaries, sans oublier la zone dite « démilitarisée » (en fait, la zone la plus militarisée du monde) séparant les deux Corées… Il serait vain, ici, de recenser ces barrières réputées infranchissables, sauf à quelques très rares points de passage filtrants, quand ils existent. Tous les continents sont concernés y compris, en son sein, l'Union européenne, pourtant territoire de libre circulation. En Slovaquie, la petite ville de Vel'ka Ida isole ses habitants roms par un mur, hypocritement baptisé « mur sportif » par la municipalité ; en Roumanie, des Roms sont aussi cantonnés dans des ghettos murés.

Les raisons ayant motivé l'édification de ces murs tombent sous le sens : immigration clandestine, terrorisme, conflits internationaux ou régionaux, affrontements ethniques ou religieux, ségrégation et… occultation sourde des misères. Un phénomène vieux comme le monde, cherche-t-on à relativiser : au IIIe siècle av. J.-C., la Grande Muraille et ses 6 700 kilomètres servaient déjà à protéger la Chine des invasions barbares.

Comme hier, pour le meilleur et pour le pire, une partie de l'humanité, même mondialisée et numérisée, a peur de l'autre, de ses voisins, de la différence que ceux-ci incarnent. La tentation du repli géographique, ethnique, politique, religieux, ou social (dans sa classe), est de règle. Car relevant de la protection fébrile des « zones de confort » des plus forts.

Déjà, en son temps, Isaac Newton, qui sera repris deux siècles plus tard par Saint-Exupéry, déplorait que « les hommes construisent trop de murs et pas assez de ponts ». Plus que jamais donc, cet emmurement du monde reste d'actualité. Alors même que, ô paradoxe, les Terriens disposent avec Internet, comme jamais dans leur Histoire, d'un outil universel de communication interpersonnelle et instantanée.

Le Mur de Berlin matérialisait l'incarcération géographique de peuples entiers sous les jougs de pouvoirs totalitaires en situation d'échec économique et sociétal avancé. Et l'arrêt de la dispersion migratoire de ces peuples vers des horizons plus cléments. Il en est de même aujourd'hui. À la différence près que ces migrants potentiels d'Europe de l'Est nous étaient proches en matière de mœurs, de cultures et de religions. La mondialisation a bouleversé l'ordonnancement du tableau. Car c'est de l'ensemble de la planète que, plus massivement encore, viendront de plus en plus de démunis. Tentés par les atouts d'une Europe riche et en paix depuis 75 ans, comme jamais dans son Histoire.

L'Europe, nantie, amollie et inactive, avons-nous persiflé il y a quelques pages au regard de l'inertie qui est la sienne, semble parfois politiquement et stratégiquement hors du temps. Médusée par les dérives et dissensions internes qui la disloquent. Donnée en déclin il y a peu, l'Amérique, y compris sous l'égide du businessman Donald Trump, n'en a pas moins fêté, le 20 juillet 2019, trois mois avant la date anniversaire des trente ans de la chute du Mur de Berlin, l'anniversaire du premier pas humain sur la Lune. Ce jour mémorable de juillet 1969, où Neil Armstrong, commandant d'Apollo 11, était alors le premier homme à poser un engin sur le satellite de la Terre. Avant d'en fouler lui-même le sol vierge de toute empreinte…

Un moment de grâce absolue qui lui permit de contempler, resplendissante à l'horizon lunaire, cette merveilleuse planète bleue qu'est la Terre. « Un petit pas pour l'homme, mais un grand pas pour l'humanité », proclamera Armstrong. Resté dans l'habitacle du module Apollo, Bruce Aldrin, sidéré, constate que la Lune, symbole rêvé depuis la Terre, n'est jamais qu'une aire grise et poussiéreuse cousue de cratères inhospitaliers. Avant de s'emballer lui aussi à la vue du spectacle qu'offrait la planète bleue, cette sphère merveilleuse qui ne fut jamais, il y a cinq milliards d'années, qu'un nuage de poussière en voie de cristallisation, non loin du Soleil, en une grosse boule que la percussion avec une comète géante, il y a 400 millions d'années, avait fortuitement placée sur son actuelle orbite.

Venus pour fouler la Lune, Armstrong et Aldrin redécouvrent la Terre, cette planète bleue, si belle, mais menacée par les agissements de ceux qui l'habitent. Une issue inéluctable qui n'a rien à voir avec une quelconque future guerre, froide ou chaude. Mais tout à voir avec sa viabilité. À terme, en temps voulu. Puisqu'en effet, aujourd'hui, tout étudiant de première année en astrophysique n'ignore pas que la Terre disparaîtra vraisemblablement dans quelque cinq milliards d'années, au moment où l'extinction du Soleil signera l'effacement du système solaire. Une fin du monde inéluctable donc, à moins que ne s'offre, sous d'autres horizons, une autre terre de salut ? Ne jamais se résigner. La maxime de l'homo sapiens. À la façon de Martin Luther, ce moine germanique qui, en plus de changer le cours de la civilisation occidentale, a su nous dire bellement sa confiance dans le futur en reprenant Matthieu 6:31-34 pour nous confier que, même si la fin du monde était pour demain, il planterait le soir même un pommier dans son jardin…

Table des matières

Partie III

Partie IV

Partie V

PARTIE VI

ÉPILOGUE

Crédits photographiques

I : Ph. © Von Keussler / DPA Picture-Alliance / AFP. II ht : Ph. © AKG-Images. II bas : Ph. © Cuba's Council of State Archive / AFP. III : Ph. © AKG-Images. IV ht : Ph. © AKG-Images. IV bas : Ph. © Ullstein Bild / AKG-Images. V : Ph. © Paul Glaser / dpa-Zentralbild / dpa Picture-Alliance / AFP. VI ht : Ph. © Gert Schütz / AKG-Images. VI bas : Ph. © Picture-alliance / dpa / AKG-Images. VII ht : Ph. © Ullstein Bild / AKG-Images. VII bas : Ph. © Wolfgang Eilmes / DPA Picture-Alliance / AFP. VIII : Ph. © Nelly Rau-Häring / AKG-Images. IX : Ph. © Gerard Malie / AFP. X ht : Ph. © AKG-Images. X bas : Ph. © AKG-Images. XI : Ph. © Wolfgang Kumm / DPA Picture-Alliance / AFP. XII : Ph. © Ullstein Bild / AKG-Images. XIII : Ph. © Sputnik / AKG-Images. XIV : Ph. © Leon Neal / Getty Images Europe / AFP. XV : Ph. © Kay Nietfeld / DPA / AFP. XVI : Ph. © Scott Olson / Getty Images North America / AFP.

1re de couverture : 9 novembre 1989. Ph. © Ullstein Bild/akg-images

Direction de la publication : Sophie Descours
Édition : Maëva Journo
Couverture : Damien Payet
Mise en pages : CGI
Fabrication : Rebecca Dubois

Les Éditions Larousse utilisent des papiers composés de fibres naturelles, renouvelables, recyclables et fabriquées à partir de bois issus de forêts qui adoptent un système d'aménagement durable. En outre, les Éditions Larousse attendent de leurs fournisseurs de papier qu'ils s'inscrivent dans une démarche de certification environnementale reconnue.

Achevé d'imprimer en Italie par
GRAFICA VENETA SPA
Dépôt légal : septembre 2019
323516/01-11040807 – août 2019
ISBN : 978-2-03-597567-6

PAPIER À BASE DE
FIBRES CERTIFIÉES

LAROUSSE s'engage pour l'environnement en réduisant l'empreinte carbone de ses livres. Celle de cet exemplaire est de :
1 kg éq. CO_2
Rendez-vous sur
www.larousse-durable.fr